Crabb
richtig!

Für James («Trip») Moore –

**einen so engen Freund,
wie man ihn auf der Erde nur finden kann.**

Dein Leben ist in Christus und in seiner Vision für die Gemeinde verankert; einer Vision, die ich teile.

Wir sind zusammen auf dem Weg.

Der Autor

Dr. Larry Crabb ist bekannt als Redner auf Konferenzen und Seminaren. Er veröffentlichte bei Brunnen bereits fünfzehn Bücher, darunter einige mit Bestseller-Status (etwa *Das Schweigen der Männer*). Er lehrt seit 1989 als Professor an der Colorado Christian University und ist der geistliche Leiter des amerikanischen Verbands christlicher Seelsorger. Crabb führte zehn Jahre lang eine private Praxis für klinische Psychologie. Er ist verheiratet, hat zwei Söhne und drei Enkelkinder.

Lawrence J. Crabb

Gemeinde. Aber richtig!

Trotz Enttäuschungen dranbleiben können

BRUNNEN
VERLAG BASEL · GIESSEN

Bibliografische Information der Deutschen Bibliothek
Die Deutsche Bibliothek verzeichnet diese Publikation in der Deutschen Nationalbibliografie; detaillierte bibliografische Daten sind im Internet über http://dnb.ddb.de abrufbar.

Die Bibeltexte sind, soweit nicht anders angegeben, der revidierten «Hoffnung für alle» entnommen.

Titel der amerikanischen Originalausgabe: «Real Church» von Dr. Larry Crabb, herausgegeben von Thomas Nelson. Thomas Nelson is a registered trademark of Thomas Nelson, Inc., 501 Nelson Place, P.O. Box 141000, Nashville, TN 37214, USA.

Originally published in the USA under the title: Real Church

Übersetzung aus dem Amerikanischen: Christian Rendel, Witzenhausen

Umschlag: Basel West, Stefan Wengenroth
Foto Umschlag: Basel West, Stefan Wengenroth
Satz: Bertschi & Messmer AG, Basel
Druck: CPI | Ebner & Spiegel, Ulm
Printed in Germany

ISBN 978-3-7655-1460-9

Richtige Gemeinde – gibt es das? Werde ich sie finden? Kann ich mithelfen, sie aufzubauen? Könnte ich mit Ihnen zusammen diese Gemeinde *sein?*

Wäre es nicht eine tolle Sache, wenn die Nachfolger Jesu zwar dafür bekannt würden, *wogegen* sie sind, aber auf eine Weise, die gleichzeitig zeigen würde, *für wen* sie sind: nämlich für Leute, die ohne Ausnahme entweder im Entstehen begriffene Meisterwerke sind oder es in naher Zukunft werden könnten? Mitrevolutionäre Gottes bei seinem Plan, alles neu zu machen? (Ein Plan, der übrigens funktionieren wird.)

Inhalt

Danksagungen

Danke dem großartigen Team beim Verlag Thomas Nelson. Es war wunderbar, mit euch allen zu arbeiten, sowohl in fachlicher als auch in persönlicher Hinsicht.

Danke an unser Gebetsteam, hier vor Ort wie in aller Welt. Ich danke Gott für euch jedes Mal, wenn ich seine Kraft spüre und merke, dass meine Gedanken von ihm geleitet werden.

Danke an die über tausend Absolventen der «School of Spiritual Direction» bei NewWay Ministries. Sie haben meinen Glauben an die Kraft der geistlichen Gemeinschaft gestärkt.

Danke an den Vorstand unseres Werkes: Ken und Lesley (mein jüngerer Sohn und eine meiner beiden Lieblingsschwiegertöchter); Jody und Jeanie; Steve und Elaine; Glen und Angela. Eure Vision für das, worum es uns geht, hilft mir, am Ball zu bleiben.

Besonderen Dank an meine Brüder und Schwestern in der Valley Springs Fellowship. Ihr lebt meine Vision.

Und ganz besonderen Dank an unser «kleines Team»: Andi, deine Leidenschaft für persönliches Wachstum und für das Voranbringen des Reiches Gottes ist ansteckend. Kep (mein älterer Sohn) und Kimmie (seine umwerfende Frau) – dass wir so eng zusammenarbeiten, ist eine der großen Freuden meines Lebens. Und Rachael, meine Partnerin – darf ich für den Rest meines Lebens um diesen Tanz bitten? Außer Christus zu kennen, gibt es nichts, was mir mehr bedeutet.

Die Frage nimmt Gestalt an

Es war der 24. Dezember 2007, abends um zehn nach acht. Als ich aus der Kirche hinaus in die verschneite Dunkelheit trat und zu meinem Auto ging, wandte ich mich an meine Frau und sagte mit einer Inbrunst, die mich selbst überraschte: «Das war der beste Heiligabend-Gottesdienst, den ich je besucht habe.» Es war eine liberale Gemeinde. Und ich bin ein konservativer Evangelikaler.

Zuvor am Nachmittag hatten wir gemeinsam die Lokalzeitung des Berggebiets, in dem wir uns befanden, durchforstet und sechs örtliche Kirchgemeinden ausfindig gemacht, die Heiligabend-Gottesdienste anboten. Zwei davon waren evangelikal, also die Art von bibelgläubigen Gemeinden, zu denen wir seit unserer Kindheit gehört hatten. Wir hatten sie ziemlich rasch von unserer Liste gestrichen. Warum, wusste ich selbst nicht so genau.

Eine Gemeinde pries sich selbst an als spirituell verbunden mit dem «Gott-in-uns-allen». Gestrichen, keine Frage. Die übrigen drei schienen mehr dem Mainstream anzugehören. Also genau die Art von Kirchen, denen ich zwar instinktiv immer eine gewisse Frömmigkeit – zumindest eine fromme Sprache – zugesprochen hatte, ihnen aber auch unterstellt hatte, dass es ihnen an der Kraft Gottes mangelt. Merkwürdig interessiert schaute ich mir jede davon genauer an.

Mit Zustimmung meiner Frau suchte ich die Gemeinde aus, von der wir vermuteten, dass der Gottesdienst dort am stärksten liturgisch geprägt sein würde. Keinem von uns war danach, sich anzuhören, wie einer der ortsansässigen Kanzelstars sich mit dem brüstete, was er zu bieten hatte. So fanden wir Plätze in einer der hinteren Reihen eines Kirchenraums, der schon zwanzig Minuten vor dem Beginn des Gottesdienstes um sieben Uhr gut gefüllt war.

Ein kurzer Blick in den zehnseitigen, rot eingebundenen Gemeindebrief machte uns unmissverständlich klar, dass wir uns in einer liberalen Gemeinde befanden. Da war mit Wohlwollen von «anderen Wegen zu Gott als dem unseren» die Rede. Gnade bedeutete hier die bedingungslose Aufnahme jedes Menschen, ohne irgendjemanden zu verurteilen.

Vielfalt wurde gepriesen. Unterschiedliche Glaubensüberzeugungen, Meinungen und Lebensstile (darunter auch ausdrücklich «geschlechtliche Identitäten und sexuelle Orientierungen») wurden willkommen geheißen. Niemand, so stand es in dem Gemeindebrief, sollte von der «vollen Teilnahme an der Gemeinschaft des Glaubens» ausgeschlossen sein. Gläubig, so kam es mir vor, war in diesem Sinne jeder, der irgendetwas über Gott glaubte. Ich vermute (sicher bin ich allerdings nicht, weil der Gemeindebrief es nicht direkt aussprach), dass gleichgeschlechtliche Paare dort nicht nur willkommen waren (was sie ja auch sein sollten), sondern außerdem in ihrer Lebensweise bestätigt werden würden.

Die Weihnachtslieder, die wir sangen, verkündeten die klare und vertraute frohe Botschaft: Christus ist Herr; die fleischgewordene Gottheit in menschlicher Gestalt. Gekommen, um uns die Neugeburt zu bringen. Mit ihm bricht der Morgen der erlösenden Gnade an. (Bedeutet das *vergebende* Gnade? Wenn ja, Vergebung für was? Was muss in einer Gemeinschaft, die alles bejaht, vergeben werden?) Er lädt die Gläubigen (gläubig an was? An was immer sie gerne glauben möchten?) ein, zu ihm zu kommen und ihn anzubeten. (Warum? Weil er der einzige Weg zu Gott ist? Oder weil er ein wirklich netter Mensch ist?)

Die Predigt, sorgfältig ausformuliert und doch mitreißend vorgetragen, verkündete ebenfalls eine klare Botschaft: Wir sehen das Antlitz Gottes bei allen Kindern Gottes, bei allen Menschen, Christen, Juden, Muslimen, Skeptikern, ganz egal. Eine Bekehrung ist nicht nötig. Gegenseitige Akzeptanz ist der Weg zum Frieden. So zumindest kam es bei mir an.

Der Pastor fuhr fort. Wir leben in der Dunkelheit des Exklusivismus, der Einsamkeit und Verurteilung bringt. Doch das Licht Jesu ist aufgegangen. Und in seinem Licht leben wir, wenn wir jeden lieben, so wie er ist, und wiederum uns selbst dafür öffnen, geliebt zu werden. Ich hörte nichts, was darauf hingewiesen hätte, dass eine Umkehr von etwas Falschem zu etwas Richtigem nötig wäre, von Lügen zur Wahrheit, von Satan zu Jesus. Wenn es eine Kehrtwendung geben musste, dann war sie an jedem Menschen bereits geschehen. Das Geld ist bereits auf der Bank. Jetzt braucht es nur noch ausgegeben zu werden. Lasst uns nicht hassen, sondern lieben. Schließt niemanden aus und verurteilt niemanden. Schließt alle ein und nehmt sie an. Das war die Botschaft.

Jede Faser in meinem konservativen evangelikalen Leib fühlte sich angegriffen. All meine geistlichen Nervenenden schrillten Alarm. Als ich nach vorn ging, um das Abendmahl zu nehmen, fiel es mir schwer, die Tränen zurückzuhalten, während ich mich unter den über fünfhundert Gottesdienstbesuchern umschaute. Wen oder was beteten sie an? Den heiligen Gott, der unsere Sünde in Jesus verurteilt hat, oder einen netten Gott, der gerne möchte, dass alle seine Kinder sich vertragen?

Einen Moment lang verspürte ich den Drang, dem Pastor das Ansteckmikrofon vom Revers zu reißen und der Menge zuzurufen: «Seid ihr gerettet? Ist euch klar, dass das Kind, das in Bethlehem geboren wurde, der Mann war, der nach Golgatha ging, um für eure und meine Sünden zu sterben? Glaubt ihr wirklich, ihr wäret nette Leute, an denen ein netter Gott seine Freude hat, weil ihr so ein nettes Leben führt?»

Ich unterdrückte den Drang. Stattdessen tauchte ich das Brot in den Wein und dankte Gott voll Dankbarkeit und Staunen dafür, dass er mir die Augen geöffnet hatte, damit ich den wahren Jesus sehen konnte. Dann kehrte ich auf meinen Platz zurück und merkte in stiller Verblüffung, dass ich, von meinem kurzen, aber erstickten Ausbruch evangelikalen Eifers abgesehen, den Gottesdienst wirklich genossen hatte.

Es war mehr als die Art Genuss, die man aus einem angenehmen Erlebnis schöpft. Ich fühlte mich seltsam lebendig. Mit großer Aufmerksamkeit hatte ich – zum ersten Mal, wie es mir schien – auf die Texte der vertrauten Weihnachtslieder geachtet. Voll Ehrfurcht hatte ich den beiden Lesungen zugehört, die Lektoren aus Jesaja und Lukas vorgetragen hatten.

Selbst die Predigt hatte mir gefallen, obwohl darin nicht einmal direkt auf die Bibel Bezug genommen wurde. Und es hatte mich ins Fragen gebracht. Ist es vielleicht so, dass die evangelikale Frömmigkeit, zumindest die Version, mit der ich vertraut bin, irgendwie mit der Heiligen Schrift eben das Leben erstickt, das die Heilige Schrift anbietet? Der Pastor hatte bewegend davon gesprochen, dass wir einander «sehen» sollten, dass wir in jedem das Gesicht eines Menschen erkennen sollten, den Jesus liebt. Eine nachdenkliche Freude hatte mich bewegt, als er von Bonos* Reise nach Afrika berichtete, wo ihm angesichts der Verwüstungen durch AIDS das Herz brach und er, wie Jesus, etwas dagegen tat.

Durch die Liturgie der Musik, der Lesungen, der Abendmahlsfeier, der (sämtlich abgelesenen) Gebete und der Predigt empfand ich eine Wachheit für Gott. Ich empfand eine Wachheit für die Gemeinschaft, für die Hoffnung, für die Barmherzigkeit, für ein Reich der Liebe, für den König der Liebe. Ich empfand eine Wachheit für meine Frau. Ich sah ihr Gesicht als ein Fenster zu ihrer Seele. Ich erkannte in ihr die Schönheit des Ebenbildes Gottes in weiblicher Form, und mein Herz füllte sich prall mit Liebe. Ich empfand eine Wachheit, wie ich sie in einer evangelikalen Gemeinde nur selten empfinde. Und ich fragte mich, woran das lag.

Gemeinde, wie ich sie kenne, lässt meistens tief in mir etwas schlafend, unerweckt und unberührt. Vielleicht ist es die Vertrautheit, die Vorhersagbarkeit der Muster und Inhalte, die ich langweilig oder bestenfalls oberflächlich anregend finde, so dass Emotionen manchmal zwar aufgewühlt werden, sich aber wieder setzen, ehe ich wieder bei meinem Auto bin.

Christus langweilig? Wie kann das sein? Er war der einzige

* Falls es jemand nicht wissen sollte: Bono ist der Frontmann der irischen Rockband «U2» [Anmerkung des Verlags].

Mensch, der niemals irgendjemanden langweilte, den er traf. Entweder hassten ihn die Leute, oder sie beteten ihn an. Zumindest aber waren die Menschen zutiefst neugierig auf diesen merkwürdigen Mann mit seiner merkwürdigen Botschaft und seiner merkwürdigen Macht.

Eigentlich gehe ich nicht gerne in die Gemeinde. Ich frage mich, ob ich dem wirklichen Jesus dort überhaupt begegne. (Manchmal frage ich mich sogar, ob ich dem wirklichen Jesus jemals begegnet, *wirklich* begegnet bin. Würde ich ihn erkennen, wenn ich ihn träfe?) Wenn ich in eine evangelikale Gemeinde gehe, komme ich mir vor wie ein Außenseiter. Oder wie ein unterwandernder Spion, ein Undercover-Agent für ein Evangelium, das weniger bequem als umwälzend ist. Ein Evangelium, das einen radikal aus der Fassung bringt, bevor es einen zutiefst tröstet. Ein Evangelium, das mehr davon spricht, dass man in die Hoffnung freigesetzt wird, Gott zu genießen, als davon, dass man sich anstrengen muss, um die Forderungen Gottes zu erfüllen. In den evangelikalen Gottesdiensten, die ich besucht habe, wurde mein Hunger nach einer verwandelnden Wahrheit, nach einer befreienden Liebe nur selten gestillt.

Ich war gern an jenem Heiligabend in dieser liberalen Gemeinde. Warum, weiß ich immer noch nicht genau. Aber mir wurde auch klar, dass ich es mir nicht zur Gewohnheit machen wollte. Ich würde mir nur wieder vorkommen wie ein Mitverschwörer mit dem Geist Gottes. Diesmal jedoch mit dem Plan, einen gut getarnten Teufel zu stürzen, indem ich den wirklichen Jesus sichtbar mache – immer angenommen, ich weiß, wer das ist. Mein Durst danach, «begnadigte Seele mit begnadigter Seele» zu vereinen, würde ungestillt bleiben, fürchte ich.

Mein Heiligabend-Erlebnis hat mich dazu gebracht, mit neuer Dringlichkeit diese Frage zu stellen: In was für eine Gemeinde möchte ich gehen? Eine konservative? Eine liberale? Eine evangelikale? In die Landeskirche? Eine große Gemeinde? Eine kleine? Liturgisch? Charismatisch? Reformiert? Eine Kirche für Außenstehende? Eine «Emerging Church»? Oder vielleicht in eine Gemeinde mit ganz anderen Merkmalen?

Für mich begann das Jahr 2008 mit dieser Frage, die sich mir in

Geist und Herz einbrannte: Die Gemeinde, in die ich gehen möchte – wo ist sie? Was ist sie? Was für eine Gemeinde würde in mir den Drang wecken, zu ihr gehören zu wollen? Was für eine Art Gottesdienst würde ich mir nur äußerst ungern entgehen lassen? In was für einer Gemeinde würde ich es als Vorrecht empfinden, ein Teil davon zu sein?

Es fiel mir schwer, eine Antwort darauf zu finden. Also beschloss ich, mehr darüber nachzudenken. Und das Nachdenken gelingt mir am besten mit dem Stift in der Hand. So kam dieses Buch zustande.

Eine erste Aussage: Was ich mir von einer Gemeinde wünsche

Ungeplant und unvorhergesehen entsprang dieses Buch meiner persönlichen Enttäuschung, Frustration und Sorge über die Gemeinde, wie ich sie erlebt habe. Bevor Sie sich von Ihrer eigenen Warte der Enttäuschung, Frustration und Sorge (oder vielleicht auch aus dem Entzücken Ihrer Zufriedenheit, Begeisterung und Wertschätzung) über die Gemeinde in diese Seiten stürzen, möchte ich Ihnen eine Bleistiftskizze des Bildes geben, das mir vor Augen steht, wenn ich mir die Gemeinde vorstelle, zu der ich gehören möchte.

Falls meine Skizze Sie fasziniert, oder falls sie Sie genug irritiert, dass Sie wider Willen neugierig werden, werden Sie vielleicht weiterlesen. Falls nicht, falls Sie sich also langweilen oder hoffnungslos verwirrt, deprimierend beunruhigt oder ernsthaft verärgert darüber sein sollten, nun, dann habe ich Ihnen Zeit erspart. Sie können dann das Buch in den nächsten Abfalleimer werfen und dankbar sein, dass Sie nicht zu viel Geld dafür ausgegeben oder zu viel Zeit dafür vergeudet haben. Oder Sie können es jemandem schenken, den Sie nicht besonders leiden können, vielleicht dem Pastor der Gemeinde, die Sie verlassen haben.

Sollten Sie sich aber entschließen, sich durch die ungefähr sechzigtausend Wörter durchzuarbeiten, die ich geschrieben habe, hier ein Hinweis: Am Ende habe ich diese Bleistiftskizze ein wenig farbig ausgemalt. Was ich auf diesen einleitenden, einen ersten Überblick gebenden Seiten zu sagen habe, wird einleuchtender werden, wenn Sie meine Schlussbemerkungen lesen. *Falls* Sie vorher das ganze Buch durchgearbeitet haben.

Nun ist mir natürlich klar, dass die Gemeinde, zu der *ich* gehören möchte, vielleicht überhaupt keine Ähnlichkeit mit der Gemeinde hat, zu der *Sie* gehören möchten. Was ich eine «richtige» Gemeinde nenne, finden Sie vielleicht überhaupt nicht richtig. Oder womöglich möchten Sie gar nicht zu einer Gemeinde gehören. Das kenne ich.

Aber mich lässt die Idee nicht los – nennen Sie es eine beharrliche Vision, wenn Sie wollen –, dass Menschen, die Gott besser kennen lernen und mehr wie Jesus leben und ihn in dieser chaotischen Welt gut repräsentieren wollen, es schaffen könnten, auf eine Art und Weise zusammenzukommen, die ich mir nicht entgehen lassen möchte. Das ist die Gemeinde, die ich finden oder mit Ihnen gemeinsam sein möchte.

Es könnte allerdings sein, dass wir uns über Kleinigkeiten uneins sind. Dinge an manchen Gemeinden, die mich ärgern oder lähmen, lassen Sie vielleicht erst richtig wach werden für die Möglichkeiten, als Christ zu leben. Zum Beispiel habe ich Mühe damit, während eines langwierigen, hoch liturgischen Gottesdienstes bei der Sache oder auch nur wach zu bleiben. Meine Gedanken schweifen dann ab. Ihnen dagegen geht es vielleicht so, dass Sie gedanklich voll dabei sind und Ihr Herz mitschwingt, wenn etwa die jahrtausendealten Gebete großer Heiliger oder die Bekenntnisse historischer Kirchenkonzile verlesen werden. Wenn es so ist, herzlichen Glückwunsch. Ich beneide Sie.

Wenn ich kann (einfach ist es nicht), blende ich Predigten aus, die mehr Lautstärke als Inhalt haben. Ich kann nicht viel mit einer Verkündigung anfangen, die mir mehr wie eine bühnenreife Vorstellung vorkommt, die darauf aus ist, Bewunderung für das Talent des Schauspielers in mir zu wecken, als wie eine Gelegenheit, etwas zu lernen, vorgetragen von einer Person, die weitergibt, was sie von Gott hört.

Doch mir ist klar, dass laute Predigten (Sie nennen es möglicherweise leidenschaftlich) und ausgefeilte Vortragskunst (Sie sehen es eventuell als Ausdruck geistlicher Begabung) Ihnen vielleicht dazu verhelfen, lange genug wach zu bleiben und die Ohren weit genug aufzusperren, dass Sie Gott etwas sagen hören. Umso besser für Sie. Für mich ist das nichts.

Und zu viel moderne Lobpreismusik – Sie wissen schon, diese nette, fröhliche Musik, die von immerzu lächelnden Sängern vorgetragen wird – ärgert mich. Besonders solche Lieder, in denen ein und dieselbe Zeile immer aufs Neue wiederholt wird. Aber mir ist klar, dass gerade diese Zeile vielleicht dazu führt, dass Sie die ganze Woche über eine große Wahrheit vor sich hinsummen. Ich dagegen möchte bei solchen Liedern am liebsten hinauslaufen und mich ins nächste Café setzen. Na gut – jedem das Seine.

Noch eine Sache fürs Erste. Ich mag keine kleinen Gruppen, in denen die persönliche Verletzlichkeit höher geschätzt wird als geistlich urteilende Weisheit. Gott scheint manchmal auf der Strecke zu bleiben, wenn Leute «echt werden». Mir gefällt nicht, was dieser Ausdruck vielen Leuten oftmals bedeutet. In kleinen Gruppen liegt der Schwerpunkt allzu oft eher darauf, mehr von uns selbst zu offenbaren, als darauf, mehr von Gott zu lernen. Und in unserer therapeutischen Kultur wird oft davon ausgegangen, dass eine wachsende Bibelkenntnis nicht viel damit zu tun hat, *warum* es gut ist, echt zu werden, oder *was es bringt*, echt zu werden, oder *wie* wir aus dem Geist Gottes schöpfen können, um mitten in dem, was in unserem Leben vor sich geht, gut bestehen zu können.

Für Sie dagegen könnte es durchaus das Beste sein, eine Gruppe von Leuten zu finden, in der Sie sich geborgen genug fühlen, um das Risiko einzugehen, über die Dinge zu sprechen, die Sie am liebsten verbergen würden. Das tiefgreifende Erlebnis, *in Gegenwart der Liebe Ihre schlechten Seiten zu zeigen*, bringt Ihnen vielleicht das, was es schon vielen (auch mir selbst) gebracht hat: Es wird vielleicht in Ihnen den Hunger nach der Wahrheit wecken, die eine solche nicht verurteilende, sondern annehmende, vergebende Liebe möglich macht. Und wenn Sie wirklich nach Wahrheit suchen, die zur Liebe befähigt, dann hoffe ich, wird es Sie zu Gott und zu dem Buch hinziehen, das er geschrieben hat. Eine andere Quelle dafür gibt es nicht.

Doch bei allem, worüber wir vielleicht unterschiedlicher Meinung sind, vermute ich, dass wir ein paar wichtige Dinge gemeinsam haben. Vier davon fallen mir ein.

Ich schätze, dass wir beide uns dafür interessieren, was die Wahrheit ist, ob wir nun fromme Christen oder überzeugte Atheisten sind. Das ist der erste Punkt.

Punkt zwei: Ich wette, wir beide würden gerne wirklich gute Menschen werden – liebevoller, lebendiger, geduldiger, urteilsfähiger, gesetzter und sicherer, mehr im Einklang mit der Wahrheit in unserer Art von Lebensstil.

Drittens bin ich sicher, dass Sie ebenso wie ich Freundschaften schätzen. Wir beide sehnen uns nach engen, sinnerfüllten und befriedigenden Beziehungen.

Und der vierte Punkt, den wir gemeinsam haben, wie ich annehme, ist dieser: Wir würden beide gerne unseren großen oder kleinen Beitrag dazu leisten, dass diese Welt besser wird, dass es weniger Gewalt und Krankheit, Rassismus und Habgier, Korruption und Armut gibt – und mehr Frieden, Gesundheit, Liebe, Opferbereitschaft, Integrität und Hoffnung.

Wenn es richtig ist, dass wir diese vier Dinge gemeinsam haben, dann wollen Sie ebenso wie ich mehr über *geistliche Theologie* lernen. Vielleicht haben Sie es bisher nicht so genannt, aber Ihr Wunsch, die Wahrheit zu erkennen, wird Sie dorthin führen. Ein Professor für geistliche Theologie definierte den Begriff einmal als «Wahrheit, die die Macht hat, das Leben der Menschen zu verändern, die die Geschichte hören, die sie erzählt». Die meisten von uns denken, wenn wir das Wort Theologie hören, spontan an eine Ansammlung von Fakten, die definieren, was jemand für wahr hält und was auch wir für wahr halten sollen. In der *geistlichen Theologie* jedoch werden diese Fakten lebendig und stellen sich auf, um eine Liebesgeschichte zu erzählen.

Und je mehr man von dieser Geschichte hört, desto mehr möchte man ein Teil von ihr sein. Man möchte ein besserer, gesünderer Mensch werden. Doch die Geschichte deckt auf, dass Sie – wieder einmal so wie ich – zu sehr sich selbst lieben, als dass Sie sich in die Geschichte der auf andere ausgerichteten Liebe eingliedern könnten. Und diese Bloßstellung weckt einen Hunger nach *geistlichem Wachstum*. Ein großer Schriftsteller (Fjodor Dostojewski in *Die Brüder Karamasow*) schrieb einmal, die Hölle sei das Leiden, unfähig zur Liebe zu sein. Wenn er damit recht hatte, dann ist der Himmel vielleicht das Entzücken, zur Liebe fähig zu sein. Und darum geht es beim geistlichen Wachstum: ein zutiefst liebender und darum zutiefst guter und gesunder Mensch zu werden, der Gottes Geschichte weiterführen kann.

Im selben Rhythmus geht es weiter: Je mehr Sie nach geistlichem Wachstum verlangen, desto mehr werden Sie die *geistliche Gemeinschaft* schätzen. Um ein liebender Mensch zu werden, brauchen Sie die ehrliche Rückmeldung, den weisen Rat und die unermüdliche Unterstützung anderer Leute mit demselben Ziel. Sobald Sie das merken, wird Ihnen deutlich klar werden, wie wenig Sie sich mit flachen Beziehungen und bloß netten oder aufgabenorientierten Gesprächen zufriedengeben wollen. Sie wollen sich mit anderen auf der Reise zum geistlichen Wachstum zusammenschließen. Sie werden sich danach sehnen, mit anderen Gleichgesinnten in *geistlicher Gemeinschaft* zusammen zu sein.

Je weiter Sie auf dieser Reise kommen, desto mehr werden Sie sich wünschen, andere einzuladen, mit Ihnen zu gehen, anderen so zu begegnen, dass sie mit in die Hoffnung hineingezogen werden, die Sie auf den Beinen hält. Mit Ihrer geistlich wachsenden Gemeinschaft, die immer mehr von der Geschichte begreift, die die geistliche Theologie erzählt, werden Sie sich dieser elenden Welt in einer *geistlichen Mission* zuwenden. Sie werden ein bisschen von dem, wie Christus mit den Dingen umgeht, auf die Erde bringen wollen, bis er zurückkehrt, um die Aufgabe zu Ende zu führen.

Was ist überhaupt eine Gemeinde? Ein Gebäude? Ein Gebäude, das sich sonntags mit Leuten füllt? Mit Leuten, die eine Weile singen, einem Redner zuhören, sich für eine Stunde auf Gott konzentrieren, ein paar Münzen in den Klingelbeutel werfen, zu denen, die sie kennen, Hallo sagen, vielleicht auch ein paar Leute begrüßen, die sie nicht kennen, und sich dann für die nächsten sechs

Tage mächtig anstrengen, nach biblischen Prinzipien zu leben, bis sie wiederkommen, um sich ihre nächste Dosis abzuholen?

Oder ist Gemeinde ein zusammengewürfelter Haufen von Leuten, die die herrliche Geschichte hören wollen, die Gott durch seinen Geist flüstert? Die gerne so wie Jesus lieben wollen, damit sie in die Geschichte eintreten und ihre Handlung voranbringen können? Die gerne mit anderen zusammen sein wollen, die keine Weltmeister im Lieben sind, aber das in ihrer Zerbrochenheit zugeben und sich nach Veränderung sehnen? Von Leuten, die bereit und schließlich sogar begierig sind, sich in einer aus dem Lot geratenen Welt voller aus dem Lot geratener Menschen zu engagieren, obwohl es bequemer wäre, sich von ihr fernzuhalten? Weil sie daran glauben, dass jeder Moment, in dem Liebe gelingt, die Welt ein bisschen weniger schrecklich, ja sogar ein bisschen besser macht, ein bisschen mehr so, wie Gott sie sich gedacht hat? …

Die Gemeinde, zu der ich gehören möchte, eine richtige Gemeinde, lehrt *geistliche Theologie*, die einen Hunger nach *geistlichem Wachstum* weckt, die den Bedarf nach *geistlicher Gemeinschaft* sichtbar macht und dann ihre Kräfte zu einer *geistlichen Mission* sammelt.

Das ist die Bleistiftskizze. Wenn Sie dieses Buch zu Ende gelesen haben (was Sie, wie ich hoffe, tun werden), wird die kolorierte Version der Zeichnung, die Version, die Sie auf den letzten Seiten erwartet, Ihnen helfen, sie besser zu sehen.

Geistliche Theologie lernen, nach *geistlicher Bildung* hungern, sich zu *geistlicher Gemeinschaft* versammeln, auf einer *geistlichen Mission* in die Welt hinausgehen – machen Sie das zu einer Formel, und die Vision stirbt. Lassen Sie es das sein, was es ist – ein rhythmischer Kreislauf, ein Tanz –, und diese vierfache «Geistlichkeit» könnte eine Ansammlung von Christen in eine Gemeinde verwandeln, eine richtige Gemeinde; in die Gemeinde, zu der ich gehören möchte.

Ich gehe nicht mehr so gerne in die Gemeinde (und ich bin nicht der Einzige)

Ein bewährter christlicher Leiter, in evangelikalen Kreisen bekannt und angesehen, nahm mich kürzlich auf einer Konferenz, auf der wir beide sprachen, zur Seite, so dass uns niemand aus dem Menschengewühl hören konnte, und flüsterte mir zu: «Weißt du, ich habe eigentlich gar keine Lust mehr, in die Gemeinde zu gehen. Es gefällt mir da nicht. Ich gehe immer noch hin, aber größtenteils nur um des Anscheins willen. Bestimmt nicht mir selbst zuliebe, und ich glaube, nicht einmal Gott zuliebe. Die Gemeinde bringt mir einfach nichts für mein geistliches Leben, und bei der Anbetung scheint sie mir geradezu im Weg zu sein. Ich glaube, ich kann außerhalb der Gemeinde mehr für das Reich Gottes tun.»

Zwei Wochen später beugte sich bei einem Festessen eine andere bekannte Gestalt aus der christlichen Welt über den Tisch und sagte ohne Einleitung, wiederum im Flüsterton: «Ich habe Mühe, noch einen Sinn darin zu sehen, in die Gemeinde zu gehen. Früher fand ich es wichtig. Jetzt nicht mehr. Ich bleibe weg, wann immer ich eine Ausrede habe, die gut genug ist, um mein Gewissen ruhig zu halten und zu verhindern, dass sie sich die Mäuler über mich zerreißen. Dabei ist der Pastor ein guter Freund von mir und ein verflixt guter Prediger. Aber wenn ich hingehe, dann hauptsächlich, um meinen Kindern ein gutes Beispiel zu geben. Ich schätze, ich denke immer noch, für sie ist es wichtig, dass sie hingehen. Ziemliche Heuchelei, was?»

Beide Äußerungen kamen ganz unvermittelt. Aber sie waren nichts Außergewöhnliches. Ich höre immer mehr ähnliche Bemerkungen von Leuten, von denen ich es nicht vermuten würde. Mir ist bewusst, dass die «Mosaics» (Leute, die zwischen 1984 und 2002 geboren sind) und die «Busters» (die zwischen 1965 und 1983 Geborenen) schon seit einiger Zeit ihre Zweifel an der Gemeinde haben und sich entweder überhaupt nicht damit abgeben oder mit allen möglichen neuen Formen und Stilen experimentieren.

Doch die Fragen danach, welchen Wert es habe, in die Gemeinde zu gehen, höre ich nicht nur von Mosaics und Busters, sondern auch von «Boomers» (den in der Mitte des 20. Jahrhunderts Geborenen) und darüber hinaus: von älteren Christen, ernsthaften Nachfolgern Jesu, die viele Jahre lang in Gemeinden aktiv waren, von Männern und Frauen in ihren Vierzigern, Fünfzigern, Sechzigern, Siebzigern und älter, die über Jahre hinweg das geistliche und finanzielle Rückgrat ihrer jeweiligen Gemeinden waren. Es scheint, als würde es auch für ältere Christen immer schwerer, eine Gemeinde zu finden, in die sie wirklich gern gehen. Dies sind Leute, die ebenso wie ich aufrichtig und auf die Bibel gestützt daran glauben, dass Christen in Gemeinschaft die stärkste Kraft auf diesem Planeten sein sollten und sein könnten, wenn es um persönliche Veränderung geht (also darum, erlösten Menschen zu helfen, «kleine Christusse» zu werden), um kraftvolle Evangelisation (also darum, unbekehrte Menschen zu einer rettenden Bekehrung zu führen) und um Einfluss auf die Kultur. Dies soll in erster Linie nicht durch politische Hebelwirkung und ganz bestimmt nicht durch moralistische Verurteilungen geschehen, sondern dadurch, dass diese Christen eine andere Art von Liebe anbieten, als die meisten Leute je erlebt oder empfunden haben: eine weise Liebe, die die Menschen mit Vollmacht da abholt, wo sie leben.

Ich höre diese Fragen von Leuten wie mir. Vor nicht allzu langer Zeit hätte ich, wenn mir ein Mitchrist gesagt hätte, er habe keine Lust mehr auf Gemeinde und ziehe ernsthaft in Erwägung, überhaupt nicht mehr hinzugehen, für meinen abtrünnigen Freund gebetet, er möge für seine falsche Haltung (an der ja irgendetwas nicht stimmen konnte) Buße tun, er möge mit Gott wieder ins Reine kommen und, wenn niemandem sonst, so zumindest Gott zuliebe, wieder in die Gemeinde gehen. Heute jedoch frage ich mich nur, wieso es mir selbst genauso geht.

Was ist los? Warum verliere ich – und verlieren andere, die über Jahrzehnte treue, regelmäßige Gemeindeglieder waren – das Interesse daran, auch nur in den Gottesdienst zu gehen, geschweige denn mitzuarbeiten? Ist es wieder einmal Zeit für eine jener Erneuerungs- oder Reformbewegungen, die es in der Kirchengeschichte seit Jahrhunderten immer wieder gegeben hat? Oder ist es Zeit für mich und meine zynischen, desillusionierten Freunde, unsere Hingabe zu erneuern, unser Leben zu ändern und uns wieder in der Gemeinde blicken zu lassen?

Ich glaube immer noch, vielleicht sogar leidenschaftlicher als je zuvor, daran, dass die Veränderung in Menschen und der Einfluss auf die Kultur, nach denen sich Gott am meisten sehnt (und die er unter großen Opfern möglich gemacht hat), am besten durch Christen in Gemeinschaft zu bewerkstelligen sind, nicht durch religiöse Organisationen, die sich als Gemeinden tarnen. Meine Seele lechzt danach, nicht zu selbstgemachten Systemen aus Gebäuden, Programmen und Mitarbeitern zu gehören, sondern zu einer lebendigen, hörenden, liebenden, von Sehnsucht erfüllten Gemeinschaft von Menschen, die das Leben miteinander teilen als Teilhaber am göttlichen Leben; Menschen, die lernen, «als Geliebte zu leben», und die sich darum bis in die Tiefe verändern.

Ist es an der Zeit, das ganze Fundament und den Schwerpunkt dessen zu überdenken, was wir heute als Gemeinde kennen – alles, was wir tun und was wir gerne passieren sehen möchten?

Würde es uns helfen, durch die Jahrhunderte zurückzublicken auf eine Gemeinde, die Märtyrer und Mönche und missionarisch denkende Reformatoren hervorbrachte, sowohl in theologischer als auch in kultureller Hinsicht, wie Luther und Wilberforce? Ist es an der Zeit, ernsthaft danach zu fragen, wo wir stehen, was wir tun, wohin wir unterwegs sind und wie wir dorthin zu kommen versuchen?

Worum geht es überhaupt in der Gemeinde? Worum sollte es eigentlich gehen? Warum besuchen Leute eine Gemeinde? Warum gehen so viele gerne hin? Warum haben manche, so wie ich, das Interesse verloren?

Ist es an der Zeit, diese Fragen zu stellen? Für mich schon. Gibt es eine Gemeinde – könnte es sie geben –, in die ich gerne gehen würde, eine *richtige* Gemeinde?

Wie schon erwähnt, schreibe ich dieses Buch, um anzufangen, mit solchen Fragen in einer Art zu ringen, wie ich noch nie gerungen habe. Ich spüre, wie einige Gedanken Gestalt annehmen; Gedanken, aus denen vielleicht Antworten werden könnten, zumindest für mich.

Doch bevor ich meinen Stift auffordere, meine Gedanken zu Worten zu formen, möchte ich noch etwas mehr über die Vorgeschichte reden, die diese Fragen hat entstehen lassen und ihnen eine gewisse Dringlichkeit gegeben hat.

1. Kapitel

Gemeinde? Kein Interesse mehr. Warum nicht?

Geist Gottes, dring ein in meine heimliche Welt der Schande, Schuld und Furcht, bis Tränen meine Finsternis vertreiben und ich das Licht deiner Freude entdecke.

Als Kind lebte ich in einer Bilderbuchwelt: gute Eltern, gute Freunde, gute Spielplätze, gute Schulen und gute Samstage im Montgomery County Park außerhalb von Philadelphia, wo ich über Felsen kletterte und in dem großen See schwamm.

Und die Sonntage waren auch nicht schlecht. Ich ging gerne in unsere kleine Gemeinde von etwa sechzig oder siebzig Leuten. Ich kannte sie alle. Bill Ward hielt den Rekord für das längste Gebet bei unserem offenen Anbetungsabend – fünfundzwanzig Minuten. Ich stoppte bei jedem die Zeit.

Der Gottesdienst war eine Familienunternehmung, ein wöchentliches freudiges Ereignis. Ich lernte jede Menge biblischer Geschichten kennen und hatte schon mit zehn Jahren eine ziemlich klare Vorstellung davon, was ich glauben sollte. Ich war auf dem besten Weg, die «gesunde Lehre» zu verinnerlichen. Und ich sang Hunderte von traditionellen Chorälen und Evangeliumsliedern. Wenn Sie etwa in meinem Alter sind und einen ähnlichen Hintergrund haben, erinnern Sie sich bestimmt an Lieder wie «Jeder Tag mit Jesus ist schöner als der Tag vorher». In meiner unangefochtenen Arglosigkeit glaubte ich damals an jene Worte.

Heute kann ich immer noch die meisten dieser Choräle und Lieder auswendig singen. Das tue ich auch oft, meistens im Auto oder unter der Dusche; in der Gemeinde nicht mehr so häufig. Vielleicht ist es Nostalgie, vielleicht sind es die Melodien oder die Texte. Wie auch immer, meistens schaffen sie es, jene Glücksgefühle wieder heraufzubeschwören, die ich heute nicht mehr oft erlebe. Ich wünschte, ich täte es. Es war schön, arglos zu sein. Vielleicht gibt es etwas Besseres, Bewährteres, Reiferes, das an die Stelle jener seligen Gefühle treten sollte.

Während meiner Teenagerjahre und dann weiter durch meine Zwanziger, Dreißiger, Vierziger, ja bis in meine Fünfziger hinein war mir die Gemeinde wichtig. Lebenswichtig gar. Ich ging gerne hin. Meistens. In meinen Dreißigern verließ ich eine kleine Versammlung der Plymouth Brethren (wir nannten es damals nicht Gemeinde oder Kirche – wir waren ja anders, abgesondert), nachdem ein Ältester an einem Sonntagmorgen eine junge Frau, die ich in der Woche zuvor zu Christus geführt hatte, mit der Aufforderung begrüßte, sich einen Hut aufzusetzen. Ein Häubchen würde schon genügen, sagte er mit einem überlegenen, herablassenden Lächeln.

Und er reichte ihr auch gleich eines. Es waren immer einige davon im Foyer vorrätig, eigens für einen solchen Notfall. Ich schaute mir das alles an. Sie setzte sich das runde, bestickte Stück Stoff auf den Kopf, suchte sich einen Platz in der hintersten Reihe, ließ den Gottesdienst über sich ergehen, ging während des Schlussgebets rasch hinaus und kam nie wieder. Genauso, wie ich es an ihrer Stelle auch gemacht hätte. Es sei denn, ich hätte den Mut gehabt, zu dem angebotenen Häubchen «Nein danke» zu sagen und zur Tür hinauszugehen, bevor der «Gottesdienst» begann.

Als mir klar wurde (ich wollte es zuerst nicht glauben), dass diese Begrüßung durch den Ältesten die allgemeine Haltung unter den Leitern jener Versammlung widerspiegelte, dass das Einhalten der Gemeindeordnung, wie sie sie verstanden, wichtiger war als die Liebe zu neuen Gläubigen, wollte ich nicht mehr dort hingehen. Also tat ich es auch nicht. Mit der jungen Frau freilich blieb ich befreundet, nachdem ich mich für meine frühere Gemeinde bei ihr entschuldigt hatte.

Es gab noch einige weitere weniger angenehme Gemeindeerfahrungen, die mich durch meine Zeit als junger Erwachsener und im mittleren Alter verfolgten, doch keine davon tat meiner Anhänglichkeit an die Gemeinde an sich Abbruch. Wann immer ich eine Gemeinde verließ, sei es wegen einer Meinungsverschiedenheit oder wegen eines Ortswechsels, suchte ich mir eine andere. Immer. Leben ohne Gemeinde? Undenkbar. Aber jetzt …

Ich glaube, ich gehöre zu einer Minderheit frustrierter Christen, die gerade jetzt ihr bisheriges Schweigen brechen und vielleicht auf dem Weg dazu sind, eine Mehrheit zu werden. Vielleicht auch nicht. Wie es scheint, gehört die Mehrzahl der Jesus-Nachfolger immer noch irgendeiner Form von Gemeinde an, und es scheint ihnen dort auch ganz gut zu gefallen. (Vielleicht hat sie auch nur noch niemand gefragt, ob es wirklich so ist, und wenn ja, warum.)

Die meisten Gemeindebesucher würden, vermute ich, in die meisten anderen Gemeinden nicht gehen. Aber die allermeisten haben anscheinend eine Gemeinde gefunden, in die sie wirklich gern gehen. Die «Megachurches» sind immer noch mega. Mittelgroße Gemeinden tun immer noch mit ausreichendem Budget viel gute Arbeit. Kleine Gemeinden haben ihre Probleme, wie die ganz großen und die mittleren auch, doch meistens kommen sie mit dem Budget zurecht, es kann musiziert werden, es kann gepredigt werden, und es kommen Leute. Und die Leute gehen und kommen und gehen wieder, genauso wie in größeren Gemeinden, und genauso wie im Kino und im Fußballstadion.

Die Gemeinde in Amerika geht ihren Weg weiter. Gemeinden für Kirchenferne, Bibelgemeinden, Emerging Churches, liberale Kirchen, im weitesten Sinne evangelikale Gemeinden, katholische Kirchen, orthodoxe Kirchen, protestantische Gemeinden, traditionelle Gemeinden, liturgische Kirchen, Gemeinden mit Vision, Hausgemeinden: allesamt «christliche» Gemeinden bzw. Kirchen. Auf dem ganzen nordamerikanischen Kontinent und quer durch die ganze Welt gehen Gemeinden weiter ihren Weg, wie Schiffe verschiedenster Größe, Form und Bauart, die unbeirrt mit ihren Tausenden, ja Millionen von Passagieren an Bord durch die veränderlichen Meere der Kultur segeln.

Früher habe ich immer angenommen, dass ich dort hinwollte, wo die Gemeinden, in die ich ging, sagten, dass sie mich hinbringen würden. Die Lehraussagen und Gemeindeslogans, die Zukunftsvisionen und Missionsziele hörten sich gut an. Ich fand sie anziehend genug, um mein Interesse wachzuhalten. Aber jetzt …

Ich bin nicht immer sicher, dass ich das Richtige getan habe, aber im Grunde bin ich über Bord gesprungen und paddele nun mit ein paar Freunden (einer ganzen Menge eigentlich, und es werden immer mehr) in einem kleinen Rettungsboot in eine, wie ich glaube, andere Richtung als die, in die die meisten Gemeinden unterwegs sind. Ich glaube, ich bewege mich jetzt in eine Richtung, die mehr auf der Linie liegt, wohin der Heilige Geist will, hin zu einer ewigen Wahrheit, die geistlich wachsen lässt und in Beziehungen führt und kulturell engagiert ist, alles im Zusammenhang mit einer wunderbaren Liebesgeschichte. Tja, viele Pastoren und Gemeindeglieder würden vermutlich sagen, dass sie in dieselbe oder eine ähnliche Richtung unterwegs sind. Hmm …

Es macht mir zu schaffen. Warum hätte ich jetzt, in meinen Sechzigern, wo ich vielleicht wirklich Anspruch auf den Status eines Ältesten erheben könnte, in den meisten Gemeinden überhaupt keine Neigung mehr, als Ältester zu wirken? Ich übe immer noch Seelsorge aus, aber ich tue es weder professionell noch in einer organisierten Gemeinde. Ich bin nicht nur kein Ältester mehr in der Gemeinde, ich habe nicht einmal mehr viel Interesse daran, in die Gemeinde zu gehen.

Ein paar gibt es noch, zu denen ich mich hingezogen fühle, besonders eine in Indiana. Und wenn es mein Terminkalender zulässt, besuche ich gerne eine in Colorado, in der ein auf die Bibel gegründeter Mystiker Pastor ist und in der ich ein paar andere Leute kennen gelernt habe, die wirklich gründlich bei Jesus in der Ausbildung stehen. In diese Gemeinde gehe ich gerne, wenn ich kann. Ich mag sie sogar sehr.

Aber viele gibt es davon nicht. Ich kenne eine Handvoll Pastoren, die ich sehr respektiere, besonders einen guten Freund in Charlotte, dessen Gemeinden das Vorrecht haben, gut gelehrt, gut geleitet und gut gehütet zu werden. Und dennoch …

Ich gebe es nicht gern zu (und zu wissen, dass es stimmt, gefällt mir noch weniger), aber gegen viele Gemeinden empfinde ich ein aktives Missfallen, gegen einige sogar eine überwältigende Abneigung, ähnlich jener Abscheu, die einen unwillkürlich das Gesicht verziehen lässt, wenn man in eine Zitrone beißt.

Meine vielen Reisen lassen nur sporadische Gemeindebesuche zu. Aber das ist nicht das eigentliche Problem. Ich habe überhaupt keine Lust, in die Gemeinde zu gehen. Ich habe das Interesse verloren.

Aber warum? Bin ich zu einem stolzen Zyniker geworden, einem desillusionierten Egoisten, der nicht zufrieden ist, solange die Leute nicht alles so sehen und machen wie ich? Manche würden das wohl sagen. Vielleicht haben sie recht.

Und dennoch glaube ich (und ich weiß, dass ich mich auch irren könnte), dass ich heute, in meinem siebten Lebensjahrzehnt, ein hungrigerer, lebendigerer, nachdenklicherer und leidenschaftlicherer Nachfolger Christi bin, als ich es in meinen ersten sechs war. Und ich glaube auch (und auch hier könnte ich mich irren), dass alles Gute, was der Herr in all diesen Jahren in meiner Seele bewirkt hat, zunehmend außerhalb der Gemeinde bewirkt wurde – nicht außerhalb der Gemeinschaft, aber außerhalb der organisierten Gemeinde.

Schlimmer noch, auf all das, was ich in mir selbst sehe, was noch wachsen muss (und das ist eine Menge), scheint die Gemeinde wenig Einfluss zu haben – die Gemeinschaft, ja, sie schon, aber nicht die Organisation, die wir Amerikaner meist Gemeinde nennen.

Mir bleibt also nichts anderes übrig, als die Frage zu stellen: Warum Gemeinde? Warum sollte ich da hinwollen?

Ich bin (glaube ich) immer noch dabei, in Christus zu wachsen und der Sünde abzusterben. Formulierungen, die sich geistlich anhören und mir früher nichts bedeutet haben, werden plötzlich lebendig für mich und gewinnen eine neue Bedeutung; zum Beispiel «Tanzen mit der Dreieinigkeit»*. Schon beim Wort Tanzen lief mir früher ein moralischer Schauer über das fromme Rückgrat, so wie Rauchen oder Glücksspiel. Mit dem Glücksspiel geht es mir immer noch so. Mit dem Rauchen nicht so sehr (es sei denn unter dem gesundheitlichen Aspekt) – und mit dem Tanzen überhaupt nicht. Mich interessiert heute eher, zu lernen, wie ich mit dem Geist Gottes Schritt halten kann, als zu entscheiden, ob ich immer noch ein Prämillennialist bin. Und mir scheint, dass von diesem guten und geistlich belebenden Interesse nur sehr wenig in der Gemeinde geschürt worden ist; das Bedürfnis danach vielleicht schon, aber nicht, wie ich es realisieren kann.

Lassen Sie es mich ganz unverblümt sagen: Je mehr mein Interesse an Christus zugenommen hat, desto geringer wurde mein Interesse an der Gemeinde. Ich finde, das ist ein schrecklicher Zustand. Ich wünschte, es wäre nicht so. Aber es ist so. Und ich frage mich, woran das liegt.

Ich weiß noch, wie ich vor ein paar Jahren einmal in einem Gottesdienst saß, den ich als besonders ärgerlich und bedrückend empfand und der mich besonders von meinem Hunger danach ablenkte, Gott zu kennen, sein Lachen zu hören, seinen Sohn nachzuahmen, mit seinem Geist zu tanzen. Damals schrieb ich mir in den freien Raum für Predigtnotizen auf dem Gottesdienstblättchen einen Satz: «Ich glaube, ich muss vielleicht das Christentum aufgeben, um Christus nachzufolgen.» Ich hätte wohl lieber «Gemeindetum» schreiben sollen – jene Version des Christentums, die mir in der Predigt vorgetragen wurde. Das Eigentliche wollte ich nie aufgeben. Im Gegenteil, ich wollte es finden.

So weit ist es also gekommen. Ich habe kein unbändiges Verlangen danach, in die Gemeinde zu gehen. Ich wünschte, ich hätte es, aber ich habe es nicht. Natürlich könnte ich mit meinem mangeln-

---

* «Tanzen mit der Dreieinigkeit» ist ein Konzept, das aus dem C.S.Lewis-Roman *Perelandra* stammt. Als dort der Held am Ende auf die göttliche Dreieinigkeit trifft, erlebt er das Gespräch nicht als solches, sondern in einem göttlichen Reigen, in dem die Worte und Gedanken von einem zum anderen fließen und so alle in einem Tanz vereint sind. [Anmerkung des Verlags.]

den Verlangen nach Gemeinde so umgehen wie mit meinem mangelnden Verlangen nach Gemüse (besonders Limabohnen und Speiserüben). Ich könnte mich mit demselben Enthusiasmus dazu zwingen, in die Gemeinde zu gehen, wie ich mich zwinge, diese scheußlichen Sachen zu essen. Vielleicht sollte ich einfach in die Gemeinde gehen, weil es das Richtige ist.

Sie kennen sicher den alten Witz von der Mutter, die eines Sonntagmorgens ihren noch schlafenden Sohn wecken geht:

«Zeit zum Aufstehen. Du kommst zu spät zum Gottesdienst.»

«Ich will gar nicht hin.»

«Das spielt keine Rolle. Du musst hin.»

«Warum? Nenne mir drei gute Gründe.»

«Erstens, ich will, dass du hingehst. Zweitens, Gott will, dass du hingehst. Drittens, du bist der Pastor.»

Dieser Witz ist so wahr, dass er schon fast nicht mehr witzig ist. Ich habe mich kürzlich bei Pastoren erkundigt, wie sie sich mit ihrer Arbeit fühlen. Die häufigste Antwort ist «gelangweilt». Die zweithäufigste ist «leer». Ein Pastor einer blühenden Gemeinde drückte es so aus: «Die Gemeinde ist inzwischen so ziemlich ein Selbstläufer, wie eine gut geölte Maschine. Ich muss immer noch ab und zu eingreifen, wenn es irgendwo klemmt, mich mit Leuten treffen und unentwegt Vision verbreiten. Und ich habe Freude am Predigen. Aber ich bin mir nicht sicher, ob meine Predigten wirklich die Art von guten Dingen bewirken, die zu erleben ich eigentlich Pastor geworden bin. Meistens bin ich gelangweilt. Wenn ich etwas finden könnte, wovon ich wüsste, dass da Gott am Wirken ist, etwas, das Menschen in der Tiefe bewegen und einen sichtbaren Unterschied machen würde, dann würde ich mein Pastorenamt wahrscheinlich an den Nagel hängen und von nun an diese Arbeit tun. Nur um mich wieder lebendig zu fühlen.»

Ich weiß, wir sollten alle das Richtige tun, ob uns danach ist oder nicht. Der Herr jedenfalls hat das getan. Aber sollte nicht der *Wunsch* danach, etwas Richtiges zu tun, zum Beispiel in die Gemeinde zu gehen oder Pastor einer Gemeinde zu sein, wenn man dazu berufen ist, mit der Zeit stärker werden statt schwächer? Gehört das nicht zur Reifung dazu, dass wir das tun wollen, wovon wir wissen, dass wir es tun sollen, selbst wenn das, was wir tun sollen, uns unangenehm oder schwierig vorkommt? Auch das hat der Herr getan.

Könnte vielleicht entfernt die Möglichkeit in Betracht kommen, dass das, was wir «in die Gemeinde gehen» nennen, und das, was Pastoren tun, was allgemein (zumindest in unserer Kultur) in Gemeinden von ihnen erwartet wird, vielleicht *nicht* das Richtige ist?

Ich habe keine Lust, in die Gemeinde zu gehen. Mein Freund, der Pastor, hat keine Lust, das zu tun, was wir Pastorenarbeit nennen. Könnte es sein, dass keiner von uns unrecht hat? Was ich mich frage, ist Folgendes: Ist es möglich, ist es vorstellbar, dass «in die Gemeinde gehen» und «Pastor einer Gemeinde sein» für Gott etwas völlig anderes bedeutet als für uns?

Millionen von Menschen würden das anscheinend verneinen. Sie versammeln sich jeden Sonntag in den Gemeinden, und Tausende von Pastoren stehen pünktlich auf, um zu predigen. Es ist einfach eine Tatsache: Jede Menge guter und aufrichtiger Nachfolger Christi bleiben engagiert in dem, was wir Gemeinde nennen. Und es gefällt ihnen.

Meine Frage ist, warum? Vielleicht aus Gründen, die wenig mit dem zu tun haben, was Gemeinde eigentlich sein soll. Oder vielleicht auch aus sehr guten Gründen, die einfach nur nicht für mich gelten.

2. Kapitel

Warum gehen so viele Leute noch in die Gemeinde, und das gern?

Geist Gottes, dringe so tief in die schreckliche Finsternis meiner Seele ein, dass ich kein Licht sehe als nur deines und zur Ruhe komme.

Manchen Leuten gefällt das, was sie in der Gemeinde empfinden und was sie dort lernen. Ein paar sehr gute Leute, die ich kenne, gehen hauptsächlich in die Gemeinde, um zu dienen, um andere zu ermutigen, so gut sie können. Sie schätzen dieses Vorrecht.

Viele, allesamt gute Leute, würden sagen, dass der wöchentliche Gottesdienst sie erfrischt und motiviert. Sie führen dadurch in der folgenden Woche ein besseres, zielbewussteres Leben mit einer klareren, mehr auf Gott ausgerichteten Perspektive. Und sie freuen sich auf den Sonntag, wenn sie spüren können, wie ihre Leidenschaft für Gott erneut angefacht wird und sie ein bisschen besser verstehen, wie Gott möchte, dass sie leben.

Aber ist das alles, was Gemeinde zu bieten hat? Könnte dort nicht noch ein bisschen mehr passieren? Sollten sie nicht noch mehr daraus mitnehmen können?

Eltern mit kleineren oder älteren Kindern, die noch zu Hause wohnen, schätzen die Gemeinde oft als eine Möglichkeit, ihre Kinder mit biblischen Geschichten und Prinzipien vertraut zu machen, ihren Charakter durch den Dienst für andere heranzubilden und ihnen gesunde Freizeitaktivitäten anzubieten, die vielleicht die Anziehungskraft von Drogen und Sex ein wenig reduzieren. Die Gemeinde verbessert die Chancen, so hoffen sie, dass aus ihren Kindern etwas Gutes wird und dass sie bis dahin nicht in allzu ernste Schwierigkeiten geraten.

Solange unsere beiden Söhne zu Hause wohnten, standen ein gutes Sonntagsschulprogramm und später eine aktive Jugendgruppe mit netten jungen Leuten weit oben auf meiner Anforderungsliste bei der Wahl einer Gemeinde. Im Rückblick glaube ich, dass ihre Gemeindeerfahrungen insgesamt (mit ein paar üblen Ausnahmen, darunter etwa einem supergesetzlichen Jugendpastor) ein positiver Einfluss waren. Dafür bin ich dankbar. Und ich bin dankbar dafür, dass diese beiden Söhne, die inzwischen verheiratet sind und selbst Kinder haben, sich wünschen, dass meine Enkelkinder durch eine Gemeinde mit guten Kinderprogrammen ebenso positiv beeinflusst werden.

Wenn man jedoch eine Wahl treffen müsste (und das sollte eigentlich nie nötig sein) zwischen einer Gemeinde, die die Kinder gut betreut, aber die Eltern in ihrer inneren Welt unberührt lässt, und einer Gemeinde, die den Kindern wenig bietet, aber viel tut, um Erwachsene zu wahrheitshungrigen, auf Wachstum ausgerichteten, in Gemeinschaft lebenden und vor Missionsgeist überströmenden Jüngern Jesu zu machen, würde ich mich auf jeden Fall für die letztere Gemeinde entscheiden. Keine Frage. Eltern, die auf Gott versessen sind, haben mehr Einfluss auf Kinder als die besten Jugendprogramme. Viel mehr.

Eine dritte Kategorie von Leuten, die gerne in die Gemeinde gehen – neben der ersten Kategorie, den aufrechten Christen, die besser lieben und anderen dienen wollen, und der zweiten Kategorie, den Eltern mit Kindern, die noch unter ihrem Dach leben –, sind Leute, die allein oder mit Mitbewohnern vom selben Geschlecht zusammenleben. Diese dritte Gruppe geht oftmals in die Gemeinde, um ihren sozialen Horizont zu erweitern. Sie wünschen sich ein paar Stunden menschlichen Kontakts in einer freundlichen, geistlichen Umgebung, wollen vielleicht ein paar Leute mit ähnlichem Geschmack für Filme und Bücher finden, mit denen sie während der Woche Zeit verbringen können, und vielleicht auch die eine oder andere dauerhafte Freundschaft entwickeln. Manche treibt die Hoffnung – und es ist eine legitime Hoffnung – auf ein Rendezvous, eine schöne Zeit zu zweit und, wenn alles gutgeht, darauf, ihren Lebenspartner zu finden.

An alledem ist nichts verkehrt. Ich glaube, wenn ich Single wäre, würde ich, selbst als über Sechzigjähriger, die Gemeinde mit etwas anderen Augen sehen. Wenn ich keine anderen Möglichkeiten zu tiefergehenden Kontakten zu Christen hätte, würde es mich wahrscheinlich zu all den Möglichkeiten hinziehen, die eine Gemeinde bieten kann. Und wenn ich einen erwachsenen Sohn oder eine erwachsene Tochter hätte, der/die alleinstehend ist, würde ich mich darüber freuen, wenn er oder sie sich bei der Suche nach echten Freunden und einem möglichen Partner an die Gemeinde hielten.

Aber ich glaube, ich würde mir noch mehr wünschen – für mich selbst, wenn ich allein lebte, und bestimmt auch für Menschen, die ich liebe, die allein leben. Ich weiß, es hört sich idealistisch an (was vielleicht ein Zeichen dafür ist, wie tief unsere Vorstellung von Gemeinde gesunken ist), aber ich würde mir für mich und andere die Erfahrung einer geistlichen Gemeinschaft wünschen, in der wir uns gemeinsam in den Tanz der Dreieinigkeit einreihen könnten, in der das göttliche Leben hin und her fließen könnte durch all die Wirrnisse und die Komplexität der Entwicklung inniger Beziehungen mit noch nicht verherrlichten Heiligen. Einer Gemeinschaft, in der wir durch unsere gemeinsam verbrachte Zeit tatsächlich in unseren Einstellungen, Entscheidungen und Motiven Christus ähnlicher würden. Sollte eine Gemeinde ein Umfeld für derartige Beziehungen bieten? Bewältigen Kleingruppen diese Aufgabe? Wenn nicht, woran liegt das? Und wenn nicht, könnten sie es dann besser machen?

Eine vierte und für meine Zwecke die letzte Kategorie von Leuten, die gern in die Gemeinde gehen: Leute, die ein eintöniges Leben führen. Ihr Leben ist, aus welchem Grund auch immer, eben so: öder, grauer, ereignisloser Alltag, sechs Tage die Woche immer dasselbe. Diese Leute lechzen nach etwas Aufregendem, damit sie sich wenigstens ein bisschen lebendiger und glücklicher, zielbewusster und eingebundener fühlen können.

Auch das will ich nicht kritisieren. Dass wir Leidenschaft lieber mögen als Langeweile, ist eins der Dinge, die uns zu Menschen machen. Langeweile ist unerträglich. Gewalt, bis hin zu Kriegen, und Promiskuität in allen ihren suchtbildenden Spielarten haben ihre Wurzeln in der Langeweile. Niemand ist gelangweilt, während er jemanden umbringt oder Pornografie anstarrt. Die Langeweile folgt auf dem Fuße, und schlimmer als zuvor, aber sie wird nicht empfunden, während man einen anderen verletzt oder missbraucht.

Gemeinde bietet eine bessere Möglichkeit. Ein aufregender Sonntagsgottesdienst durchbricht die Montag-bis-Samstag-Routine. Also los, Lobpreisleiter, also los, Pastor – zeigt, was ihr draufhabt! Eine Kleingruppe am Dienstagabend, ein Mittags-Literaturkreis am Donnerstag, ein Männertreff am Samstagvormittag, ein einwöchiger Sommer-Missionsausflug nach Bolivien – alles gute Dinge, auf jeden Fall besser, als jemanden zu erschießen oder einen Abend in einem Strip-Club oder vor einem Computermonitor voller pornografischer Bilder zu verbringen.

Aber ist das alles, was von Gemeinde geblieben ist – eine moralisch unbedenkliche Ablenkung von einem ansonsten öden Leben? Geht es bei Gemeindebesuch oder christlichem Engagement hauptsächlich darum, unser Dasein als sinnvoll und zielgerichtet zu erleben? Das gehört sicher mit dazu, aber steht es im Zentrum? Verfehlen wir vielleicht das eigentliche Zentrum, den wahren Grund, warum Gott uns dazu geschaffen hat, in Gemeinschaft mit ihm und anderen zu leben?

Denken Sie über diese vier Kategorien von Leuten nach, die gerne in die Gemeinde gehen.

- Kategorie Nr. 1: Leute, die eine Gemeinde besuchen, um während der Woche christlicher zu leben oder durch die Gemeinde anderen zu dienen.
- Kategorie Nr. 2: Eltern, die in der Gemeinde eine Partnerschaft mit Jugendmitarbeitern und Sonntagsschullehrern sehen, um ihre Kinder aus Schwierigkeiten herauszuhalten und im Glauben zu bewahren.

- Kategorie Nr. 3: Leute, die allein leben und die Gemeinde hauptsächlich oder zumindest zu einem großen Teil als einen Ort schätzen, wo sie christliche Freunde und vielleicht einen Ehemann oder eine Ehefrau finden können.
- Kategorie Nr. 4: Gelangweilte Leute, die in die Gemeinde gehen, um dort Abwechslung in ihrem ansonsten öden Alltagseinerlei zu finden.

Die Gemeinde kommt Menschen aus jeder Kategorie mit ihren empfundenen Bedürfnissen entgegen. Und das ist gut so. Es ist gut, wenn Leute mit diesen und anderen Bedürfnissen in der Gemeinde das finden, was sie legitimerweise dort suchen.

Aber wenn das alles ist, was Gemeinde zu bieten hat, dann brauche ich sie nicht. Wenn ich mich am Sonntagmorgen mit einem Buch von C. S. Lewis oder John Owen in einen Sessel fläze, finde ich bessere geistliche Nahrung als in den meisten Predigten, die ich gehört habe. Und gute Gespräche mit ähnlich denkenden Freunden beim Kaffee oder am Telefon verschaffen mir den Durchblick, den ich brauche, um auf dem schmalen Pfad zu bleiben oder zu ihm zurückzukehren. Und ein besonders gehaltvolles Gespräch entlockt mir mehr Lobpreis als die meisten Lobpreisgottesdienste, an denen ich teilgenommen habe.

Und ich wähle keine Gemeinde mehr danach aus, was sie meinen Söhnen zu bieten hat. Sie sind beide erwachsen und (Gott sei Dank) gläubige Männer geworden, denen ich zutraue, ihre eigenen Gemeindeentscheidungen zu treffen, für sich selbst, ihre Frauen und ihre Kinder. Ich lebe mit meiner Frau seit über vierzig Jahren in einer zutiefst befriedigenden Beziehung. Ich habe mehr Freunde als Zeit, um diesen Freundschaften gerecht zu werden. Und ich tue jede Menge sinnvoller Dinge – alles, ohne in die Gemeinde zu gehen.

Warum also sollte ich hingehen? Wenn die Gemeinde kaum mehr ist als eine wöchentliche Speisung mit geistlicher Belehrung und Inspiration, wenn sie darauf angelegt ist, Bedürfnissen entgegenzukommen, die in meinem Leben bereits gestillt sind, oder Lösungen für Probleme anzubieten, die ich nicht habe, warum sollte ich dann Verlangen danach haben? Die Antwort ist: Ich habe keins.

Ich höre schon tausend Pastoren und eine Million Gemeindeglieder im Chor aufschreien: «*Gemeinde ist mehr als das, was Sie da beschreiben!* Gemeinde ist mehr als eine wöchentliche geistliche Mahlzeit, um einen für die Woche bei Kräften zu halten, und mehr als ein gut geeigneter Ort, um anderen zu dienen. Sie ist mehr als eine Möglichkeit, Kinder mit Christus vertraut zu machen. Sie ist mehr als soziale Begegnungen in christlicher Atmosphäre. Und Gemeinde ist mehr als eine geistliche Ablenkung von der Langeweile. Ja, all diese Dinge haben ihren Platz, einen guten und legitimen Platz für diejenigen, die sie brauchen. Aber da ist mehr!»

Und ich stimme zu. Natürlich ist da mehr. Und ich würde sogar noch weiter gehen und sagen, ohne dieses Mehr wäre das, was wir Gemeinde nennen, überhaupt keine Gemeinde. Aber dann stelle ich die naheliegende Frage: Was ist dieses Mehr? Ist es das gemeinsame Gebet? Der orchestrierte Lobpreis? Die praktische Bibellehre?

Und damit beginnt die harte Arbeit. Was ist das Mehr, das aus einer Ansammlung von Christen eine Gemeinde macht? Was soll mit diesem Mehr erreicht werden? Und erreicht es das auch, wenigstens ein bisschen? Ein «goldenes Zeitalter» der Gemeinde hat es nie gegeben und wird es auch diesseits des Himmels nie geben. Es wird nie so sein, dass alles vollkommen richtig oder effektiv ist. Schwächen wird es immer geben, und sie werden zu Misserfolgen führen.

Aber es gibt ein Mehr. Und es kann sich bemerkbar machen und seine Kraft entfalten. Wo das nicht der Fall ist, da ist vielleicht das, was wir eine Gemeinde nennen, nicht einfach nur eine schwache oder ineffektive Gemeinde. Vielleicht ist es nicht einfach nur eine ungesunde Gemeinde. Vielleicht ist es überhaupt keine Gemeinde.

Und wenn das der Fall ist, dann ist es Gott vielleicht ganz egal, ob ich dort hingehe. Vielleicht ist es ihm sogar lieber, wenn ich nicht hingehe.

3. Kapitel

Was ist dieses *Etwas*, das aus einer Versammlung eine Gemeinde macht?

Geist Gottes, dringe so sanft in meine menschliche Fähigkeit zum Genuss ein, dass ich ein verzehrendes Verlangen nach dir empfinde und jede Leidenschaft, die damit wetteifert, erkenne und ihr widerstehe.

Mein Gebet um Erweckung kommt heute, glaube ich, aus größerer Tiefe in meinem Innern als alle Bitten, die ich bislang je vor Gott gebracht habe. Nun, vielleicht stimmt das nicht ganz. Meine Fürbitten für meine Familie kommen so ziemlich aus dem innersten Zentrum meines Herzens. Und im Lauf der Jahre ist es mir ein paar Mal passiert, dass etwas mich so überwältigt hat, dass ich mich flach auf den Boden legte und Gott unter qualvollem Schluchzen anflehte, doch mit Macht einzugreifen. (Nebenbei bemerkt: Den Schmerz habe ich gehasst, aber die Leidenschaft habe ich geliebt. Ich fühlte mich lebendig. Keine Faser an mir war gelangweilt oder nur oberflächlich beteiligt. Wenn ich etwas tief empfinde, selbst wenn es schmerzhaft ist, kommen dabei tiefere Regionen meiner Seele zum Vorschein, als ein unter bloß angenehmen Umständen genossenes Vergnügen je erreichen könnte. Echtes Leben ist nicht in Country Clubs oder Einkaufszentren oder Unterhaltungstempeln zu finden, auch nicht, wenn sie sich Gemeinden nennen.)

Manche dieser ausgestreckt auf dem Boden liegend geflehten Gebete wurden erhört. Manche nicht, oder nicht so, wie ich es wollte. Ich hoffe, mein Gebet um Erweckung wird erhört werden.

Meine Gebete um Erweckung gelten mir persönlich, mir als Person (je mehr ich begreife, was wahre Erweckung ist, nämlich vollkommen lebendig zu werden *in* Christus *für* Gott *durch* den Heiligen Geist, desto mehr wünsche ich sie mir für mich), aber auch der Gemeinde. Die Erweckung, um die ich bete, die Erweckung, von der ich glaube, dass Gott sie schenken möchte, ist keine individualistische Angelegenheit, bei der ich erweckt werde und Sie nicht, oder bei der Sie vor geistlicher Energie brodeln und ich lauwarm bleibe. J. I. Packer bemerkte einmal: «Jedes biblische Gebet um Erweckung beschwört Gott, nicht mich, sondern uns zu beleben.»[1]

Wenn Gott erweckt, dann erweckt er ein Volk, eine Gemeinschaft, eine Gruppe. *Er verwandelt eine Versammlung in eine Gemeinde. Manchmal beginnt er mit einer Person, aber immer mit der Absicht, seine Gemeinde zu erwecken.*

Zwei Dinge scheinen mir (fürs Erste) notwendig zu sein, damit Erweckung kommen kann. Erstens müssen wir uns darüber klar werden, was das «Mehr» ist, das eine Versammlung zu einer Gemeinde macht, und was dieses Mehr im Leben von Menschen bewirken soll. Wenn uns das klar ist, werden wir wissen, worum wir beten sollen, und wir werden die Erweckung erkennen, wenn sie kommt. Zweitens müssen wir davon überzeugt sein – und das wird uns nicht leichtfallen –, dass dieses notwendige *Mehr* nur durch den Geist Gottes geschenkt werden kann. Eine fromme Versammlung können wir organisieren, sogar eine christliche Versammlung, die Gutes bewirkt, aber nur Gott kann eine Gemeinde schaffen.

Je mehr ich um Erweckung bete, desto offensichtlicher wird eine offensichtliche Wahrheit: Wenn nicht der Geist uns zeigt, was den Vater am meisten erfreut (oder kränkt), wenn wir zusammenkommen, werden wir uns alle möglichen Ideen und Hoffnungen und Methoden zur Gestaltung von Anbetung und Predigten und Kleingruppen einfallen lassen, die alle eine teuflische Sache gemeinsam haben werden; eine teuflische Sache, die wir für engelhaft halten werden: *Machbarkeit.* Wir werden es durchziehen. Wir werden etwas zustande bringen, und das werden wir Gemeinde nennen.

Als unzerbrochene Menschen richten wir unsere Blicke auf das, was wir machen können. Mit dem richtigen Talent und genug Charisma kann jede Versammlung Menschen emotional ansprechen, die Illusion der Transzendenz erzeugen, ein Erlebnis hervorrufen, von dem wir schwören würden, es sei Anbetung, und uns helfen, uns besser zu fühlen. Geben Sie noch ein paar praktische Tipps zum Umgang mit negativen Emotionen und ein paar machbare Strategien zur besseren Kommunikation als Ehepartner, Eltern, Freunde und Kollegen hinzu, und die Leute werden sich nicht nur besser fühlen, wir werden tatsächlich besser leben. Wir werden ein glücklicheres, erfolgreicheres Leben führen, ohne Gott dabei wirklich zu brauchen, jedenfalls nicht das Kreuz Christi oder die Kraft seines Geistes.

Versammlungen können ihre Leute dazu mobilisieren, sozial aktiv zu werden, und das nennen wir dann vielleicht Arbeit für das Reich Gottes. Doch vieles von dem, was wir soziales Handeln oder humanitäre Opferbereitschaft nennen, lässt sich ohne Gottes erlösende Kraft bewerkstelligen – und wird ohne sie bewerkstelligt. Ein engagierter Atheist kann genauso gut ein Haus bauen wie ein Christ. Wenn er talentiert ist, kann er sogar ein besseres Haus bauen. Das ist natürlich kein Grund für Christen, kein Haus zu bauen oder keine Waisenkinder zu speisen, zu bekleiden und in die Arme zu nehmen. Wenn die Liebe Gottes uns erfüllt, werden wir mehr und vielleicht bessere Häuser bauen als die Atheisten und mehr Waisenkinder speisen und bekleiden und umarmen. Aber man kann eben auch ohne die Kraft Gottes Häuser bauen oder sich um Waisenkinder kümmern. Versammlungen, die Ressourcen mobilisieren, um gute Werke zu tun, werden dadurch nicht zu einer Gemeinde. Selbst Bekehrungen zu Christus lassen sich orchestrieren. Mit packenden Karrieregeschichten vom säkularen Tellerwäscher zum geistlichen Millionär, mit mitreißenden Predigten, die Sünder beschämen, mit dramatischen Appellen, begleitet von passender Musik, in denen das Leben versprochen wird, wie wir es uns immer gewünscht haben, kommen Leute zu Jesus – massenhaft. Es geschehen Bekehrungen. Doch ohne die aktive Mitwirkung und entscheidende Führung des Heiligen Geistes werden es keine echten Bekehrungen sein. Sie werden keinen rettenden Glauben erzeugen, und sie werden auch kein Verlangen nach Gott erwecken, das stärker ist als jedes andere Verlangen. Auch wenn diese Bekehrungen für lange Zeit dem Original zum Verwechseln ähnlich sehen können.

Ein besseres Leben, mehr gute Taten, anscheinende Hinwendungen zu Christus – all das ist möglich ohne Gott. Ohne Gott, ohne das übernatürliche Leben Christi in uns, sind viele Dinge möglich. Mit Gott jedoch, und *nur* mit ihm, sind alle Dinge möglich, die für die Ewigkeit zählen und das Herz des Vaters erfreuen, und zwar in diesem Augenblick, in meinem Leben und in Ihrem. Und alle diese Dinge entspringen aus derselben Quelle: *einem neuen Herzen.* Und dazu ist Gott nötig. Und für die Kräftigung und Freisetzung des neuen Herzens, durch die wir fähig werden, auf eine ganz neue Weise zu leben, auf ein ganz neues Ziel hin, ist Gott nötig – des Vaters Herz, das die Sünde hasst, aber die Person liebt; der Tod und die Auferstehung des Sohnes; das Ziehen des Heiligen Geistes. Und wenn Gottes Geist beschließt, etwas zu tun, was viel wichtiger ist, als uns glücklicher zu machen, als uns zum sozialen Handeln zu bewegen, als Leute zu überreden, sich Jesus zuzuwenden, um ein besseres Leben zu finden, dann werden unsere Versammlungen zu Gemeinden.

Was also ist dieses Etwas, das «viel wichtiger» ist? Was ist das Mehr?

Ich glaube, die umwerfendste, verblüffendste Wahrheit, die Gott mir in seinem Wort hat zuteilwerden lassen, lässt sich – vielleicht ein wenig vereinfacht, aber nicht respektlos, wie ich hoffe – in zwei kurzen Sätzen zusammenfassen. Erstens: *Gott ist ein Fest, das im vollen Gang ist.* Zweitens: *Ich bin zu dem Fest eingeladen.* Wenn wir den Inhalt dieser Sätze entfalten, indem wir der Geschichte Gottes von der zurückliegenden Ewigkeit bis in die vor uns liegende Ewigkeit nachverfolgen, wird sich zeigen, dass diese scheinbar so schlichten Sätze sehr tiefe und zutiefst befriedigende Wahrheiten enthalten.

Mir wird allmählich klar (das ist eine Übertreibung; mir wird allmählich klarer), dass ich schon jetzt anfangen kann zu tanzen. Zwar nicht gut, aber einigermaßen im Takt, und dass ich jetzt schon bei dem Fest mitfeiern kann, indem ich nach nichts mehr verlange als danach, durch den Geist Gottes in meinem inneren Wesen zur Freude des Vaters seinem Sohn Jesus gleichgestaltet zu werden. Und mir wird auch allmählich klarer, dass geistlich gestaltet zu werden etwas anderes und viel tiefer Gehendes bedeutet, als ich viele Jahre lang angenommen habe. Nämlich etwas, das viel mehr mit Beziehung zu tun hat. Mehr darüber später. Es ist ein großes Thema.

Aber eines möchte ich jetzt schon sagen, wovon ich überzeugt bin, dass es wahr ist: *Gemeinde wurde von Gott eingerichtet als Tanzschule*. Eine Versammlung wird zu einer Gemeinde, wenn eine Gruppe von Christen gemeinsam die Musik von dem Fest des Himmels und das Lachen Gottes in seiner Freude hört[2] und ungeschickt anfängt, gemeinsam mit der Dreieinigkeit in die Beziehungen und Umstände des Lebens hineinzutanzen, um die himmlische Art, mit den Dingen umzugehen, herunter auf die Erde zu bringen. *Das ist das Mehr.*

Beziehungen bauen wie Jesus ist nicht einfach; es zu lernen, ist ein langer Prozess. Es erscheint geradezu unmöglich, und das ist es auch ohne Gott. Es kommt einem falsch vor, töricht sogar, manchmal geradezu dumm und äußerst unvorsichtig, obwohl es immer richtig und weise ist. Ich soll um deinetwillen opfern, was so unverzichtbar für mein eigenes Wohl erscheint? Unmöglich. Ich soll jetzt legitime Annehmlichkeiten und Freuden aufgeben, bis dahin, mir Schwierigkeiten einzuhandeln und eine Katastrophe zu riskieren durch die Entscheidungen, die ich treffe, und das alles für später einmal im Himmel? Dämlich. Neurotisch. Ich soll aufhören, über andere zu richten und sie zu kritisieren, selbst wenn ein Urteil notwendig und die Kritik berechtigt ist? Soll ich denn nicht bei der Wahrheit bleiben? Ist es falsch, meine Meinung zu sagen?

Eine Versammlung wird zu einer Gemeinde, wenn Leute sich zu einem obersten Zweck zusammenfinden, nämlich *nicht*, um das Leben zu genießen, *nicht*, um anderen zu helfen, das Leben zu genießen, *nicht*, um andere davon zu überzeugen, Leben in Jesus zu finden – sondern um Jesus in ihren Motiven, Gedanken und Wünschen ähnlich zu werden, alles zur Freude des Vaters. Das ist das Mehr. Und das ist unmöglich ohne den Heiligen Geist. Und es ist töricht, wenn es keine «nächste Welt» gibt. Schauen Sie sich an, was

Jesus sich damit eingehandelt hat, dass er Jesus war. Wenn sein Leben mit dem Grab endete, ist er kein Vorbild, dem ich von Natur aus nacheifern möchte.

Wenn eine Gruppe von Christen zusammenkommt, um zu «kleinen Christussen» zu werden, erklären sie allem den «Krieg», was ihnen dabei im Weg steht, allem in ihrem eigenen Innern – nicht in anderen –, was dieses Ziel hasst und sich heftig gegen diesen Prozess sträubt. Wer lernen will, im Takt zur Himmelsmusik zu tanzen, um Gottes Lachen zu vertiefen, muss geistlich Krieg führen, gegen den Teufel und die von ihm geführte Weltordnung sowieso, aber mehr noch gegen das wirre Knäuel selbstschützender, selbsttäuschender, selbstversessener Energie, die uns so lebensnotwendig erscheint, dass es schwer genug fällt, sie überhaupt als Problem zu erkennen, geschweige denn, dagegen anzugehen.

Eine Versammlung kann etwas ziemlich Angenehmes und Helles sein. Eine Gemeinde trägt uns durch Schmerz und Dunkelheit. Bei einer Versammlung läuft oft alles glatt. In einer Gemeinde hingegen geht es immer drunter und drüber. Eine Versammlung bestätigt natürliche Neigungen, die uns richtig erscheinen und sich gut anfühlen. Eine Gemeinde jedoch weist diese Neigungen zurück und ruft übernatürliche Neigungen hervor, die uns erst falsch erscheinen und sich schlecht anfühlen, bis wir eine gewisse Reifestufe überschreiten.

Eine Versammlung, die eine Gemeinde ist, will mehr als alles andere eine das geistliche Wachstum fördernde Gemeinschaft sein, eine Tanzschule. Wenn unsere Seelen den Rhythmus des trinitarischen Beziehungsreigens auffangen, wird uns so klar, wie wir es noch nie zuvor gesehen haben, wie unbeholfen und unattraktiv wir uns bisher in unseren Beziehungen verhalten haben, wie gemein wir anderen auf die Füße getreten sind, wie weit wir an dem Ziel vorbeigeschossen sind, die Herzen anderer mit Leben spendender Kraft zu erreichen, wie ängstlich wir davor zurückgeschreckt sind, Menschen dort zu begegnen, wo sie sind, und nicht da, wo wir sie gerne hätten.

Und gerade dann, wenn wir kurz davor sind aufzugeben und alle Hoffnung verlieren, jemals gut tanzen zu können, und uns stattdessen damit begnügen wollen, uns mehr schlecht als recht durchs Leben zu schlagen, halbwegs gute Beziehungen hinzunehmen als das Beste, was wir zustande bringen … *gerade in diesem Moment* hebt eine unsichtbare Hand sanft unser Kinn empor, damit wir Jesus ins Gesicht schauen, ihn lächeln sehen und die Herrlichkeit eines lachenden Gottes erblicken, der uns nicht aufgegeben hat. Das ist das Mehr, das eine Versammlung zu einer Gemeinde macht.

Wie kann all das geschehen? Wie viel davon kann Wirklichkeit werden? Was können wir tun, um Gott nicht im Weg zu stehen und uns in den Strom seiner Absichten einzureihen? Wie sollen wir abwarten, bis Gott beschließt, uns mit seinem Geist der Gnade zu erfüllen (Sacharja 12,10), der uns tief verwunden wird, bevor er uns vollkommen heilt?

Ein erster Schritt wäre vielleicht, dass wir ehrlich sagen, warum wir überhaupt zusammenkommen, warum wir in die Gemeinde gehen, und uns darüber klar werden, ob unsere Gründe dafür mit denen Gottes übereinstimmen.

4. Kapitel

Was ist dieses *Etwas*, das dazu führt, dass eine Versammlung aufhört, eine Gemeinde zu sein?

Geist Gottes, durchdringe den Schleier des Selbstbetrugs, der mich sowohl für meine wahren Motive als auch für deren Bosheit blind macht. Und in meiner Zerbrochenheit erwecke die Liebe zum Vater, die der Sohn empfindet, die Liebe, die du bereits in mein Herz hineingelegt hast.

Vielleicht ist es an der Zeit, sich einen vertrauten Vers noch einmal neu anzuschauen. Er steht in Hebräer 10,25, wo der inspirierte Verfasser uns mit göttlicher Vollmacht sagt: «Versäumt nicht die Zusammenkünfte eurer Gemeinde, wie es sich einige angewöhnt haben.» Ich habe das Interesse daran verloren, in die Gemeinde zu gehen. Deutet dieser Vers mit einem himmlischen, anklagenden Finger auf mich, oder enthält er zumindest einen entschiedenen Tadel?

Ich glaube nicht. Vielleicht bin ich in Abwehrhaltung (jedenfalls ist mir klar, dass ich mich gleich so anhören werde), aber ich frage mich, was wohl passieren würde, wenn derselbe Christ, der vor zweitausend Jahren jene Worte «von Gott» schrieb, für einen oder zwei Monate aus dem Himmel wieder herab auf die Erde käme. Wenn er sich ansehen würde, wie wir heute «Gemeinde» treiben, würde er dann vielleicht unter derselben göttlichen Inspiration konsterniert den Kopf schütteln und mit einer Mischung aus Zorn und Verwirrung seinen Finger auf uns alle richten und sagen: «Das ist nicht die Art von Zusammenkünften, die ich gemeint habe.»

Ich vermute, er wäre nicht so sehr beunruhigt über die *Art und Weise*, wie wir zusammenkommen (obwohl ich nicht glaube, dass er allzu großes Interesse daran hätte, bei unseren Treffen dabei zu sein), als vielmehr darüber, *warum* wir so zusammenkommen, wie wir es tun. Ich glaube, er würde vielleicht Ihnen und mir zunicken und vorschlagen, dass wir den Gottesdienst nächsten Sonntag sausen lassen und lieber zusammen einen Kaffee trinken gehen.

Trotz all dem Guten, was Gemeinde zu bieten hat (hervorragende Lobpreismusik, praktische und motivierende Predigten, Programme, die die Leute da abholen, wo sie sind, und ihnen die Hilfe anbieten, die sie brauchen, Gelegenheiten, Beziehungen zu Christen wie zu Außenstehenden zu knüpfen), könnte es durchaus sein, dass derselbe Verfasser des Hebräerbriefes uns sagen würde, wir sollten alles, was wir tun, einmal überdenken und die Gründe hinter alledem genau unter die Lupe nehmen. In dem Vers, der dem oben zitierten unmittelbar vorausgeht, fordert er uns auf, darauf zu achten, wie unsere Zusammenkünfte eine Explosion übernatürlicher Liebe in den Tiefen unseres Wesens auslösen können, die uns zu den guten Werken treibt, die Gott schon vor langer Zeit vorbereitet hat, damit wir sie tun. Achtet aufeinander, schrieb er in Vers 24, und zwar worauf? Darauf, wie wir zusammenkommen können, wie wir miteinander reden, einander zuhören, einander kennen lernen und Gott gemeinsam durch sein Wort und seinen Geist reden hören können, und zwar so, dass wir dadurch zu «Klonen» Jesu werden.

- Wie kann ein Vater, der gerade erfahren hat, dass sein Sohn schwul ist, als heiliger, Jesus ähnlicher Elternteil reagieren, der seinem Sohn das Herz des himmlischen Vaters offenbart?
- Wie kann eine Frau in einer lieblosen Ehe, die dadurch in tiefe Depressionen fällt, sich dem Trümmerfeld ihres Lebens auf eine heilige, Jesus ähnliche Weise stellen, die sie in die Hoffnung schenkende Nähe zum Vater führt?

- Wie kann ein Pastor, der im Lauf des letzten Jahres zurück in den Dreckpfuhl des Selbsthasses geworfen wurde, in dem er als Kind lebte, jetzt auf eine heilige, Jesus ähnliche Weise vorwärtsgehen, die seinen Vater stolz auf ihn macht?
- Wie kann eine glückliche, harmonische Familie ihr reich gesegnetes Leben auf eine heilige, Jesus ähnliche Weise führen, die sie in der Person des Vaters statt in den erhaltenen Segnungen verankert?
- Wie kann eine alleinstehende Frau, die zum ersten Mal von einem starken, liebevollen Mann umworben wird, sich ihm gegenüber auf eine heilige, Jesus ähnliche Weise verhalten, durch die der weibliche Mut und die feminine Schönheit freigesetzt werden, die durch den Geist Gottes bereits in ihr stecken?

Nachdem ich mit Tausenden von Gemeindegliedern gesprochen und unter die Oberfläche ihres Lebens geschaut habe, um zu sehen, was darunter wirklich vor sich geht, glaube ich nicht, dass die Gemeinde in Amerika (mit wenigen Ausnahmen) tief im Leben der Leute das bewirkt, was Gott dort am meisten bewirken möchte. Wir dringen nicht tief genug. Wir kommen nicht durch die Barriere der Verleugnung hindurch, hinter der sich unsere schlimmsten Sünden und erschreckendsten Ängste verstecken. Und was noch schlimmer ist: Ich bin keineswegs sicher, dass wir eine klare Sicht dafür haben, was es eigentlich ist, das Gott in unserem Leben tun möchte. Es ist schwierig, mit dem Pfeil auf das Schwarze einer Zielscheibe zu zielen, die man überhaupt nicht sieht.

Mein heutiges Desinteresse an der Gemeinde hat mehrere Quellen, aber keine davon ist stärker als diese: Ich frage mich ernsthaft, ob Gott von der Art und Weise, wie wir in dem, was wir Gemeinde nennen, zusammenkommen, angetan ist. Und mehr noch, ob er von dem Warum, das hinter unserem Zusammenkommen steht, vielleicht alles andere als begeistert ist. Es könnte sogar sein, dass er Anstoß daran nimmt.

Vor vielen Jahren schaute Gott sich an, wie sein Volk in drei Mega-Anbetungszentren strömte, wo es an religiösen Aktivitäten teilnahm, von denen es meinte, sie seien gottgefällig. Eines Morgens, als sie gemeinsam in einem langen Zug unterwegs zu ihren Zusammenkünften waren, stellte sich ihnen ein Prophet in den Weg. «Ich habe eine Botschaft von Gott. Hört auf. Geht nach Hause. Feiert keinen Gottesdienst, wie ihr es nennt, in Bethel. Geht nicht nach Gilgal. Hört auf, nach Beerscheba zu pilgern. Ihr kommt aus den falschen Gründen zusammen. Sucht mich und LEBT!» (Sie können das im Buch Amos nachlesen, besonders im fünften Kapitel, die Verse vier bis sechs.)

Ich frage mich: Sagt Gott vielleicht gerade jetzt etwas Ähnliches zu uns, während wir in einem schönen Gemeindehaus sitzen, uns an der hervorragend gespielten Musik erfreuen und uns glänzend vorgetragene Predigten anhören?

In den letzten Tagen des Alten Testaments sah Gott wieder zu, wie sein Volk sich in dem versammelte, was damals einer Kirche entsprach. Und wieder erhob er laut Einspruch, diesmal durch einen Propheten namens Maleachi. Gott war nicht glücklich über den Status quo. Er beobachtete alles, was sie taten; er hörte sich ihren Lobpreis, ihre Anbetung und ihre Lehre an, und er sagte nicht: «Gut so. Macht weiter. Zieht noch mehr Leute an. Baut noch größere Gemeindehäuser.»

Sondern er sagte Folgendes: «Wenn doch nur einer von euch die Tempeltore zuschließen würde! Dann könntet ihr nicht mehr hineingehen und auf meinem Altar Opfer darbringen, die ich nicht annehme. Ich habe genug von euch, und auf eure Gaben verzichte ich!» Vielleicht sollten wir diese Worte aus Maleachi 1,10 öfter lesen und viel persönlicher darüber nachdenken. Als die beiden Söhne Aarons, beide Priester, Anbetung darbrachten, die aus falschen Motiven entsprang, «fremdes Feuer», wie der Text es nennt, tötete Gott sie. Die Geschichte ist in den ersten Versen von 3. Mose 10 nachzulesen.

Zünden wir auch heute in unseren Gemeinden unnütze oder fremde Feuer an? Jeder Gottesdienst, der sich nicht um das dreht, was Gott vor allem in der Tiefe unseres Menschseins tun möchte, ist umsonst und den Absichten Gottes fremd.

Fünf Jahrhunderte nachdem Maleachi das Volk Gottes aufgefordert hatte, seine Gottesdienste aufzugeben, stand Jesus inmitten einer blühenden neutestamentlichen Gemeinde, einer Gemeinde, die den Ruf genoss, vor Leben geradezu zu pulsieren, und er sagte: «Du giltst als lebendige Gemeinde, aber in Wirklichkeit bist du tot.» Lesen Sie es in Offenbarung 3,1 nach.

Es ist eine ernste und beunruhigende Frage: Wäre es Gott vielleicht lieber, wenn manche Gemeinden, die heute so lebendig wirken, eingehen würden? Schaut er heute auf Gemeinden herab, die wir als erfolgreich ansehen, und sagt zu ihnen: «Hört mit euren Zusammenkünften auf. Ihr trefft euch aus den falschen Gründen. Und weil sich die Art und Weise, *wie* ihr zusammenkommt, danach richtet, *warum* ihr zusammenkommt, habe ich nicht einmal an dem Guten, das ihr tut, Gefallen. Gebt die Gemeinde auf! Schlaft aus. Dann steht auf, betet inständig und stellt euch im Gespräch mit anderen und mit weit aufgeschlagener Bibel diese Frage: *Warum geht ihr in die Gemeinde?* Was hat Gemeinde zu bieten, das euch anzieht?»

Wichtiger noch, ich frage mich, ob er vielleicht gerade jetzt zu Ältestenkreisen und Gemeindemitarbeitern und Pastoren spricht und sie auffordert, ihre Mission neu zu überdenken – nicht unbedingt die wohlformulierte Gemeindevision auf der Rückseite des Gemeindebriefes, sondern die wirkliche Mission, mit der sie ihre Gemeinde vermarkten, das «Warum», das sie unterschwellig oder offen lehrt, in der Hoffnung, damit Menschen in ihre Zusammenkünfte zu locken.

Die Formulierungen sind unterschiedlich, aber ich glaube, ich sehe vier große «Warums», mit denen heute in Amerika Gemeinde vermarktet wird. Drei davon hindern die dadurch entstehenden Zusammenkünfte daran, zu einer richtigen Gemeinde zu werden. Das vierte spricht nur diejenigen wirksam an, die der Geist zieht. Wenn diese Leute sich versammeln, werden sie zu einer Gemeinde. Sie kommen so zusammen, wie es, glaube ich, der Verfasser des Hebräerbriefes im Sinn hatte.

Erster Teil

Warum soll ich in die Gemeinde gehen?

Drei Antworten, die es für mich nicht bringen

5. Kapitel

Es verschafft mir ein besseres Leben: Ist es das, worauf Gott aus ist?

Geist Gottes, hilf mir, den Gott kennen zu lernen, den du mit solch leidenschaftlicher Klarheit als «Abba» offenbarst, damit ich die Nähe zu ihm höher schätze als das Leben selbst, weil ihn zu kennen Leben ist.

Erste Antwort: In die Gemeinde zu gehen verschafft mir ein besseres Leben.

Mag sein. Vielleicht auch nicht. Es trifft zu, wenn man ein besseres Leben so definiert, wie Gott es tut. Und wenn man in eine Gemeinde geht, die mit Gottes Definition übereinstimmt. Das tun nicht viele.

Um deutlich zu machen, was ich damit meine, muss ich ein paar Gedanken eines bisweilen streitlustigen Heiligen auferstehen lassen, der vor knapp tausend Jahren starb; eines Mannes, der im zwölften Jahrhundert an der Spitze einer Erneuerungsbewegung in der europäischen Kirche stand. Sein Name war Bernhard, und er diente als Abt im Kloster einer Ortschaft namens Clairvaux. Deshalb ist er uns heute als Bernhard von Clairvaux bekannt. Meiner Meinung nach gewann er eine ungemein wichtige Einsicht darüber, was es heißt, Gott zu lieben, über die die meisten von uns noch nie nachgedacht haben. Ich jedenfalls habe es bis vor kurzem noch nie getan.

Seine Einsicht entsprang, wie es bei den meisten guten Einsichten über das Leben als Christ der Fall ist, einer zermürbend unschmeichelhaften Einsicht über sich selbst. Als ihm bewusst wurde, dass er es einfach nicht schaffte, die Lüsternheit abzulegen, dass er sehr stolz auf seinen bemerkenswerten Verstand war und dass er von persönlichem Ehrgeiz getrieben wurde, schrieb er diese Worte:

> «Kein Teil von mir ist frei von diesem dreifachen Geschwür, von meinen Fußsohlen bis zum Scheitel.»[1]

Vielleicht hatte Bernhard dies geschrieben, nachdem er seine Morgenandacht mit Jesaja 1 verbracht hatte, wo Gott sein Volk ansieht und sagt: «Von Kopf bis Fuß ist nichts in Ordnung.» So gibt die englische Bibelübersetzung *The Message* Jesaja 1,6 wieder.

Dieses Bewusstsein seines moralischen Zustandes brachte ihn ins Nachdenken über den Kern seines Problems, eine fehlgeleitete Art von Liebe, und über seine einzige Lösung, nämlich eine richtig geleitete Art von Liebe. Und das brachte ihn zur folgenden Einsicht. Sie besteht aus vier Teilen. Lesen Sie also langsam.

Gott ist Liebe, und da wir dazu geschaffen sind, ihm ähnlich zu sein, haben auch wir den Impuls zu lieben. Doch dieser Impuls macht sich zunächst in übel entstellter Form bemerkbar:

1. Wir lieben uns selbst um unserer selbst willen

Mit anderen Worten, wir sind Egoisten. Ich liebe mich, und ich finde, du solltest das auch tun. Du solltest mit meinem festen Entschluss kooperieren, mich selbst um meiner selbst willen zu lieben, und mein Wohlergehen als das höchste Gut betrachten. Wenn Sie eine Illustration für diese Haltung brauchen, verbringen Sie ein wenig Zeit mit irgendeinem Kind unter drei Jahren – oder auch mit den meisten Erwachsenen.

Mit der Zeit jedoch, das bemerkte Bernhard, stoßen manche von uns auf den lästigen Umstand, dass unsere Liebe zu uns selbst keinen Einfluss auf andere hat, obwohl wir natürlich finden, dass es so sein sollte. Die Leute lieben sich selbst und sind zu sehr mit ihrem eigenen Glück beschäftigt, als dass sie sich um mein Glück kümmern könnten, wie sie es eigentlich sollten. Und dann, Schicksal sei gepriesen, höre ich von einem Gott, der so gütig ist, das zu tun, was kein anderer tun will, nämlich sich um mich zu kümmern. Gut. Wurde ja auch Zeit.

Wenn ich erfahre, dass Gott mich liebt, weiß ich das wirklich sehr zu schätzen. Und ich fühle mich zu ihm hingezogen. Endlich wird einer das tun, was eigentlich schon seit meiner Geburt hätte getan werden sollen, nämlich meine Bedürfnisse befriedigen und mein Leben besser machen. Damit schreite ich fort zur zweiten Stufe der Liebe:

2. Ich liebe Gott um meinetwillen

Und nun kann ich in die Gemeinde gehen und Gott anbeten, ohne mir wirklich meiner Sünden bewusst zu sein und ohne dass mein Egoismus ernstlich ins Wanken gerät. Ich kann mit derselben Erwartung in die Gemeinde gehen, die mich auch in ein Restaurant treibt: *Speist mich mit Gutem.* Ich will, dass das, was ihr mir serviert, gut schmeckt und mir guttut. Wenn ihr den Erwartungen entsprecht, lasse ich auch ein dickes Trinkgeld da.

Doch wenn ich dann älter und mir meiner selbst bewusster werde, dämmert mir, dass ich es nicht immer verdiene, geliebt zu werden. Ich bin nicht so liebenswert, wie ich dachte. Bisweilen wird erschreckend klar, dass ich unvernünftig und fordernd sein kann, dass ich eigentlich ein kleiner Satansbraten bin, der niemanden liebt außer sich selbst. Und damit taucht ein neues Wort in meinem Wortschatz auf – *falsch.* Das ist falsch. *Ich bin falsch.* Und wenn mir klar wird, dass ich falsch bin, fällt mir noch ein anderes neues Wort ein, das etwas bezeichnet, wovon ich bisher nie dachte, dass ich es brauche – *Vergebung.*

Vielleicht höre ich dann von Jesus und erkenne, dass seine Liebe zu mir von einer ganz anderen Art ist, als ich sie mir je hätte vorstellen können. Nun wird mir eine neue Definition eines vertrauten

Wortes klar. Bisher bedeutete «gut», dass ich bekam, was immer ich wollte. Nun wird eben dieses Wort von jemandem ermessen, der in einem Akt äußerster Selbstlosigkeit zum Wohl eines anderen, der ganz und gar egoistisch ist, sein eigenes Wohl geopfert hat. Und damit erkenne ich, dass nur Gott gut ist, und ich sehe seine Güte in Jesus. Ich betrete Bernhards dritte Stufe der Liebe:

3. Ich liebe Gott um Gottes willen

Bernhards Einsicht ins christliche Leben reicht noch höher. Während ich nun Gott liebe, weil er schön ist und eine Güte ausstrahlt, die ich nirgends sonst sehen kann, fällt mir auf, dass ich die Schönheit Gottes nicht auf dieselbe Weise liebe, wie ich die Schönheit eines Sonnenuntergangs oder eines klassischen Kunstwerkes liebe. Weder die Schönheit der Schöpfung noch die der Kunst *beabsichtigt*, mich zu begeistern. Sie tut es einfach. Doch Schöpfung und Kunst bleiben *Gegenstände*.

Gott ist anders. Er ist ein *Er*, eine Person, die ausdrücklich will, dass ich Freude an ihr habe. Er wünscht sich, dass ich mich an der Schönheit seiner Güte erfreue. Der Sonnenuntergang tut das nicht. Er bietet mir keine Beziehung an. Doch Gott tut das.

Dankbarkeit beginnt sich in mir zu regen. Eine Sehnsucht steigt auf aus Regionen meines Herzens, von denen ich nie wusste, dass sie da sind: Ich möchte etwas für jemand anderes tun, für Gott; und um seinetwillen auch für andere. Ich schaue an, was ich habe, wer ich bin. Vielleicht habe ich ein musikalisches Talent; vielleicht bin ich sportlich. Vielleicht habe ich eine schwangere Tochter im Teenageralter oder einen fremdgehenden Ehepartner oder auch einen Freund, der mir tierisch auf die Nerven geht.

Die Sehnsucht nimmt Gestalt an. Ich erkenne, dass ich eine Person in einer Beziehung zu Gott bin; ein Musiker, ein Sportler, ein geplagter Elternteil, ein betrogener Ehepartner, ein frustrierter Freund. Mir kommt ein Gedanke, der mir früher völlig fremd war, jetzt aber merkwürdig vertraut scheint: Alles an mir und an dem, was in meinem Leben passiert, ist eine Gelegenheit, meine Dankbarkeit gegenüber Gott freizusetzen. So steige ich still und mühelos zu Bernhards vierter Stufe der Liebe auf:

4. Ich liebe mich selbst um Gottes willen

Leiden verwandelte sich aus Schmerz, der nach Linderung schreit, in eine kostbare Gelegenheit, den Gott, den ich liebe, zu erfreuen. Segnungen, all die guten Dinge, die ich genieße, sind nicht mehr Quellen des Vergnügens, die ich steigern und auskosten will, sondern erstrecken sich nun vor mir wie breite Alleen, um meine Liebe zu Gott zu zeigen, sowohl, indem ich sie voll Dankbarkeit annehme, als auch, indem ich sie voll Freude teile.

Zur Freude des Gottes, den ich liebe, des Einen, dem ich alles verdanke, werde ich als jemand, der sich selbst um Gottes willen liebt, vollkommen lebendig (nun ja, jedenfalls lebendiger).

Ich weiß: Das, wovon Bernhard spricht, hört sich sehr eloquent an, vielleicht wild romantisch und wahrscheinlich unerreichbar. Genauso gut könnte er davon reden, wie ich reicher werden kann als Bill Gates. Das dürfte mir wohl kaum gelingen.

Wird es auch nicht, jedenfalls nicht, wenn wir der Richtung folgen, in die allzu viele Gemeinden uns führen. Schauen wir uns noch einmal diese vier Stufen der Liebe an:

Stufe 1: *Ich liebe mich um meinetwillen.*
Das trifft auf jedes Kind zu, das auf dieser Welt geboren wird.

Stufe 2: *Ich liebe Gott um meinetwillen.*
Die meisten Leute, die glauben, dass es einen Gott gibt, sehen ihn so, nämlich als jemanden, der existiert, um mich glücklich zu machen und um mein Leben zu verbessern.

Stufe 3: *Ich liebe Gott um Gottes willen.*
Wenn ich erkenne, wer er ist und wer ich bin, wenn ich sehe, dass er mich liebt, selbst wenn ich ihn nur ausnutze, und dass er starb, um mir zu vergeben, dass ich so selbstsüchtig bin, werde ich ein Christ,

ein Sünder, dem vergeben ist und der Gott liebt als den, der er ist: ein Liebhaber, wie es keinen zweiten gibt.

Stufe 4: *Ich liebe mich um Gottes willen.*
Nun wird alles an mir (Schwächen wie Stärken) und in meinem Leben (Schwierigkeiten und Freuden) zu einer begierig angenommenen Gelegenheit, ihm Freude zu machen, indem ich auf seine Güte vertraue, auf seine Verheißungen zähle und zu seiner Freude lebe.

Jetzt stellen Sie sich Folgendes vor. Es könnte Ihre Geschichte sein:

Eine Christin, die Gott auf Stufe 3 liebt, geht in die Gemeinde. Dort hört sie Musik, die darauf angelegt zu sein scheint, eine bestimmte emotionale Erfahrung zu erzeugen, eine Erfahrung, die, was immer sie sonst tut, dazu führt, dass sie sich wohl, lebendig und voller Hoffnung fühlt. Die Person, die diese Musik vorträgt, wird *Lobpreisleiter* genannt. Aha, denkt sie. Bei der Anbetung geht es für sie persönlich also darum, Gott um ihrer selbst willen zu lieben. Opfer spielen dabei keine Rolle. Eine radikale Ausrichtung auf andere auch nicht. Es geht nur darum, sich wohlzufühlen und ein gutes Leben zu genießen, das Gott schenkt. So sinkt sie zurück auf Stufe 2.

Dann tritt der Prediger ans Pult. Seine Botschaft ist klar: Wenn du nach Gottes Weisungen lebst, wirst du Gottes Segnungen empfangen. Ist deine Ehe in Schwierigkeiten? Hier sind Gottes Prinzipien für Ehemänner und Ehefrauen. Wurde dein Kind mit Drogen erwischt? Nächsten Monat veranstalten wir ein Erziehungsseminar. Und die Gemeinde startet eine Selbsthilfegruppe für Teenager, die nach irgendetwas süchtig sind. Kommt in die Gemeinde. Wir helfen euch, eure Probleme zu lösen, die Segnungen zu empfangen, die ihr haben wollt, und euer Leben genießen zu können. Wohlstandsevangelium pur.

In dieser Zusammenkunft von Christen denkt man nicht einmal daran, von der dritten Stufe zur vierten Stufe aufzusteigen. Dagegen wird zum Rückfall auf die Stufe 2, auf der man noch nicht einmal ein richtiger Christ sein muss, ermutigt.

Eine Gemeinde, die sich selbst als einen Ort präsentiert, wo man hingeht, um ein besseres Leben zu finden, ist keine Gemeinde, in die ich gehen möchte. Ich glaube nicht einmal, dass es überhaupt eine Gemeinde ist.

Und doch zieht sie jedes Wochenende massenweise Leute an, die dann glauben, sie gingen in die Gemeinde. Tausende scharen sich sonntagmorgens in den Sälen, um zu hören, wie Gott ihnen ein besseres Leben schenken kann. Dabei ahnen sie nicht, dass es noch ein *besseres* besseres Leben gibt.

Und das gibt es tatsächlich. Lassen wir uns von der Weisheit des Bernhard von Clairvaux leiten und einen Blick auf das bessere Leben werfen, das Gott schon jetzt verfügbar macht – nicht immer ein Leben voll der Segnungen, die wir uns natürlicherweise eher wünschen, wenn wir auf Stufe 2 feststecken, sondern ein Leben in der Fülle dessen, was wir brauchen, um uns auf Stufe 4 zuzubewegen.

6. Kapitel

Was ist besser als ein besseres Leben?

Geist Gottes, befreie mich von der Illusion, jemand oder etwas, das jetzt, in diesem Leben, erreichbar ist, könnte meine Seele so vollkommen befriedigen, dass keine Sehnsucht mehr unerfüllt bliebe.

Ich habe haushohe Achtung vor der Willow Creek Community Church und ihrer Leitung. Auf so einen Satz wie diesen folgt meistens ein «Aber ...». Diesmal nicht. Ich habe wirklich alle Hochachtung vor ihnen.

Und meine Achtung stieg noch höher, als ich hörte, dass sie eine dreijährige Selbstanalyse durchgeführt haben, um herauszufinden, ob es ihnen wirklich gelang, Christen zur Reife zu führen, ihnen zu helfen, sich tatsächlich dahingehend zu verändern, dass sie Jesus ähnlicher sahen, so lebten und liebten wie er. Als ich die Broschüre unter dem Titel *Reveal* las, in der ihre Analyse und ihre Schlussfolgerungen dargelegt wurden, stand für mich erst einmal ein großer Gedanke im Vordergrund: Ich wünschte, es gäbe mehr Gemeindeleiter, die diese Fragen stellen.

Und ich wünschte, sie würden ihre Fragen so formulieren wie Bernhard von Clairvaux, vielleicht etwa so: Verändern sich die aufrichtigen Nachfolger Jesu wirklich innerlich, da, wo es darauf ankommt, so dass sie mehr sich selbst um Gottes willen lieben als Gott um ihrer selbst willen? Oder, um es einfacher zu sagen, bewirkt das Gemeindeleben, dass die Leute Gott besser *kennen* oder dass sie ihn eher *benutzen* wollen?

Die Schlussfolgerung der Willow-Creek-Leitung, oder zumindest eine davon, würde ich folgendermaßen zusammenfassen: Gut präsentierte Veranstaltungen am Wochenende, also das, was die meisten Leute meinen, wenn sie «Gemeinde» sagen, tragen eigentlich nicht allzu viel dazu bei, aus echten Bekehrten radikale Jünger zu machen. Großartige Musik und großartige Redner mit großartigen Grafiken in großartigen Sälen sind nicht der Weg zu dem, was besser ist als ein besseres Leben, was immer das ist.

Der Pastor einer anderen Gemeinde, kleiner als Willow Creek, aber immer noch von beachtlicher Größe, sagte mir kürzlich:

> Ich glaube, wir fördern eine passive Spiritualität, eine veranstaltungsorientierte, von Persönlichkeiten getriebene, von Talenten abhängige Version des christlichen Lebens. Wenn in unserem Leben etwas schiefgeht, besonders wenn dabei eine ungerechte oder unfreundliche Behandlung durch einen anderen im Spiel ist, werden wir zu einem Haufen weinerlicher Opfer, die meinen, Gott müsse uns doch in unserem Verlangen nach einem besseren Leben unterstützen. Unsere Botschaft, in der Gemeinde sei ein besseres Leben zu finden, zieht die Menge an, lässt aber die Christen schrumpfen.

Nun bin ich ganz und gar für ein besseres Leben. Ich habe ein ziemlich gutes, und das möchte ich auch behalten und so lange wie möglich genießen. Ich bin gerne glücklich. Als achtjähriger Junge habe ich mich bekehrt, um der Hölle zu entkommen. Ich hatte gehört, sie sei ein sehr trostloser Ort, wo niemand mich mögen und wo es immerzu heiß sein würde. Ich wollte aber in diesem und im nächsten Leben glücklich sein; also «bekehrte» ich mich. Ich nahm Jesus als meinen Retter vor der Hölle an, eigentlich als meinen Retter vor dem Unglücklichsein, als einen guten Gott, der mir ein besseres Leben schenken würde.

Aber inzwischen habe ich etwas gelernt (oder besser, ich bin immer noch dabei, es zu lernen), nämlich dass die Griechen recht hatten: *Glücklichsein hat mehr damit zu tun, dass man ein guter Mensch ist, als damit, dass man inmitten guter Umstände lebt.* Und ich bin dabei zu lernen, dass man nicht dadurch ein guter Mensch ist, dass man gut ist, um von anderen Gutes zu bekommen. Der Ratgeber Dr. Phil hat unrecht, wenn ich ihn richtig verstehe. Ich glaube, er meint, Verhandeln sei der Weg zu einem besseren Leben, in dem jeder der Gewinner ist und jeder zumindest etwas von dem bekommt, was er will.

Aber was ist denn nun besser als ein besseres Leben? Und was ist besser, als ein «guter» Mensch zu sein, der «gut» ist, um etwas zu bekommen? Bernhard würde sagen: Besser ist, ein guter Mensch zu sein, der für die tiefste Freude eines anderen alles geben würde. Diese Art von Güte macht den innersten Kern der Wirklichkeit aus. Es ist die leidenschaftliche Liebe, die die totale Harmonie innerhalb der Dreieinigkeit ausmacht. Sie ist nicht manipulativ, sondern opferbereit. Sie ist die Art von Liebe, die die Welt heute braucht, die sie aber bis auf einige wenige Nachfolger Christi nicht hat.

Ich will in eine Gemeinde gehen, die ihre Ziele so hoch steckt, dass ihre Leiter und Mitglieder sich flach auf den Boden werfen in verwirrter Abhängigkeit davon, wie der Heilige Geist diese Art von Güte in den Nachfolgern Jesu entstehen lassen kann; eine Gemeinde voller Leute, die dann zu ihren Bibeln greifen und den Geist Gottes beharrlich anflehen, ihnen Klarheit zu schenken, wo sie zu haben ist, und Vertrauen zu schenken, wo sie es nicht ist.

Aber hören Sie, wie Gottes Volk damals in den Tagen Jesajas reagierte, als ihm eine solche «Gemeinde» vor Augen gestellt wurde, als ihre Führer ihnen das bessere Leben anboten, das darin besteht, bessere Menschen zu werden, ob ihre Lebensumstände nun angenehm waren oder nicht. Sie sagten darauf Folgendes:

> Wir wollen die Wahrheit gar nicht hören … Prophezeit uns lieber, was uns gefällt. Lasst uns in schönen Trugbildern leben, täuscht uns ruhig. Biegt doch die Wahrheit ein wenig zurecht! Nur lasst uns endlich in Ruhe, verschont uns mit diesem heiligen Gott Israels.
>
> *Jesaja 30,10–11*

Mit anderen Worten: Sagt uns, was wir tun können, um ein besseres Leben zu bekommen – bessere Familien, bessere Freundschaften, ein besseres psychisches Wohlbefinden, bessere körperliche Gesundheit, bessere Jobs, bessere Freizeit, bessere Gottesdienste, bessere Häuser, einen besseren Schwung beim Golf. Macht einfach unser Leben besser. Das ist es, was wir von unserer Gemeinde wollen.

Schon Paulus warnte davor, dass eine solche Einstellung sich eines Tages in den neutestamentlichen Gemeinden einschleichen würde. Dieser Tag ist jetzt gekommen. Hören Sie: «Das eine sollst du noch wissen», schrieb Paulus an Timotheus, «nur ihr Vergnügen haben [die Menschen] im Kopf und wollen von Gott nichts wissen.» Die glückshungrigen Massen, die glauben, ein besseres Leben sei der Weg zum Glück, werden «sich nach ihrem eigenen Geschmack Lehrer aussuchen, die ihnen nur nach dem Munde reden». Lesen Sie 2. Timotheus, Kapitel 3 und 4, um ein vollständiges Bild davon zu bekommen, was Paulus damit sagen wollte.

Und dann zittern Sie bei der Erkenntnis, dass es heute überall in Amerika Gemeinden gibt, die Mythen lehren, Trugbilder prophezeien und die Wahrheit zurechtbiegen, mit Pastoren, die mit allerlei Belegstellen die populäre Botschaft unterfüttern, im christlichen Leben ginge es um ein besseres Leben voller Segnungen jetzt und um ein vollkommenes Leben voller Segnungen in der Ewigkeit. In der Einleitung zu *Von innen nach außen* habe ich dazu geschrieben:

> In einer fatalen Verdrehung der biblischen Wahrheit verspricht uns das moderne Christentum, dass es möglich sei, den Schmerz des Daseins in einer gefallenen Welt zu überwinden. Die Botschaft, ob sie nun aus dem konservativen Lager kommt und uns zur Einhaltung bestimmter Regeln auffordert oder aus dem charismatischen und uns zu einer stärkeren Unterordnung unter die Kraft des Heiligen Geistes ruft, ist allzuoft dieselbe: Vollkommene Freude ist uns für hier und jetzt verheißen. Wir können schon hier auf der Erde völlige Befriedigung erfahren.[1]

In der frühen Gemeinde war das nicht so. Damals gab es mehr Christen (wenn auch natürlich nicht alle), die sich selbst um

Gottes willen liebten und entdeckten, was besser war als ein besseres Leben.

Etwa dreihundert Jahre lang, nachdem Christus in den Himmel zurückgekehrt war, stand für die Christen, wenn sie sich versammelten, ein Gedanke im Mittelpunkt, und eine Leidenschaft beherrschte ihre Herzen: um jeden Preis Jesus treu zu bleiben. Sie wussten, dass der Preis hoch sein konnte, aber der Lohn war noch größer. Und der Lohn, auf den sie aus waren, war nicht etwa ein angenehmes, wohlhabendes, reichlich gesegnetes Leben, obwohl sie natürlich ein solches angenehmes Leben ebenso genossen hätten wie jeder andere auch.

Diese Männer und Frauen hatten ihren Blick auf etwas Höheres gerichtet. Sie lebten, um gesunde Seelen zu werden; Nachfolger Jesu, die wie Jesus lebten, die den Anregungen seines Geistes in das Leben anderer hinein folgten, zur Freude des Vaters und zum Wohle der vielen. Nichts Geringeres konnte ihre Seelen befriedigen. Sie liebten sich selbst um Gottes willen. Ihr größter Lohn war die Freude des Vaters.

Hören Sie auf Augustinus, einen Sexsüchtigen, der in der Frühzeit der Gemeinde Jesu lebte und in einen glaubensstarken Führer der Gemeinde verwandelt wurde. Hören Sie, wie er zu Gott spricht: «Ich lechzte nach Ehre, Reichtum und Eheglück – doch umso größer war deine Freundlichkeit, dass du immer weniger bereit warst, mir irgendetwas anderes als dich selbst lieblich erscheinen zu lassen.»[2] Ich glaube, man kann zu Recht sagen, dass Augustinus nicht deshalb in die Gemeinde ging und eine Gemeinde leitete, um sich das Glück eines Lebens voller Segnungen zu sichern.

Ebenso wenig tat das Vibia Perpetua. Im Jahre 181 n. Chr. geboren, bekehrte sich Perpetua zu Jesus, als sie 24 Jahre alt, verheiratet und Mutter eines neugeborenen Kindes war. Ein Staat, dem die christliche Behauptung, Jesus sei der einzige Weg zu Gott, ein Dorn im Auge war, befahl ihr, ihren Glauben zu widerrufen. Nun passen Sie auf: Wenn der Zweck der Nachfolge Jesu darin bestünde, uns ein glückliches, reich gesegnetes Leben hier und jetzt zu sichern, hätte sie klugerweise sagen müssen: «Nun, offensichtlich bringt es mich in Schwierigkeiten, wenn ich Jesus so nachfolge, wie ich es bisher für richtig gehalten habe. Um also Schwierigkeiten zu vermeiden – was ja das ist, was Jesus von mir möchte, wie ich weiß –, werde ich mein Verständnis dessen, was er sagte, revidieren und mich der Kultur anpassen.»

Stattdessen blieb sie standhaft. «Ich bin Christ», erklärte sie, und dafür wurde sie im Nu vor Gericht gestellt, für schuldig befunden und ins Amphitheater geführt, wo man sie folterte und tötete.[3]

Mit sechsundachtzig Jahren wurde ein Bischof in der heutigen Türkei unter der Anklage des Verrats einem römischen Prokonsul vorgeführt. «Schwöre auf den Reichtum Cäsars», befahl man ihm. Mit anderen Worten: Erkläre, dass es im Leben darum geht, sich hier und jetzt Vorteile zu verschaffen. Cäsar ist reich. Folge ihm nach.

Bischof Polykarp erwiderte: «Wenn du dir einbildest, ich würde auf Cäsars Reichtum schwören, wie du es ausdrückst, und so tun, als wüsste ich nicht, wer ich bin, dann sage ich dir in aller Deutlichkeit: Ich bin ein Christ.»

Der römische Beamte lachte höhnisch. Die Macht scheint Menschen dazu neigen zu lassen. Er sagte: «Ich habe wilde Bestien. Denen werde ich dich vorwerfen.»

«Ruf sie herbei», antwortete Polykarp.

«Wenn du die Bestien nicht ernst nimmst, werde ich dich durchs Feuer verzehren lassen.»

Polykarp erwiderte: «Das Feuer, mit dem du mir drohst, brennt eine Zeit und erlischt bald. Es gibt ein Feuer, von dem du nichts weißt, das der ewigen Strafe. Was zögerst du? Tu, was du willst.»

Während er verbrannte, hörte man Polykarp beten: «Ich preise dich, o Gott, dass du mich dieses Tages und dieser Stunde für würdig erachtest … dass ich am Kelch Christi und an der Auferstehung von Seele und Leib teilhaben darf.»[4]

Was für eine Einladung könnte mich in die Gemeinde locken? Dass ich jetzt alles bekommen werde, was ich mir wünsche? Oder dass ich zu dem Menschen werde, als der ich, wie ich auf seltsame Weise spüre, von Gott angelegt bin?

Wer versteht Jesus richtig? Augustinus, Perpetua und Polykarp? Oder die heutigen Gemeindeleiter, die behaupten, Jesus sei daran gelegen, unser Leben glücklicher zu machen, indem er uns heute all die legitimen Segnungen anbietet, die wir uns wünschen? Gebe ich mich damit zufrieden, Gott um meinetwillen zu lieben? Oder sehne ich mich danach, mich selbst um Gottes willen zu lieben?

Ich will nicht auf dem Scheiterhaufen brennen, und ich glaube eigentlich nicht, dass mir das je widerfahren wird. Aber ich will einen Glauben haben, der mich Jesus um jeden Preis bereitwillig folgen lässt. Und ich will in eine Gemeinde gehen, die nicht meinem natürlichen Verlangen nachgibt, das Christsein zu benutzen, um mir ein von Segnungen abhängiges Glück zu verschaffen.

Wenn ich Gott so benutze, verhindert das, dass ich Gott auf eine Weise kenne, die meine Seele gesund macht und mich in freudiger Hoffnung verankert. Eine Zusammenkunft, die dazu dient, Leute in ihren Segnungen glücklich zu machen, ist keine Gemeinde. Sie ist ein Selbsthilfeverein, der ein narzisstisches Anspruchsdenken fördert und das fleischliche Verlangen nach Selbstschutz salonfähig macht (oder ganz übersieht).

Ich muss dieses Kapitel mit Worten von C. S. Lewis schließen. Er bringt mit wenigen Sätzen auf den Punkt, was ich mühevoll mit vielen ausgedrückt habe. In *Das Gewicht der Herrlichkeit* spricht er von unserem Verlangen nach einer Art von Glück, die wir in diesem Leben nie erfahren werden, egal wie viele Prediger uns etwas anderes erzählen wollen. Hören Sie:

> Ich empfinde eine gewisse Scheu, wenn ich von diesem Wunsch nach unserer fernen Heimat spreche, den wir auch jetzt in uns spüren. Beinahe begehe ich eine Indiskretion. Ich versuche, in jedem von Ihnen ein untröstliches Geheimnis aufzudecken […] ein Geheimnis, das wir nicht verbergen und über das wir doch auch nicht sprechen können, obwohl wir beides gern täten. Wir können nicht darüber sprechen, weil es ein Wunsch nach etwas ist, was in unserem Erfahrungsbereich noch nie aufgetaucht ist. Wir können es nicht verbergen, weil unsere Erfahrung es uns ständig suggeriert, und wir verraten uns selbst, wie Verliebte bei der Nennung des geliebten Namens.

> Der gebräuchlichste Ausweg besteht darin, dass wir dies Geheimnis Schönheit nennen und so tun, als sei die Sache damit geklärt. [...] Die Bücher oder die Musik, in denen wir die Schönheit vermuteten, werden uns verraten, wenn wir unser Vertrauen in sie setzen; sie war nicht *in* ihnen, sie kam nur *durch* sie, und was durch sie kam, war Sehnsucht. [...] Denn sie sind nicht die Sache selbst; sie sind nur der Duft einer Blume, die wir noch nicht gefunden, das Echo einer Melodie, die wir noch nicht gehört, Berichte von einem fernen Land, das wir noch nie besucht haben.
>
> [...] fast alle unsere modernen Philosophien wurden dazu ersonnen, uns zu überzeugen, dass das Wohl des Menschen auf dieser Erde zu finden sei. [...]
>
> Sie beginnen damit, uns einzureden, wir könnten die Erde in einen Himmel verwandeln; damit beschwichtigen sie unser Gefühl, auf dieser Erde nur Fremdlinge zu sein. [...]
>
> Doch egal, was sie sich einfallen lassen, wir bleiben uns dessen bewusst, dass wir ein Verlangen in uns tragen, das durch kein natürliches Glück gestillt werden kann.[5]

Viele fromme Versammlungen kommen zusammen, um das Leben glücklicher zu machen, indem sie Wege finden, Gott dazu zu bringen, uns die guten Dinge des Lebens zu schenken. Da will ich nicht hin. Ich will in die Gemeinde gehen. Ich will ein besserer Christ werden. Ich will mich selbst um Gottes willen lieben. Ich bin noch nicht dort angekommen, aber ich bin der Überzeugung näher gekommen, dass es nichts Besseres gibt.

7. Kapitel

Es wird mir zeigen, wie ich meine Welt verändern kann: Ist das das Zentrum der Gemeinde?

Geist Gottes, fülle meine Leere und Einsamkeit nicht mit der falschen Fülle, die in diesem Leben zu erfahren ist, sondern mit der Hoffnung auf eine freudige Fülle für immer in deiner Gegenwart. Und gib mir schon jetzt einen Vorgeschmack dieser Fülle.

Die erste Antwort, die immer noch die meisten Gottesdienstbesucher in die Gemeinde zieht, ist einfach und verlockend: *In die Gemeinde zu gehen wird dein Leben besser machen.* Geh in die Gemeinde, um zu hören, wie Jesus dich segnen möchte, und um herauszufinden, wie du nach seinem Willen leben sollst, so dass sich deine Nöte in Segnungen und deine Misserfolge in Gelegenheiten zum Erfolg verwandeln.

Obwohl es immer noch zu viele Gemeinden gibt, die dieses Evangelium der Gesundheit und des Wohlstandes predigen (eine ist schon zu viel), haben die realistischeren unter ihnen inzwischen ihre schreiend materialistischen Versprechungen abgemildert und zu einer optimistischen Erwartung auf persönlichere, auf Beziehungen gerichtete Segnungen umformuliert – glückliche Ehen, verantwortungsbewusste Kinder, psychische Gesundheit, die zuversichtliche Hoffnung, dass solche guten Dinge uns schon bald, in diesem Leben, zuteilwerden. Diese Segnungen werden zu *Prioritäten*. Nichts erscheint uns von höherem Wert.

Ich will nicht in eine Gemeinde gehen, die meint, Gutes von Gott zu bekommen sei besser, als Gott selbst zu bekommen. Perpetua und Polykarp waren jedenfalls nicht dieser Ansicht. Zusammen mit Bernhard von Clairvaux wären sie entsetzt über die Vorstellung, man ginge in die Gemeinde, um sein Leben hier auf Erden besser zu machen. Dennoch verstehe ich den Reiz. Gott zu bekommen, in der begrenzten Weise, wie die meisten von uns ihn «bekommen», erscheint uns nicht so unmittelbar befriedigend wie der Umstand, seine Segnungen zu erhalten. Das ist ein Grund, warum ich zu einer Gemeinde gehören möchte, die mein Verlangen nach Gott selbst schürt und meinen Glauben nährt, dass es gut ist, mich von diesem Verlangen leiten zu lassen.

Nun möchte ich eine zweite Antwort auf die Frage betrachten: Warum in die Gemeinde gehen? Diese Antwort spricht Tausende von desillusionierten Christen an, die offen zugeben, wie gelangweilt sie von dem Gemeindeleben sind, wie wir es pflegen, besonders im evangelikalen Amerika. Das Denken hinter dieser zweiten Antwort lässt Leute einen anderen Sinn in der Gemeinde sehen und öffnet viele Augen für unglaublich verlockende und ungewöhnliche Wege, Gemeinde zu gestalten. Dieser letzte Satz lässt mich aufhorchen. Ich bin es leid, wie wir meistens Gemeinde gestalten. Hier ist die zweite Antwort. Ich finde sie anziehend:

Zweite Antwort:
Indem du in die Gemeinde gehst, wird dir gezeigt werden, wie Jesus möchte, dass du die Welt veränderst.

Wo die erste Antwort verspricht, dass die Gemeinde um meinetwillen mein Leben verändern wird, stellt die zweite Antwort in Aussicht, dass es möglich ist, für eine Sache zu leben, die größer ist als ich selbst, und dass Jesus der Weg dahin ist. Und es ist eine wirklich gewaltige Sache, nämlich nichts Geringeres als kultureller Einfluss: also auf eine Weise zu leben, die die Kraft hat, Menschen quer durch die ganze Welt, angefangen in Ihrer Nachbarschaft, zu Jesus hinzuziehen. Die große Sache besteht darin, das Reich Christi auf die Erde zu bringen und unsere Welt zu verändern.

Das beste mir bekannte Buch, das diese Vision aus einer biblisch zentrierten Perspektive beschreibt, stammt von einem australischen Professor für Evangelisation und Mission namens Michael Frost. In seinem Buch *Exiles: Living Missionally in a Post-Christian Culture* trägt er klar und eindrucksvoll eine große Botschaft vor: *Wir können andere am besten zu Jesus ziehen, indem wir wie Jesus leben.* War es nicht Gandhi, der sinngemäß sagte: «Ich würde vielleicht ans Christentum glauben, wenn ich je einen echten Christen träfe»?

Echte Christen, so argumentiert Frost, leben authentisch und tun nicht so, als wären sie in Jesus immer glücklich und heilig.[1] Echte Christen leben in radikal authentischer Gemeinschaft; da gibt es keinen Individualismus. Und sie leben mit Integrität, mit sichtbarer, praktischer Barmherzigkeit gegenüber den Kassiererinnen im Supermarkt und den Millionen Kindern, die in Äthiopien durch AIDS zu Waisen werden. Echte Christen leisten vernehmlichen, strategischen und politischen, aber gewaltlosen Widerstand gegen Tyrannei, gegen Ungerechtigkeit, Habgier, Machtspiele und Materialismus. Recht so!

Ich beschreibe hier das, was in letzter Zeit als «missionale Gemeinde» bezeichnet wird, und die eng damit verwandte Emerging Church, also die Gemeinde, die sich davon verabschiedet hat, Menschen durch Dogmen und Autorität zu kontrollieren, und dafür einen uneingeschränkt offenen Dialog über das Evangelium, die Bibel und Jesus beginnt, und darüber, wie Menschen, die das Evangelium annehmen, der Bibel glauben und Jesus nachfolgen, in unserer durch und durch weltlichen Zeit leben sollten. Der Schwerpunkt liegt darauf, in einer säkularen Welt kreativ als Christ zu *leben*, um sich das Recht zu erwerben, gegenüber säkularisierten Menschen, die einem dann vielleicht auch tatsächlich zuhören, über Jesus zu *sprechen*.

Das gefällt mir. Letzte Woche schnitt mir eine junge Frau die Haare. Sie fragte mich, was ich beruflich mache. Ich sei Psychologe, sagte ich ihr. Sie riss die Augen weit auf und sagte mit dem Eifer eines Kindes an Weihnachten: «Darf ich Ihnen eine Frage stellen?»

Anderthalb Stunden später (das war der langwierigste Haarschnitt, den ich je bekommen habe) wusste ich alles über die kürzlich gescheiterte Beziehung zu ihrem Freund, mit dem sie zusammengelebt hatte, über das inzwischen zweijährige Kind, das daraus hervorgegangen war, über ihren schwachen, unengagierten Vater und ihren neuen Freund, der nicht einmal darüber reden möchte, wohin sich ihre Beziehung entwickeln soll. Ich lotete ihre Ängste aus, ihre Hoffnungen für ihr Leben, ihre Art, mit Leuten (besonders mit ihrem Freund) umzugehen, doch Jesus erwähnte ich nie. Während des Gesprächs sagte sie mehrmals: «Sie sind gut!» Ich glaube, das war ich auch, um Jesu willen. Ich nahm Anteil. Ich hörte zu.

Als ich schließlich mit äußerst kurzen Haaren aus dem Stuhl entlassen wurde, legte ich ihr großväterlich meine Hand auf die Schulter und sagte: «Wäre es Ihnen recht, wenn ich für Sie beten würde?» Mit glühendem Gesicht flüsterte sie: «Ja.» Also tat ich es. Und ich freue mich schon auf den nächsten Haarschnitt, so in drei Monaten etwa, wenn meine Haare wieder lang genug zum Schneiden geworden sind. Vielleicht habe ich dann Gelegenheit, über Jesus zu sprechen. An jenem Tag war ich gegenüber dieser Frau ein missionaler Christ. Ich glaube, Gott hat es gefallen.

Trotzdem widerstrebt es mir, mich dieser Bewegung anzuschließen und das Etikett *missionaler Christ* zu tragen. Ich will eigentlich nicht in eine missionale Gemeinde gehen. Aber warum eigentlich nicht, nach allem, was ich bisher geschrieben habe? Was für ein Problem habe ich damit? Nach dem, was ich bisher gesagt habe, könnte man doch meinen, ich wäre Brian McLarens Zwillingsbruder. Nun, ich bin sein Bruder, aber nicht sein Zwilling; ein entfernter Cousin vielleicht.

McLaren ist ein viel gelesener, nachdenklicher, aufrüttelnd provokativer Sprecher für die Emerging Church, jene Christen, die ihre Botschaft in die postmoderne Kultur bringen wollen. Mit seinem Nachdruck auf dem Evangelium vom Reich Gottes, darauf, dass Christen die Werte dieses Reiches wie Gerechtigkeit, Opferbereitschaft und Liebe *leben*, hat er ein dankbares Publikum unter Christen, die sich als missional bezeichnen, gewonnen.

Ich bin kein Experte für die missionale Gemeinde, aber nach dem, was ich gelesen, gehört und gesehen habe, glaube ich, dass eine erweiterte Version der zweiten Antwort, von der ich jetzt spreche, ihren Aussagen sehr nahe käme. Hier ist sie:

> Warum in die Gemeinde gehen? Indem du in die Gemeinde (eine missionale Gemeinde) gehst, bekommst du die Möglichkeit, *Gott zu erfahren*, indem du dich auf *authentische Gemeinschaft* einlässt, mit einer Offenheit für echten Dialog, Geschichtenerzählen und geistliche Praktiken, die nicht evangelikal aussehen. Der Effekt wird sein, dich in die Kultur hineinzubewegen, in das Leben anderer Menschen, mit einem starken Anreiz und einer befähigenden Freiheit, mehr Menschen auf nichtmanipulative Weise dazu zu beeinflussen, Nachfolger Jesu zu werden, und so *deine Welt zu verändern*.

Ich sehe drei wesentliche Werte in der missionalen Gemeinde: 1. Gott erfahren, 2. in authentischer Gemeinschaft leben und 3. Menschen in unserer säkularen Welt durch einen radikal jesusähnlichen Lebensstil zu Jesus hin beeinflussen. Erfahrung, Authentizität, Einfluss: Ich will alle drei haben. Warum aber widerstrebt es mir dann, mich mit dieser Bewegung zu identifizieren?

Mit einem Satz gesagt, ist der Grund für mein Zögern, einen erfahrungsorientierten Ansatz der Jesus-Nachfolge zu leben, folgender: Er öffnet die Tür zu einer falschen Mystik. Es gibt so etwas wie *wahre* Mystik. Gott lässt uns in der Tat seine unsichtbare Gegenwart durch demütigende, den Glauben stärkende und bisweilen ekstatische Begegnungen erfahren. Aber er tut das, wann *er* es will. Manchmal als Antwort auf unser empfundenes Bedürfnis nach einer solchen Begegnung, aber öfter zu Zeiten, die uns völlig willkürlich erscheinen. Unser Glaube entwickelt sich am stärksten und Gott wird am vollkommensten verherrlicht, wenn wir nur seine Abwesenheit spüren, wenn alle Spuren seiner Gegenwart verschwinden und dennoch unsere Entschlossenheit, ihm zu vertrauen, weiter besteht.

Mystik ist falsch, wenn wir selbst eine empfundene Erfahrung der Transzendenz erzeugen, die dann zur Grundlage unseres Glaubens wird. Ich sollte noch hinzufügen, dass die Abhängigkeit von mystischen Erfahrungen auch die Tür für dämonische Erfahrungen öffnet, die nicht nur falsch sind, sondern tödlich.

Ich glaube, unsere *Hoffnung* auf spätere Befriedigung in einer ewigen Gotteserfahrung ist ein verlässlicheres Fundament für die Nachfolge Jesu in diesem Leben als eine befriedigende Gotteserfahrung jetzt. Gott möchte, glaube ich, dass wir unser Leben auf dieses Fundament bauen. Auf die Bibel gegründete Hoffnung ist ein Felsen. Die Erfahrung der Gegenwart Gottes ist eher wie Sand – es lässt sich schön darin spielen, aber sie taugt nicht dazu, ein Leben darauf zu bauen.

Und sie kann unser narzisstisches Anspruchsdenken nähren: Wir verdienen es doch, Gottes Gegenwart zu spüren. Wir brauchen das. Wie oft möchte ich Gott erfahren, damit ich mich wichtig fühle, damit ich mich sicher fühle. Es ist erschreckend einfach, diese Erfahrung hauptsächlich um meinetwillen haben zu wollen. Ich vermute, der quälende *Durst* danach, Gott zu erfahren, setzt wahre Bedeutung frei, indem er auf andere wirkt (ob ich etwas von dieser Wirkung merke oder nicht), und er lässt mich in der Geborgenheit des Vertrauens auf die göttliche Liebe (auch wenn ich sie nicht spüre) zur Ruhe kommen. Dieser Durst hat eine stärkere geistliche Wachstumskraft als die *Erfahrung* selbst.

Verstehen Sie mich nicht falsch. Ich bin sehr dafür, Gott schon jetzt zu erfahren. Ich tue das auch manchmal, ganz unmissverständlich. Und viele der großen Heiligen haben Gott auf eine Art und Weise erfahren, die ich mir kaum vorstellen kann, nach der ich mich aber leidenschaftlich sehne.

Thomas von Aquin, vielleicht der größte aller katholischen Theologen seit Augustinus, bekam am Ende seines Lebens eine Vision Gottes geschenkt, die ihn dazu brachte, zu einem Freund zu sagen: «Alles, was ich bisher geschrieben habe, scheint mir nichts als Stroh zu sein.» Ich lese das, und mich überkommen zugleich Erregung und Furcht. Ich habe über zwanzig Bücher geschrieben. Werde ich eines Tages Gott mit einer so verzehrenden Intensität erfahren, dass mir jedes Buch, das ich geschrieben habe, vorkommt wie eine ABC-Schützen-Fibel über das Christentum? Vielleicht. Irgendwie hoffe ich es.

Ich halte es mit der Zurück-in-die-Zukunft-Bewegung. Sie wird angeführt von weisen Menschen, die wissen, dass wir nicht alles wissen, und die erkennen, dass unser Denken über das Christentum und unser Gemeindeleben geprägt (geprägt, nicht gesteuert) sein müssen davon, wie während der letzten zweitausend Jahre Christentum verstanden und Gemeinde gelebt wurde. Meiner Meinung nach sollten alle Ältesten Augustinus' *Bekenntnisse* oder Bunyans *Pilgerreise* oder Teresa von Avilas *Seelenburg* lesen, wenn sie die Vision für ihre Gemeinde entwickeln.

Ich bin froh, dass ich als konservativer Evangelikaler, der immer noch an die Irrtumslosigkeit der Bibel und an die stellvertretende Strafe glaubt, meine Katholizismus-Phobie überwunden und mich mit dem kontemplativen Gebet beschäftigt, die *Lectio divina*[2] praktiziert, Klostereinkehrzeiten schätzen gelernt und durch alte Liturgien Gott angebetet habe. Ich schätze die provokativen Einsichten von Bernhard von Clairvaux. Ich finde es anziehend, wie Bruder Lawrence auf zutiefst schlichte Weise die Gegenwart Gottes «praktiziert». Ich bin fasziniert und bezaubert von den geheimnisvollen Jesuserscheinungen, die Juliana von Norwich erlebte.

Aber (Sie wussten doch, dass ein *Aber* kommen musste) ich bin nicht davon überzeugt, dass Gott sinnlich erfahren und Gott unwiderstehlich kennen ein und dasselbe sind. Nachdem ich Mutter Teresas *Komm, sei mein Licht* gelesen habe, das Buch, in dem dokumentiert wird, wie die Heilige von Kalkutta über fünfzig Jahre lang Gott *nicht* als tief empfundene Freude erfahren, aber dennoch missional gelebt hat, wie wenige andere es je taten, finde ich meinen lange gehegten Verdacht bestätigt: *Hoffnung aus Vertrauen statt aus Empfindung untermauert einen missionalen Lebensstil verlässlicher als die empfundene Erfahrung der Befriedigung in Christus.*[3] Das ist aus meiner Sicht die Lektion aus dem Leben Mutter Teresas, zumindest eine von vielen wichtigen Lektionen.

Aber warum? Warum sollte das so sein? Wird denn eine gesunde Ehe durch *Gefühle* der Liebe nicht stärker gestützt als durch eine *Verpflichtung* zur Liebe? Ist es nicht so, dass eine eingehaltene Verpflichtung zur Liebe durch dürre und schwere Zeiten Gefühle der Liebe erzeugt? Nicht immer. Wenn ein Mann sich nicht zu seiner Frau hingezogen fühlt, weder sexuell noch emotional, sich aber auf eine Gott gegenüber verbindliche Entschlossenheit stützt, ihre Seele mit Leben spendender Maskulinität zu berühren, einer Entschlossenheit, die auf seltsame Weise lebendiger und wirklicher ist als die leidenschaftlichsten Gefühle, die seine Frau je in seinem Herzen auslösen könnte, dann ist dieser Mann ein christlicher Ehemann; er lebt wie Christus. Dasselbe gilt für eine christliche Ehefrau.

Es geht mir um Folgendes: *Leere und Einsamkeit, die unerfüllt bleiben und als quälendes Seelenleid erfahren werden, können durch den Heiligen Geist verwandelt werden in einen lechzenden, unwiderstehlichen Hunger nach Gott, der uns ihn für den Rest unseres Lebens von ganzem Herzen suchen lassen wird.*

Ausgefüllte Leere dagegen – die Erfahrung des befriedigenden Genusses einer Begegnung mit Gott – bringt folgende Gefahren mit sich: Unsere Abhängigkeit von Gott stumpft unser Durchhaltevermögen ab; unser empfundenes Bedürfnis nach geistlicher Kraft zum Durchhalten wird durch einen verwöhnten Anspruchsgeist ersetzt, der nach immer wieder neuen befriedigenden Erfahrungen verlangt; opferbereite Entschlossenheit verkümmert zu behaglicher Selbstgenügsamkeit.

Hungrige Menschen jagen nach Nahrung. Satte Menschen reiben sich den Bauch und machen ein Bäuerchen. Ich frage mich, wie oft der händeschwingende Gesang, den wir Lobpreis nennen, in Wirklichkeit nur ein Bauchmassieren und müffelndes Rülpsen ist. Krass ausgedrückt.

Ich möchte lieber zu einer wahrheitshungrigen Gemeinde gehören, die mit der Sehnsucht danach, den Glauben an eine lebendige Hoffnung zu entwickeln, die Bibel studiert, als zu einer erfahrungssüchtigen Gemeinde, die Aufstoßen mit Lobpreis verwechselt. Ich glaube, mein Vater hat mich da beeinflusst ... auf positive Weise.

Nach einer Operation am offenen Herzen, die zwei lange Wochen voller lebensbedrohlicher Komplikationen im Krankenhaus nach sich gezogen hatte, fuhr ich ihn nach Hause, wo er sich weiter erholen sollte. Unterwegs brach mein neunundsiebzigjähriger Vater, der sich, so gut es ging, auf dem Rücksitz hingelegt hatte, das nüchterne Schweigen, indem er leise sagte: «Weißt du, ich habe viel Besuch bekommen während meines schwierigen Krankenhausaufenthalts, und ich war für jeden dankbar. Doch der eine Besucher, den ich mir am meisten gewünscht habe, hat sich nie blicken lassen.»

«Wer denn?», fragte ich neugierig.

«Gott», antwortete er. «Ich habe jeden Tag gebetet, ich möge seine Gegenwart spüren. Aber ich habe sie nie gespürt. Und dafür bin ich so dankbar.»

«Warum denn das?», stieß ich hervor, diesmal fast platzend vor Neugier.

«Weil Gott mich würdig erachtet hat, auf das, was er in seinem Wort gesagt hat, zu vertrauen, während ich seine Gegenwart nicht spürbar erfahren habe. Und sein Geist hat mir dazu die Kraft gegeben, wenn auch natürlich nicht ohne Kampf. Aber ich habe mich nie von ihm abgewendet. Ich glaube, das hat ihn wirklich glücklich gemacht.»

Ich weiß noch, wie ich mich fragte: *Wer ist dieser Mann, den ich seit einem halben Jahrhundert Papa nenne? Auf welchem Planeten lebt er?* Ich wollte dort auch hin. Will ich immer noch.

Ich will *nicht* in eine Gemeinde gehen, die mir beibringt, mich auf Erfahrungen zu stützen, die vielleicht nie kommen, und dann mit leidenschaftlicher Musik, lebhaften Predigten und geistlichen Übungen alles daransetzt, die Erfahrungen zu erzeugen, von denen ihre Leiter meinen, dass ich sie brauche.

Ebenso wenig will ich Teil einer Gemeinde sein, die mit öder Präzision die Bibel lehrt. Das habe ich auch schon hinter mir. Solche Lehre weckt keine Hoffnung auf Christus; sie bläht nur den Stolz auf das eigene Wissen auf. Und ich habe kein Verlangen danach, in eine Gemeinde zu gehen, die so sehr an ihrem Bekenntnis klebt und so systematisch theologisch ist (es gibt sieben Dispensationen, nicht fünf oder sechs …), dass das, was in meinem Innern vorgeht – Furcht, Lüsternheit, Scham, Groll, Genüsse, Vorfreuden,

Sehnsüchte – nie zur Sprache kommt und durchleuchtet oder verarbeitet wird.

Und ich werde nicht in eine Gemeinde gehen, die das, was ich sage, falsch auffasst und meint, sie stimme mir zu, indem sie lehrt, dass alle Begegnungen mit Gott – Visionen, prophetische Worte und dergleichen – Hokuspokus seien. Bei vielen ist das der Fall. Bei manchen nicht.

Aber, und darum geht es mir im Moment, ich will nicht in eine Gemeinde gehen, die unsere *Gotteserfahrung* höher bewertet als unsere *Gotteshoffnung*. So schwierig es ist, und manchmal kann es eine Quälerei sein: Ich will meine Leere oder Einsamkeit erfahren und lernen, nach Gott zu hungern, wie ich nach niemandem und nichts anderem hungere. Ich will überzeugt sein, dass keine Erfahrung, die mir in *diesem* Leben zugänglich ist, sei sie von Gott oder vom Teufel, diesen Hunger stillen kann. Paulus hat es am besten ausgedrückt: Wenn es keinen Himmel gibt, keine bessere Welt, in der bleibende und tiefe Befriedigung zu finden ist, dann ist es pure Dummheit, in dieser Welt wie Jesus zu leben (1. Korinther 15,19).

Eine Gemeinde, die entschlossen ist, einen Weg zu finden, Gott schon jetzt zu erfahren, wie er erst im Himmel zu erfahren sein wird, ist, fürchte ich, ein Hindernis dabei, *Gott zu kennen*, wie er gekannt werden möchte und wie man ihn in dieser Welt kennen kann. Durch sein Wort, durch seinen Geist und durch den Weg, der durch Jesus eröffnet wurde, kann ich ihn mit tragender und festigender Hoffnung kennen, bis ich ihn in der nächsten Welt erfahren werde, wie eine Braut ihren Bräutigam in der Hochzeitsnacht erfährt – ganz und gar vereint wie nie zuvor. *Das* wird eine Gotteserfahrung sein. Und die völlige Befriedigung in jener ersten Nacht wird in Ewigkeit mit jedem Tag immer erfüllter werden, und alle Einsamkeit wird für immer vergessen sein.

Wenn mich also eine Gemeinde einlädt, zu kommen, damit ich dort Gott erfahre, werde ich verzichten, glaube ich. Aber was ist mit einer Gemeinde, die Wert auf Authentizität und Mission legt? Dieses Kapitel ist lang genug geworden. Auf diese beiden Werte komme ich im nächsten zu sprechen.

8. Kapitel

Authentizität und Mission sind gute Werte. Aber reichen sie aus?

Geist Gottes, gib mir den Mut, den ich brauche, um eine geradezu beschämende Authentizität zu riskieren, die nur deine durch dein Volk offenbarte Liebe in Freiheit verwandeln kann. Und füll mich mit so großer Dankbarkeit dafür, in dein Reich wiedergeboren zu sein, dass ich als sein Bürger lebe.

Ein zweiter zentraler Wert einer missionalen Gemeinde ist Authentizität. Ich halte sie für einen guten Wert, eine Umgangsweise, die Jesus nachahmt, die Gott gefällt und die den Geist Gottes erfordert.

Ich glaube allerdings nicht, dass das, was wir oft authentischen Umgang nennen, authentisch genug ist. Ich kann an den Fingern beider Hände und den Zehen beider Füße (das wären dann ungefähr zwanzig) die Zahl buchstäblich lebensverändernder authentischer Gespräche abzählen, an denen ich in meinen über sechzig Lebensjahren beteiligt war. Warum sind es nur so wenige?

Meine Antwort? Scham. Scham ist etwas Mächtiges. Sie kann das ganze Leben bestimmen. Ich fühle mich unter dem Zwang, mich um jeden Preis vor Blamage, Ablehnung und Abscheu schützen zu müssen. Die Lüge des Teufels, es sei unerträglich schmerzhaft, in Gegenwart eines Menschen, der mir etwas bedeutet, die schlimmsten Dinge an mir beim Namen zu nennen, wirkt unendlich plausibel. Es kommt mir vor wie persönlicher Selbstmord, das

Ende der Selbstachtung und jeder Zuversicht, dass mich jemand lieben könnte und dass ich das Zeug dazu habe, im Leben eines anderen Menschen etwas Gutes zu bewirken.

Dagegen ist es so schwer, die Wahrheit zu glauben, dass es mich von der Macht der Scham befreien könnte, so dass ich wirklich leben könnte, wenn ich mich in Gegenwart eines von Gnade erfüllten Freundes dem Schlimmsten an mir stellen würde. Dass das so schwer zu glauben ist, liegt teilweise daran, dass ich nur so wenige Freunde habe, denen ich zutrauen würde, dass sie mir gnädig wären, wenn sie mich so sehen könnten, wie ich bin. Und ich selbst bin auch nur für sehr wenige Menschen so ein Freund.

Solange wir nicht «die wilden Hunde im Keller bellen» hören (ein Ausdruck von Nietzsche), werden wir nicht das Durcheinander verdrehter, selbstsüchtiger Begierden sehen, die hinter einem Großteil unseres Denkens, Fühlens und Handelns stehen, jenes schmutzigen Durcheinanders, das der Heilige Geist entwirren und sauber schrubben muss, um uns in kleine Christusse umzugestalten.

Ich habe das Gefühl (vielleicht zu Unrecht, aber ich glaube, ich liege damit richtig), dass missionale Gemeinden manchmal das Augenmerk so sehr darauf richten, ihre Leute hinauszusenden – in die Cafés und Friseurstühle und Kneipen und Obdachlosenheime und Demonstrationszüge –, um die Welt für Jesus zu verändern, dass sie gerade genug Authentizität fördern, um ihre Gemeinschaft in ihre säkulare Umwelt hineinzuverlagern. Wo das «Missionalsein», und sei es unbeabsichtigt, zu einem Wert wird, der die persönliche Heiligung übertrumpft, wo die Sehnsucht nach Heiligung schwächer ist als unser Enthusiasmus für Mission, da stellen wir uns taub für das grässliche Gebell der wilden Hunde tief in jenen verborgenen Regionen unserer Seele.

Kürzlich verbrachte ich ein Wochenende mit einem Freund, der auf dem Rückweg von einem moralischen Versagen ist. Er hat Buße getan, hat sich von der offensichtlichen Sünde gelöst und bereitet sich nun auf den Dienst vor. Seine missionale Gemeinschaft ist begeistert und unterstützt ihn sehr, und ich ebenso.

Aber wir haben vielleicht sechs Stunden damit verbracht, die tiefsten Ängste und Selbstschutzbehauptungen zu erkunden, die immer noch seine Umgangsweise mehr beherrschen, als er ahnt. Er hat die wilden Hunde bellen hören und es mit der Angst zu tun bekommen. Er ist in neue Tiefen der Zerbrochenheit hinabgestiegen. Und er ist mit neuen Höhen der Mission vor Augen aus dem Wochenende hervorgegangen.

Wenn das Wort *missional* eine Gemeinschaft von Christen definiert, dann ist diese Gemeinschaft in Gefahr, nur im pragmatischen Sinne authentisch zu werden – also gerade authentisch genug, um zur missionalen Tagesordnung übergehen zu können. So eine Gemeinschaft, fürchte ich, wird zulassen, dass ihre kleinen Christusse zu klein bleiben.

Ein Teil des Problems ist eine begrenzte Sichtweise des Reiches Gottes. Missionale Gemeinden scheinen der Ansicht zu sein, dass zur Ausbreitung des Reiches Gottes im Kern zwei wesentliche Elemente gehören: erstens, dass Menschen anfangen, sich für Jesus zu interessieren, und zweitens, dass unsere Kultur stärker auf die himmlischen Werte ausgerichtet wird. Meiner Meinung nach liegt der Kern der Ausbreitung des Reiches Gottes eher in einem Christen, der, während er aus echter Liebe mit Homosexuellen und Atheisten verkehrt, immer wieder Zeiten der Zerbrochenheit erlebt, die seinen Stolz zerschlagen und seinen Hunger nach Gott stärker werden lassen als jedes andere Verlangen.

Das war es, was der große Puritaner John Owen vor Augen hatte, als er das Buch *Communion with God* (Gemeinschaft mit Gott) schrieb. Es ist, woran ich denke, wenn ich vom Tanz mit der Dreieinigkeit spreche.

Es ist das, was Bruder Lawrence für grundlegend für das Annehmen der Gegenwart Gottes hielt. Hören Sie sich sein Beispiel für radikale Authentizität an; die Art von Authentizität, die nur diejenigen zu schätzen wissen, die die Nähe zu Gott als Voraussetzung dafür ansehen, für Gott missional zu sein:

> Ich betrachte mich selbst als den elendesten aller Menschen, bedeckt mit Geschwüren, verdorben und aller möglichen Verbrechen gegen meinen König schuldig; getrieben von aufrichtiger Reue, bekenne ich ihm alle meine Sünden. Ich bitte ihn

> um Gnade und gebe mich in seine Hände, so dass er mit mir tun kann, was er will. Anstatt mich zu züchtigen, nimmt mich dieser König voller Güte und Barmherzigkeit liebevoll in die Arme, gibt mir einen Platz an seinem Tisch, bedient mich eigenhändig, gibt mir den Schlüssel zu seinen Schätzen und behandelt mich allenthalben als seinen Günstling; er unterhält sich mit mir und freut sich meiner unzähligen Wege. [...] Obwohl ich ihn anflehe, mich nach seinem Herzen zu formen, sehe ich mich immer noch als schwächer und elend, doch umso mehr von Gott geliebkost.[1]

Vielleicht geschieht es ja – ich hoffe, es geschieht! Allerdings höre ich nicht oft von Leuten aus der missionalen Gemeinde, dass sie eine so große, die Sünde beim Namen nennende Authentizität betonen. Ich frage mich: *Werden da Legionen unzerbrochener Christen, deren Nähe zu Gott eher Schein als Sein ist, mit unzureichender geistlicher Kraft in die missionale Aktivität hinausgeschickt?*

Bruder Lawrence war ein Vorbild für radikale Authentizität. Und die Mission, die er von seinem sechsundzwanzigsten bis zu seinem einundvierzigsten Lebensjahr annahm, bestand darin, für über hundert Mönche in seinem Kloster zu kochen. Als schwere Gicht es ihm unmöglich machte, sich zum Kochen in die Küche zu stellen, begann er Sandalen für seine Brüder anzufertigen. Und das tat er, bis er nach acht Lebensjahrzehnten 1691 starb. Er wurde zu dem kleinen Christus, der zu sein ich mir wünsche, und die Kraft seines Lebens zieht noch nach vier Jahrhunderten missionale Kreise. Warum nur?

Der Grund liegt zum Teil darin, dass er eine quälend schmerzhafte und geheimnisvoll befreiende Authentizität praktizierte, wie wir sie heute nur selten zu sehen bekommen, sei es in Wohlfühlgemeinden, Bibelauslegungsgemeinden oder missionalen Gemeinden. Und das ist ein Problem. Christen sehnen sich nach der Kraft des Reiches Gottes. Doch Kraft wird durch Zerbrochenheit freigesetzt. Je tiefer die Zerbrochenheit, desto größer die Kraft.

Mir liegt nicht viel daran, in eine Gemeinde zu gehen, die den Durst nach Gott geringer bewertet als den Dienst für Gott und darum Authentizität darauf reduziert, oberflächliche Fehler zu bekennen und zu einer manchmal streng moralistischen Rechenschaft zu inspirieren.

Schließlich noch ein paar Worte über das Wort *missional* selbst. Wenn ich es richtig verstehe, sehen missionale Leiter ihre von Gott aufgetragene, von Jesus vorgelebte und durch den Heiligen Geist ermöglichte Mission darin, die Welt zu verändern. Dies soll dadurch geschehen, dass Leute, die sich bereits als Jesus-Nachfolger bezeichnen, tatsächlich Jesus nachfolgen und so andere angezogen werden, ebenfalls Nachfolger Jesu zu werden.

Die Mission besteht darin, gewaltlos, aber entschieden gegen Ungerechtigkeit, Habgier und Materialismus aufzustehen und den Charakter Christi widerzuspiegeln, indem man authentisch, opferbereit und barmherzig lebt, mit echter Anteilnahme sowohl für Einzelne (besonders für Ausgegrenzte) als auch für die Gesellschaft. Mit alledem bin ich sehr einverstanden. Es sind gute Anliegen.

Hier kommt das *Aber:* Ich höre oft Leute aus der missionalen Bewegung sagen, ihnen ginge es nicht so sehr darum, dass Leute Christen werden, als vielmehr darum, dass sie Nachfolger Jesu werden. Damit lehnen sie meiner Meinung nach zu Recht die Mission ab, Leute in die organisierte Religion zu integrieren; also säkularisierte Menschen dazu zu überreden, sich einem institutionalisierten Christentum zu verschreiben, das mehr Ähnlichkeit mit einem machtgierigen Konzern hat als mit einer liebevollen Gemeinschaft. Sie lehnen die Mission ab, Leute einer Kultur einzuverleiben, die sich von der Welt um sie her absondert, um sich ihre stolze Illusion der Demut und Heiligkeit zu erhalten und sich auf ein religiöses System einzulassen, in dem Regeln mehr zählen als Beziehungen. Ein System, das Management liebt und das Mysterium fürchtet und erfolgreiche Organisation höher schätzt als belebende Gemeinschaft.

Wenn Christwerden heißt, dass man sich mit der organisierten christlichen Gemeinde gleichschaltet, wie sie heute existiert, dann möge Gott mich davor bewahren, je Christ zu werden. Aber ich glaube die missionale Gemeinschaft so zu verstehen, dass ein Nachfolger Jesu zu werden mehr bedeutet, als nur eine institutionalisierte Definition des Christwerdens abzulehnen. Ich glaube, missionale Christen möchten, dass säkularisierte Leute Jesus als den von Gott Gesandten akzeptieren, als Gott selbst, der den Menschen zeigt, wie sie in gegenseitiger Achtung und Liebe zusammen leben können, und der die Art und Weise, wie es im Himmel zugeht, auf die Erde herunterholt.

Eine Betonung, die ich nicht höre – manchmal wird es geradezu bestritten, meistens jedoch einfach nur nicht erwähnt –, ist die Notwendigkeit einer Bekehrung; die Notwendigkeit, gerettet zu werden, sich als einen Sünder zu sehen, der die unfassbare Chance hat, Vergebung zu erlangen und ein ewiges Leben im Himmel zugesichert zu bekommen.

Einem hungrigen Kind im Namen Jesu zu essen zu geben ist gut. Doch wenn diese missionale Aktivität nicht in der von Gebet begleiteten Hoffnung geschieht, dass das hungrige Kind Christus als seinen Retter von der Sünde annehmen und in der Zuversicht auf ein wunderbares, nie endendes Leben im neuen Himmel und auf der neuen Erde leben wird, und wenn das Blut Christi nicht als kostbarer angesehen wird als Nahrung und Obdach, dann fällt es mir schwer, diese Mission als christlich zu betrachten.

Das Reich Gottes kommt auf die Erde, wenn ein Mensch auf dem Weg zur Hölle Christ wird und wenn der Wert des Todes Christi über alle anderen Werte geschätzt wird. Einfach deshalb, weil er den Menschen auf den Weg zum ewigen Glück bringt und ihn befähigt, inmitten aller gegenwärtigen Umstände ein kleiner Christus zu werden und in dieser Welt missional zu leben, wie Christus selbst es tat.

Das Reich Gottes kommt auch weiterhin, wenn Christen tatsächlich Christus darin folgen, dass sie sich um Katastrophenopfer kümmern, Häuser für Obdachlose bauen und sich gegen Ungerechtigkeit und Habgier erheben. Doch wenn diese *Ausbreitung* des Reiches Gottes zum *Zentrum* des Reiches wird, so wird dadurch der zentrale Wert des Kreuzes verschleiert.

Natürlich bedeutet Gerettetwerden mehr, als dass man eines Tages in den Himmel kommt. Aber es bedeutet auch nicht weniger. Natürlich ist die Hoffnung, in den Himmel zu kommen, die Tür, um den Himmel schon jetzt in uns hineinzubekommen und zu Nachfolgern Jesu zu werden, die zu missionalen Aktivisten geformt werden. Aber diese Hoffnung fängt mit der Bekehrung an, mit der Erneuerung, die nur durch das Kreuz Christi möglich wird.

Ich will nicht in eine Gemeinde gehen, deren Ziel es ist, eine *Erfahrung* Gottes zu bieten, in einer Gemeinschaft, die gerade *authentisch* genug ist, mich in meine säkulare Kultur hineinzubringen, verbunden mit der *Mission*, Menschen mit Jesus bekannt zu machen als jemand, dem sie nachfolgen können, und um mitzuhelfen, *diese Welt zu verändern*, so dass sie für Gott ist statt gegen Gott. Das reicht mir einfach nicht. Es ist gut, aber es ist nicht das Zentrum.

Ich will in eine Gemeinde gehen, die meine Leere und Einsamkeit als einen Hunger nach Gott deutet, der zur Hoffnung in Gott führen könnte. Eine Gemeinde, die zu einer radikalen, Bruder-Lawrence-ähnlichen Authentizität in einer Gemeinschaft ermutigt, die Gottes gnädiges Lachen hört und seine herzliche Freude spürt, *besonders* wenn sie mich von meiner schlimmsten Seite sieht. Eine Gemeinde, die mich zu missionalem Leben anregt, um die Kultur vor allem durch wiedergeborene Christen zu beeinflussen, die Jesus nachfolgen, indem sie einander herzlich lieben und diese Liebe zu den Menschen überfließen lassen, denen sie beim Friseur oder in der Kneipe begegnen, immerwährend betend, dass viele dieser Menschen eines Tages das Blut Jesu höher schätzen werden als die Segnungen eines behaglichen Lebens.

Das ist eine Gemeinde!

Die missionale Gemeinde muss sich auf die Wahrheit besinnen, dass Christus unsere Hoffnung auf künftige Herrlichkeit ist, nicht die totale Erfahrung in der Gegenwart, und dass die Vorfreude und der Durst nach jenem Tag uns durch die Leere und Einsamkeit hindurchtragen werden, die wir in dieser Welt empfinden. Sie muss ihr Bewusstsein vertiefen, dass es im Leben jedes Christen nach wie vor Sünde, Scham, Angst und Schwäche gibt, denen er sich in der Gegenwart einer gnadenerfüllten Gemeinschaft bis zur Zerbrochenheit authentisch stellen muss. Und sie muss sich neu auf das Kreuz Christi als den Zugang zur Gegenwart Gottes ausrichten.

Mit diesen drei entscheidenden Korrekturen würde ich mich mit

Freuden einen missionalen Christen nennen, einen Nachfolger Jesu. Ohne sie jedoch macht diese Bewegung mir Angst. Sie gibt mir Anstoß. Sie ist nicht das, wonach ich suche. Sie ist nicht die Gemeinde, in die ich gehen möchte.

9. Kapitel

Sie bietet Errettung und Hilfe zu rechtschaffenem Leben: Ist das die tiefe Veränderung, die Gott will?

Geist Gottes, lass mich mit den Ohren meiner Seele die Musik des Himmels hören. Ich möchte nie das Evangelium mit einer einigermaßen guten Nachricht verwechseln.

Es wird nie eine Gemeinde geben, in der jede Veranstaltung ein Renner ist. Aber es könnte eine Gemeinde geben, in der Christen sich mit der Erwartung versammeln, dass der Geist Gottes jeden Moment in ihr Herz eindringen könnte, und glauben, dass er es vielleicht tut, ohne dass sie es merken.

Ich bin gelegentlich als Redner in Gemeinden vorgestellt worden mit den Worten: «Halten Sie sich gut fest. Die Botschaft dieses Mannes wird Sie von den Stühlen fegen.» Das war mir immer peinlich. Die Leute erwarten das Gebrüll eines Löwen und haben allzu oft nur das Fiepen einer Maus zu hören bekommen.

Aber angenommen, die ganze Gemeinde würde gemeinsam daran glauben, dass der Löwe von Juda in ihrer Mitte ist, dass sein Geist unversehens einen Sturm entfachen könnte. Ich glaube nicht, dass sehr viele Leute so denken, besonders wenn sie der dritten Antwort auf die Frage anhängen, warum man in die Gemeinde gehen sollte. Sie lautet:

Dritte Antwort: In der Gemeinde geht es darum, verlorene Seelen zu retten und den bereits Geretteten zu helfen, sichtbar moralisch zu leben.

Ich möchte, dass jeder in den Himmel kommt, besonders die Leute, die ich gut kenne und liebe. Und ich schätze, wir würden alle besser miteinander auskommen und hätten weniger Probleme, wenn mehr Menschen sichtbar moralisch lebten.

Aber stellen Sie sich vor, der Himmel käme in die Leute hinein und das buchstäbliche Leben Gottes verwandelte Leute in radikal selbstlose, nicht-defensive, furchtlose, opferbereit liebende Nachfolger Jesu auf der schmalen Straße in die neue Welt, den neuen Himmel und die neue Erde. Denken Sie sich nur die explosive Kraft solcher Menschen, deren Lebensweise, deren Umgang miteinander und deren Liebe zu Gott und anderen Menschen auf säkulare Leute eine enorme Wirkung hätten. Nämlich dass sie sich entweder bloßgestellt fühlen und deshalb feindselig werden oder Neugier empfinden und sich zu diesem Leben hingezogen fühlen.

Verlorene retten und die Geretteten zu moralischem Leben anhalten sind gute Dinge, zumindest die erste Hälfte. Immer wenn ein Sünder gerettet wird, stimmt der Engelschor ein Halleluja an. Aber warum? Ich glaube, weil die Engel wieder einen Träger des Ebenbildes Gottes sehen, der in den Dreck gefallen ist und nun gereinigt und emporgehoben wird, so dass er die Möglichkeit hat, tatsächlich so zu leben wie Jesus. Und das bedeutet eine Menge mehr als nur, dass er höflich, angenehm, freundlich und sichtbar moralisch wird, bis er in den Himmel kommt.

Ich habe gute Freunde, deren ältere Kinder Jesus keine Bedeutung zumessen, außer vielleicht als jemandem, der will, dass sie in die Gemeinde gehen und anständig sind. Und diese Art von Bedeutung ist für sie eher abstoßend als anziehend. Erst letzte Woche sagte mir einer dieser Freunde: «Wenn unser Sohn heute bei einem Autounfall ums Leben käme, würde er, glaube ich, in der Hölle landen. Ich kann den Gedanken nicht ertragen.»

Gäbe es eine Gemeinde, in die ich gehen könnte, wo man mir

zeigen würde, wie ich den Sohn meiner Freunde zu Christus führen kann, so wäre ich nächsten Sonntag als Erster dort und säße in der ersten Reihe. Und wenn ich glaubte, er würde sich zu Jesus bekehren, wenn ich ihn nur in diese Gemeinde hineinbekäme, so würde ich ihn bestechen, damit er hingeht, und ihn persönlich hinfahren.

Ein anderer Freund von mir, ein Christ, geht in Strip-Clubs. Er weiß, dass es falsch ist, er verspricht sich immer aufs Neue, nie wieder hinzugehen, aber dann tut er es doch. Wüsste ich eine Gemeinde, die ihn davon abhalten würde, je wieder einen Strip-Club zu betreten, so würde ich dafür sorgen, dass er dorthin geht. Aber er geht bereits in eine Gemeinde, jeden Sonntagmorgen. Und er geht immer noch in Strip-Clubs, manchmal schon am Sonntagabend.

Ich glaube nicht, dass eine Versammlung von Christen, deren Hauptzweck darin besteht, dass Leute gerettet werden und dass gerettete Leute moralisch untadelig leben, eine Gemeinde ist. Sie mag vielleicht mit ihrer Mission erfolgreich sein, und das ist gut; aber ich glaube nicht, dass sie die Musik des Himmels gehört hat.

Vor vielen Jahren aß ich einmal mit Dr. William Hendrickson zu Mittag, einem weltweit angesehenen Neutestamentler. Er war achtzig, und ich war dreißig. Irgendwann während des Essens lehnte er sich über den Tisch und sagte mit vor Staunen glänzenden Augen: «Ich glaube, ich fange gerade an, das Evangelium zu verstehen.» Ich weiß noch, wie ich altklug im Stillen dachte: *Was hat Sie so lange aufgehalten?* Ich hatte bisher nur eine einzige Note von der Musik gehört: Lass dich retten und sei brav bis zum nächsten Leben, wo dann das Bravsein ganz leicht geht.

Diese eine Note singe ich noch immer. Ich möchte, dass Menschen gerettet werden. Ich möchte, dass Menschen gottesfürchtig leben. Ich möchte, dass Menschen sich auf die nächste Welt freuen, während sie in dieser oft sehr schwierigen Welt leben. Aber heute wünsche ich mir noch so viel mehr, sowohl für mich selbst als auch für andere. Ich glaube, ich höre inzwischen ein paar Takte mehr von der himmlischen Musik.

Ich will nicht in eine Gemeinde gehen, die immer wieder nur diese eine Note singt. Ich will nicht in eine Gemeinde gehen, die das Evangelium langweilig erscheinen lässt, indem sie nie das Lied der Dreieinigkeit ihres Königreichs singt.

Wenn ich den Fernseher ausschalte; wenn ich meine To-do-Liste einmal einen Tag lang ignoriere; wenn ich der Geschichte eines anderen Menschen zuhöre, wirklich zuhöre; und wenn ich jämmerlich scheitere und Leidenschaften nachgebe, die nichts mit dem Vertrauen auf Gott zu tun haben, dann wird mir ein Verlangen bewusst, das aus den tiefsten Regionen meines Herzens aufsteigt. Dann höre ich eine schöne Musik, und ich stehe mit hoch erhobenen Händen da, voller Sehnsucht nach etwas, das so viel mehr ist als alles, was ich in diesem Leben je erleben werde. Doch die Musik hält die Sehnsucht wach, und die Sehnsucht verhindert, dass das Leben langweilig wird.

Diese Musik, die ich manchmal höre, ist das Lachen Gottes, wenn er zusieht, wie in seinen Kindern das Leben Jesu erwacht, das sie bei ihrer Bekehrung empfangen haben. Sein Lachen, seine überschwängliche Freude, ist die Melodie. Manchmal – ich wünschte, es wäre öfter – ist diese Melodie lieblicher als jede Freude, die ich je erlebt habe.

Gelegentlich kann ich einen Text zu der Melodie singen. Ich bin kein Liedermacher, aber hier sind vier Verse, die ich schon einige Male gesungen habe. Die Worte sprechen von einem Streben. Sie drücken Sehnsüchte aus, die in Gemeinden, in denen ein oberflächliches Evangelium vom Gerettetwerden und vom untadeligen Lebenswandel der Geretteten gepredigt wird, verstummen.

1. Strophe: Vater, hab deine Freude daran, mich deinem Sohn ähnlicher werden zu sehen, wenn mein Leben schwierig ist und ich lieber in Vergnügungen flüchten möchte, für die ich selbst sorgen kann.

2. Strophe: Jesus, gib mir die Zuversicht, dass dein Leben in mir ist, wenn ich es nicht spüre; und wenn ich versage, hilf mir, über deine Vergebung zu jubeln, anstatt mich selbst zu kasteien.

3. Strophe: Heiliger Geist, zeig mir, was unwiderstehlich anziehend ist an jeder der drei göttlichen Personen und

an den Beziehungen, die ihr untereinander habt, so dass ich mich an echter Schönheit ergötzen und diese Schönheit für andere sichtbar machen kann.

4. Strophe: Vater, Sohn und Heiliger Geist, legt mehr Himmel in mich hinein, damit ich, wenn ich den Himmel auf die Erde bringe, und sei es nur ein kleines bisschen, von einer Freude erfüllt werde, die mich treu sein lässt, bis dein Reich in Fülle gekommen ist.

In der Musik des Evangeliums wird *Bekehrung zu Christus* gefeiert, die nicht nur Sündenvergebung bringt, sondern auch eine neue Identität schafft, einen neuen Hunger weckt und eine neue Kraft schenkt. In der Musik des Evangeliums wird *Heiligkeit in Christus* gefeiert, also eine Bewegung hin zur Christusähnlichkeit, die durch kein Versagen aufzuhalten ist. Und in der Musik des Evangeliums wird *Mission für Christus* gefeiert, eine rückhaltlose Begegnung mit Menschen rings um uns her, die die Kraft hat, sie zur *Bekehrung zu Christus* hinzuziehen. So wird das Lied nie verklingen. Der Kreislauf geht immer weiter, und sein Reich hört nicht auf zu kommen.

Ich will nicht in eine Gemeinde gehen, die glaubt, Jesus wäre nur auf die Erde gekommen, damit ich in den Himmel gelange, wenn ich sterbe, und damit ich brav bin, bis es so weit ist. Gemeinden, die ein solches Denken vertreten, verdrehen drei großartige Worte. Sie werden diese großartigen Worte sicher wiedererkennen, und ich glaube, Sie werden auch die schrecklichen Verdrehungen wiedererkennen:

1. Gerechtfertigt: Ich habe meine Fahrkarte in den Himmel. Ach, das bedeutet auch, dass ich Gott wirklich kennen kann? Wie nett. Aber entscheidend ist doch, dass ich nicht in die Hölle komme.

2. Geheiligt: Ich tue keine schlimmen Dinge, wie zum Beispiel meinen Ehepartner betrügen, Wein trinken oder den Gottesdienst schwänzen. Ich mache fast jeden Tag Stille Zeit, und gestern habe ich einem Freund das Evangelium erklärt. Ach, das bedeutet auch, dass ich den Wunsch haben könnte, Gott zu kennen und ihn mehr zu genießen als jedes andere Vergnügen? Ich weiß nicht recht, wie ich das machen soll. Aber egal. Ich lebe doch wie ein guter Christ.

3. Verherrlicht: Ich freue mich darauf, mit guten christlichen Leuten wie mir zusammen zu sein, weit weg von all diesen Schwulen und Abtreibungsbefürwortern und Trinkern. Und es wird herrlich sein, nie wieder krank zu werden. Ach, das bedeutet auch, dass ich zu all diesen schrecklich sündhaften Leuten hingehen und ein paar von den Segnungen aufgeben könnte, die Gott mir geschenkt hat, um anderen zu helfen? Ich hoffe natürlich, dass diese Sünder gerettet werden, und ich bete darum, dass Gott auch die Bedürftigen segnet. Na ja, worauf es ankommt, ist, dass ich weiß, wohin ich gehe.

Wie grauenhaft langweilig! Wie beschämend selbstgerecht! Was für eine laodizeische Selbstgerechtigkeit. Und doch lösen jene drei Worte in mir manchmal genau solche Reaktionen aus. Aber ich will mehr. Ich will die Musik des Himmels hören, wenn ich mich mit anderen Christen treffe. Ich will Jesus in seiner Inkarnation nachfolgen, indem ich in die dunklen Regionen in meinem Herzen, im Herzen anderer und in dieser finsteren Welt hineingehe. Und ich will sein Licht in die persönliche Dunkelheit und in die Dunkelheit der Beziehungen hineinbringen.

Ich will Jesus bei seiner Kreuzigung nachfolgen, indem ich meinem Eigeninteresse absterbe, damit ich mit ihm auferstehen kann zu einer neuen Art zu leben, bei der ich Gott und andere Menschen liebe und mich selbst um Gottes willen liebe, indem ich andere um ihretwillen liebe.

Aber da bin ich noch nicht angekommen. Ich will so leben, aber dazu brauche ich die Hilfe einer Gemeinde.

Ich will nicht in eine Gemeinde gehen, die mir sagt, *ich könne mein Leben besser machen*, ich könne Jesus nachfolgen, um die Segnungen zu bekommen, die ich mir in diesem Leben wünsche. Und die mir weismacht, der Sinn dessen, heute für Christus zu leben, sei ein gutes Leben für mich.

Ich will nicht in eine Gemeinde gehen, die mir sagt, meine höchste Berufung sei es, *die Welt zu verändern*, und die meint, das Reich Gottes bedeute nicht mehr, als Leute durch meine Liebe davon zu überzeugen, dass Nachfolge Jesu ein besserer Weg ist, in dieser Welt zu leben; die die Bekehrung zu Christus, den erbitterten Kampf gegen die Sünde, der bis zum Tod andauert, und die Notwendigkeit einer schmerzhaft radikalen Authentizität in der Gemeinschaft herunterspielt.

Ich will nicht in eine Gemeinde gehen, die mir sagt, meine Aufgabe sei es, *verlorene Seelen zu retten*, und meine Verantwortung als Christ bestehe darin, *moralisch untadelig zu leben.* Und wenn ich diese Aufgabe erfülle und dieser Verantwortung gerecht werde, sei alles in bester Ordnung.

Ich will die Musik des Himmels hören. Ich will die Musik des Himmels singen. Ich will zur Musik des Himmels tanzen.

Zu was für einer Gemeinde also will ich gehören?

Zweiter Teil

In was für eine Gemeinde will ich gehen?

10. Kapitel

In eine, die weiß, dass ich *nicht* okay bin, genauso wenig wie alle anderen

Geist Gottes, lass mich die Musik des Himmels hören, wenn ich das Gefühl habe, mich in der Hölle verirrt zu haben. Nichts sonst kann mich nach Hause bringen.

Ich wollte schon immer eine Art Bekenntnisbuch schreiben, nicht im Stil des Klatsch-Blattes *National Enquirer*, sondern eher so wie Augustinus. Er war der Erste, der seine inneren Kämpfe offenbarte und um Gottes willen nichts zurückhielt. Sollte ich ein solches Buch je schreiben, werde ich es *Ich bin kaputt, du bist kaputt* nennen. Meine Botschaft wäre eine ganz andere als die des Psychiaters Thomas Harris in seinem Bestseller *Ich bin o.k. – Du bist o.k.*, und vermutlich würde ich mich damit weitaus weniger beliebt machen.

Das Buch des Augustinus mit dem passenden Titel *Bekenntnisse* hat sich seit jeher gut verkauft und verkauft sich noch immer gut. Aber ich bin mir nicht sicher, wie viele heutige Gemeindeglieder es gelesen haben. Seine Botschaft, dass wir ganz und gar nicht okay sind, dass nichts weniger als ein übernatürliches Eingreifen in die Tiefen unserer Seelen uns helfen kann, ist wahr. Und dennoch, wenn ich mich unter den Leuten umschaue, die in Gottesdiensten herumsitzen und sich dafür begeistern, Gottes Segnungen zu empfangen, Gottes Reich voranzutreiben oder Gottes Volk zu retten, bin ich mir ganz und gar nicht sicher, dass seine Botschaft angekommen ist.

Die unangenehme Wahrheit ist, dass ich zutiefst *nicht* okay bin, genauso wenig wie Sie. Und bis uns klar wird, *wie* «nicht okay» wir sind, werden wir nie einsehen, wie absolut notwendig Jesus ist, damit wir je okay werden können. Wir werden nicht erkennen, was für ein gewaltiger Kampf es ist, ihm ähnlich zu werden. Wir werden das Kreuz Christi anschauen und nur ein schönes Symbol für die Art von Liebe sehen, die wir alle gerne erleben und teilen würden, aber wir werden sie zu einer Art von Liebe verwässern, von der wir annehmen, dass wir sie bereits tief empfunden und häufig ausgedrückt haben. Wir werden nette, eifrige Christen werden.

Solange wir uns nicht dem grauenhaften Bösen in uns stellen und es spüren, werden wir nie das Kreuz als das einschätzen, was es ist: der unverzichtbare, unvorstellbare Ausdruck der skandalösen Liebe dieses Gottes, der jetzt lachen kann, während wir sündigen; nicht, weil er sich über unsere Torheit amüsiert, sondern in der sicheren Hoffnung auf unsere Heiligung. Ohne das Kreuz könnte der liebende Vater nur richten, niemals lachen. Es gäbe keine Einladung zu dem großen Fest, sondern eine Verurteilung zu lebenslangem Gefängnis, zu Einzelhaft, ohne Hoffnung auf Begnadigung.

Ich will zu einer Gemeinde gehören, die zwei Dinge klar erkennt: Erstens, dass ich kaputt bin. Und zweitens, dass Gott Liebe ist. Ich verliere beides so leicht aus den Augen. Außerdem bin ich ziemlich sicher, dass ich keine dieser beiden Wahrheiten je in ihrer ganzen Fülle begriffen habe.

Ich will zu einer Gemeinde gehören, die daran glaubt, dass Gott uns in der Tat in diesem Leben freigiebig *segnet*, dass er uns gerne gute Dinge gibt. Zu einer Gemeinde, die daran glaubt, dass wir zu einer *Mission* berufen sind, zu der auch Haushalterschaft über diesen Planeten, ein unermüdlicher Kampf für Gerechtigkeit und ein aufopferungsvoller Einsatz für die Armen, Kranken und Misshandelten gehören, alles mit dem Ziel, Gottes Reich voranzutreiben. Ich will zu einer Gemeinde gehören, die daran glaubt, dass Menschen ohne Jesus verloren sind, tot in ihren Sünden, und es nötig haben, dass Gott sie sucht, ihnen vergibt, sie erlöst, sie durch seinen Geist lebendig macht, sie durch seine Gnade *rettet* und durch dieselbe Gnade *verändert*.

Aber ich will noch mehr. Ich will zu einer Gemeinde gehören, die mich begrüßt, wenn ich zur Tür hereinkomme, und weiß, dass ich ein kaputter Typ bin – vielleicht ein wohlsozialisierter kaputter Typ, vielleicht ein zutiefst frommer kaputter Typ, vielleicht ein therapeutisch neu sortierter kaputter Typ, vielleicht sogar ein aktiv missionaler kaputter Typ – aber immer noch ein kaputter Typ. Ich will wissen, dass ich realistisch eingeschätzt werde und trotzdem gewollt bin. Dass ich die Schauspielerei sein lassen, die Masken ablegen und das die Seele erfrischende Erlebnis genießen kann, in der Gegenwart der Liebe schlecht dastehen zu dürfen. Dann werde ich umso dankbarer sein für die Segnungen, umso leidenschaftlicher für die Mission und umso eifriger, den Verlorenen das Evangelium zu bringen.

Doch nichts von alledem wird so passieren, wie ich es mir vorstelle, es sei denn, die Versammlungen von Christen, die wir Gemeinden nennen, wissen nicht nur, dass wir alle kaputt sind, sondern hören auch, während sie mich ansehen, die himmlische Musik das einzige wirkliche Liebeslied spielen, das je geschrieben wurde. Wenn sie diese Musik hören, werden sie sich auf meine Kaputtheit einlassen, sowohl auf die *universelle* Kaputtheit, mit der sich alle Nachkommen Adams herumplagen, als auch auf meine *einzigartige* Kaputtheit, die ich mir selbst eingehandelt habe und die ich niemandem außer mir selbst in die Schuhe schieben kann. Die Gemeinde, in die ich gehen will, wird mir Gelegenheiten geben, die Kaputtheit in mir klarer zu sehen. Und zwar jene, die sich entwickelte, während ich als verängstigter, selbstsüchtiger Mensch in einer schamlosen, selbstgefälligen Welt lebte. In einer Welt, die beherrscht wird von einem hasserfüllten, selbstzerstörerischen Tyrannen, der mir immer wieder einredet, ich könne mich selbst finden, ohne mich Gott auszuliefern, und der seinen Hass gegen Gott verschleiert, indem er mich ermuntert, mein Verständnis davon, wer mein Gott wirklich ist, an meine eigenen egoistischen Vorlieben anzupassen.

Doch mehr noch, ich sehne mich danach, zu einer Gemeinde zu gehören, die irgendwie das, was wir tun, wenn wir zusammenkommen, in Verbindung bringt mit der Person, die ich bin, wenn ich allein bin. Und ich will, dass diese Verbindung die Kraft freisetzt, die mich in jemanden verwandeln kann, der Gott liebt und der andere Menschen liebt.

Ich glaube, das ist Gottes Plan – mich da abzuholen, wo ich bin, mit all meiner Hässlichkeit. Und nicht da, wo ich zu sein vorgebe oder wo ich gerne wäre. Er will mir entgegenkommen in meiner Schwäche und Scham und Furcht und mir die Hoffnung geben, dass der Vater mich liebt, dass er mich verändern und dass er mich gebrauchen kann. Ich brauche Hilfe, damit ich es zu glauben wage, dass Gott sich über mich freut, obwohl ich seinen Hass verdient hätte. Dass er mich, obwohl ich immer noch in meiner Kaputtheit lebe, verändert und dieses Werk eines Tages vollenden wird. Und dass er mich gebrauchen kann, um die Welt zu verändern und etwas für die Ewigkeit zu bewirken auf diesem erbärmlichen, aber von Gott geliebten Planeten.

Lassen Sie mich eines klarstellen. Ja, ich bin Psychologe. Aber nein, ich plädiere nicht für eine große Therapiegruppe am Sonntagmorgen, wo beschämte Sünder alle ihre Geheimnisse offenbaren, während empathische Voyeure mit gnädiger Miene dabei zuschauen. Ich habe kein Interesse daran, Gottesdienste in Massenbeichten zu verwandeln, bei denen heimliche Sünder sich aus ihrer Deckung hervorwagen. Natürlich sollen wir uns gegenseitig unsere Fehler bekennen. Aber ich bin der Meinung, dass das nur sehr selten in einer großen Gruppe geschehen sollte. Mir gefällt immer noch der Gedanke des altmodischen Beichtstuhls, aber ohne den Vorhang zwischen dem bekennenden Sünder und dem ebenso sündigen Zuhörer, der dann später an der Reihe ist.

Ich plädiere für eine Versammlung demütiger, zerbrochener, lebendiger, hoffnungsvoller Leute, die …

- das dringende Bedürfnis haben, sich der guten Nachricht gewiss zu sein, die mitten in ihre Kaputtheit hineinspricht und sie mit Freude überrascht, und zu wissen, dass diese gute Nachricht von Gott kommt.

- sich danach sehnen, einen Blick auf Gottes Schönheit zu erhaschen, wie sie in ihre Kaputtheit eindringt und darunter Wohnung nimmt, und die wissen, dass Gottes Leben in ihnen ist und nur darauf wartet, hervorzubrechen.
- sich vorstellen können, mit jemandem über ihre beschämendsten Geheimnisse zu sprechen, vielleicht sogar zu zwei oder drei gläubigen Leuten, in denen sie die Gegenwart Jesu spüren, und danach stärker das Gefühl zu haben, dass ihnen vergeben ist und sie erwünscht sind, als dass sie sich beschämt und unter Druck gesetzt fühlen.
- anfangen, ein höheres Ziel für ihr Leben zu sehen, als sie es sich je erträumt haben. Ein Ziel, bei denen ihnen nur die Selbstsucht im Wege stehen kann. Ein Ziel, das sie dazu bringen kann, sich froh und voller Hoffnung auf das Leben der Leute auf der anderen Straßenseite oder am anderen Ende der Welt einzulassen, um ihnen in ganz konkreter Form die Liebe zu schenken, die sie selbst empfangen haben, ohne sie je zu verdienen.

Werde ich so eine Gemeinde jemals finden? Gibt es sie überhaupt? Kann es sie geben? Natürlich nicht. Ich habe es schon gesagt. Es lohnt sich, es zu wiederholen: Es hat in der Kirchengeschichte nie ein goldenes Zeitalter gegeben, und es wird auch nie eines geben, bis Jesus wiederkommt und *alle Dinge neu macht.*

Doch er hat bereits damit begonnen. Es gibt schon jetzt für uns eine neue Art zu leben, immer unvollkommen, niemals vollständig. Aber bis zu einem gewissen Grad können wir als Gemeinde gemeinsam schon jetzt auf die neue Art des Geistes Gottes leben!

Und um das zu tun, brauchen wir einen anderen Schwerpunkt, als lediglich dafür zu leben, dass wir Gottes materielle oder persönliche Segnungen empfangen. Es erfordert, dass wir etwas Zentraleres auf unsere Tagesordnung setzen, als Gottes Reich voranzutreiben, indem wir im Jesusstil für den Weltfrieden kämpfen. Und es wird unseren Blick höher richten als nur darauf, verlorene Seelen zu retten – freilich auch nicht niedriger.

Dieser andere Schwerpunkt, diese zentralere Tagesordnung, dieses höhere Ziel, das aus einer Versammlung von Christen eine Gemeinde machen würde, von der mich keine zehn Pferde fernhalten könnten, ist – nun, das wäre jetzt die Steilvorlage für eine klare Antwort auf die Frage, die in diesem Buch gestellt wird. Mir fällt aber noch kein Weg ein, es so auszudrücken, dass dabei kein Gähnen aufkommt.

Aber eines lässt sich jetzt schon sagen, und deshalb werde ich es zu Papier bringen: Die Gemeinde, zu der ich gehören möchte, wird mein hungriges Herz mit dem in Verbindung bringen, was ich mir mehr wünsche als alles andere auf der Welt. Mit dem, wovon ich nur in dem Maße wissen werde, dass ich es mir wünsche, in dem ich mir der Kaputtheit meines Lebens bewusst bin. Und zwar jener Kaputtheit, die alles befleckt, was ich bin, und alles Gute verdirbt, das ich tue. Jener Kaputtheit, die sich anfühlt wie eine fremde Macht tief in meinem Innern, die mir einzureden versucht, sie hätte nur mein Bestes im Sinn, während sie mich in Richtung Unterwelt führt.

Mir sind vier Ideen eingefallen, von denen ich hoffe, dass Gemeindeleiter, Gemeindeglieder, Gottesdienstbesucher und Gottesdienstvermeider darüber nachdenken werden, wenn sie sich die Frage stellen: Zu was für einer Gemeinde möchte ich gehören? Für mich sind diese vier Ideen Samenkörner, die unter einer Menge Dreck vergraben liegen. Wenn wir die Erde pflügen, werden diese Ideen vielleicht die Oberfläche durchbrechen und ein paar Blätter sprießen lassen – keine Feigenblätter, die den Schmutz verdecken, sondern Blätter, die uns verraten, dass sich bald Früchte einstellen werden, dass also Früchte aus dem Dreck emporwachsen werden.

Doch zunächst muss ich Ihnen sagen, was ich mit Dreck meine und wie das aussehen könnte, ihn umzupflügen. Dann kann ich klarer die vier Ideen darstellen, die uns auf ein Ziel ausrichten werden, das vielleicht statt eines zynischen Gähnens ein heiliges Lachen auslösen wird.

11. Kapitel

In eine, die akzeptiert, wo wir stehen, und uns dort abholt – mit der Wahrheit

Geist Gottes, öffne meine Augen für das, was ich allein niemals sehen werde, damit ich sehe, was mit mir so sehr nicht stimmt, dass nur das Kreuz es in Ordnung bringen kann, und damit ich fühle, was in meinem Herzen so sehr fehlt, dass nur das Evangelium es mir geben kann.

Ich sehe einen riesigen Bruch zwischen dem, was wir in einer Gemeinde tun, und dem, wonach wir uns in unserem Leben am meisten sehnen und womit wir am meisten zu kämpfen haben.

Doch das knifflige Problem ist Folgendes: Wir werden weder unser tiefstes Verlangen spüren noch uns unseren schlimmsten Problemen stellen, wenn nicht der Heilige Geist beides aufdeckt. Frauen, die von ihren Männern misshandelt werden, können aus eigener Kraft nie einen größeren Traum träumen als den einer liebevollen Ehe. Eltern, deren Teenager schon mit einem Bein im Gefängnis stehen, fällt es schwer, sich nach etwas Wunderbarerem zu sehnen als nach einer radikalen Veränderung ihres Sohnes oder ihrer Tochter. Singles, die schwer unter ihrer Einsamkeit leiden, haben Mühe, sich etwas Besseres zu wünschen als die Gemeinschaft mit einem liebevollen Partner.

Und Sexsüchtige, die ihre Gewohnheiten hassen, sehen kein schlimmeres Problem als ihre Entscheidung, sich ihren verdrehten

Begierden hinzugeben. Jähzornige Freunde kommen leicht auf den Gedanken, wenn sie nur Geduld lernen könnten, wäre ihr größter Fehler behoben. Wir neigen alle dazu, geringere Wünsche – Wünsche nach zweitrangigen Dingen – für unsere tiefsten Wünsche zu halten, unser gottgegebenes Verlangen nach dem, was am wichtigsten ist. Und wir alle verwechseln schwere Sünden und große Probleme mit unseren schwersten Sünden und unseren größten Problemen.

Und dann gehen wir natürlich in die Gemeinde und meinen, die gute Nachricht des Christentums sei die, dass Gott unsere kleineren Wünsche erfüllen und unsere geringeren Schwierigkeiten beheben würde. Wenn eine Gemeinde diese Aufgabe übernimmt, hört sie auf, eine Gemeinde zu sein. Sie predigt ein anderes Evangelium. Sie verliert die Salbung des Heiligen Geistes.

Der Geist Gottes muss den Dreck umpflügen, muss unter die Oberfläche graben, um die Wünsche unserer Herzen aufzudecken, die der Vater gerne erfüllen möchte, und um die Probleme in unseren Seelen bloßzulegen, die der Sohn lösen kann. Ich möchte zu einer Gemeinde gehören, deren Leiter wissen, dass das, was man in unserer Kultur für eine erfolgreiche Gemeinde hält, in ihren Leuten nur eine Leere hinterlassen wird, und dass ein scheinbar glaubenstreuer Dienst oft nur ein ungläubiges Herz verschleiert. Ich möchte zu einer Gemeinde gehören, die weiß, wirklich *weiß*, dass wir alle ein wirres Durcheinander unerfüllter Wünsche und ungelöster Probleme, unerkannter Sehnsüchte und namenloser Kämpfe sind.

Ich lese gerade Aufsätze von 34 Studenten, die ich ihnen in dem Seminar über geistliches Wachstum aufgegeben habe, das ich an der Colorado Christian University unterrichte. Und zum zigsten Male fällt mir dabei auf, wie töricht wir doch sind. Weil wir von Natur aus töricht sind (das heißt, wir glauben leichter an Lügen als an die Wahrheit), haben bestimmte Beziehungsereignisse, gute wie schlechte, die Macht, uns ein falsches Denken über uns selbst, über unser Leben und darüber, wie wir uns am besten hindurchmanövrieren, einzuprägen.

Und wir glauben diese Lügen. Wir halten sie für christliche Wahrheiten. Wir wüssten nicht, was an diesen Gedanken, die doch so richtig, so natürlich, so notwendig erscheinen, falsch sein sollte. Wir gehen auf eine Weise miteinander um, die darauf angelegt ist, uns um uns selbst zu kümmern, und die uns so in Fleisch und Blut übergegangen ist, dass wir sie gar nicht mehr wahrnehmen, und wenn doch, dann sehen wir überhaupt nichts Falsches daran.

Diese Lügen, die wir glauben, gewinnen Kraft aus den Wünschen, die sie zu erfüllen versprechen. Wenn ich meine Arbeit gut mache und die Leute dazu bringe, mich zu mögen, bin ich glücklich. Dann bin ich heil. Der Wunsch, Anerkennung zu gewinnen und Ablehnung zu vermeiden, ist so stark, dass es uns scheint, als sei seine Erfüllung das Leben schlechthin und seine Enttäuschung der Tod schlechthin.

Diese Lügen haben vier Gemeinsamkeiten:

1. Sie sind höllisch unwahr.
2. Sie sind geistlich deformierend.
3. Sie führen in eine quälende Isolation.
4. Sie entspringen einer zwanghaften Eigensucht.

Lassen Sie mich dieselben vier Elemente anhand ihrer Auswirkungen benennen:

1. Sie ehren den, der uns am meisten hasst: den Vater der Lüge, den Teufel.
2. Sie lassen uns allmählich zu der Person werden, die wir am wenigsten sein wollen.
3. Sie machen echte Gemeinschaft unmöglich, sei es in Familien oder in Freundschaften.
4. Sie haben eine Macht, der wir aus eigener Kraft nicht widerstehen können.

Ich will Ihnen eine Illustration geben, wovon ich hier spreche. Sie stammt aus einem meiner Seminaraufsätze, gut verschleiert, was die Einzelheiten angeht, aber die Themen treten deutlich zutage. Eine hochintelligente dreiundvierzigjährige Frau, mittlerweile geschieden, hatte in ihrem Elternhaus scheinbar eine gute, solide christliche Familie. In vieler Hinsicht war das auch der Fall. Mutter und Vater verstanden sich gut. Sie verbrachten viel Zeit mit ihren Kindern. Und jeden Sonntag kletterten sie alle ins Auto, um zu einer lebendigen, bibeltreuen, auf Christus ausgerichteten evangelikalen Gemeinde zu fahren.

Die Frau (ich nenne sie Deb) nahm als sechsjähriges Mädchen Jesus in ihr Leben auf. Ihre Mutter führte sie eines Abends zu Christus, als sie sie ins Bett brachte. Als Deb das Gebet sprach, rief ihre Mutter ihren Vater, der mit einem breiten Lächeln in ihr Zimmer kam, sein kleines Mädchen umarmte und sagte: «Ich bin so stolz auf dich. Zu unserer Familie hast du schon immer gehört. Jetzt gehörst du auch zu Gottes Familie.» Als Deb an jenem Abend einschlief, fühlte sie sich so gut wie nie zuvor: *Mein Papa ist stolz auf mich!*

Doch als sie dann mitten in den Teenagerjahren steckte, tauchten Zweifel auf. Waren denn die anderen Religionen falsch? Würde ihre beste Freundin, ein jüdisches Mädchen, das wirklich nett war, in die Hölle kommen? War die Bibel wirklich durch und durch wahr?

Sie scheute sich davor, mit ihren Eltern über ihre Zweifel zu sprechen, besonders mit ihrem Vater: *Er war doch so stolz auf mich. Ich fände es schrecklich, ihn zu enttäuschen.* Also vertraute sie sich ihrem Jugendpastor an, einem energischen jungen Mann in den Zwanzigern, der für Jesus brannte. Sie erinnerte sich noch an den zornig-verdatterten Ausdruck auf seinem Gesicht. Er sagte: «Und was willst du denn dann glauben? Komm schon, Deb. Du glaubst nicht an den Islam. Du bist auch keine Atheistin. Und ja, deine jüdische Freundin muss gerettet werden. Hast du ihr schon Zeugnis gegeben? Betest du für sie? Lad sie doch in die Jugendgruppe ein. Deb, bei deinem familiären Hintergrund überrascht es mich wirklich sehr, dass du all diese Fragen stellst.»

Manche Jugendliche wären jetzt wütend geworden und hätten rebelliert. Das habe ich jedenfalls getan, als ein Jugendpastor mich zurechtwies, weil ich bei den Aktivitäten, die er plante, nicht so mitmachte, wie er es sich wünschte. Deb hingegen fühlte sich beschämt und niedergeschmettert. Sie machte einen Rückzieher und begrub ihre Zweifel unter erneuerten Glaubensbekundungen. (Nebenbei, meine Reaktion war keineswegs besser, nur anders.)

In jenem emotional aufgeladenen Beziehungsmoment mit ihrem ungeschickten Jugendpastor verwandelte sich ein Muster, das sie schon mit sechs Jahren erlernt hatte, in einen Entschluss, eine lebensbestimmende Entscheidung: *Ich werde nie wieder jemanden enttäuschen. Mein Leben hängt davon ab.*

Das ist eine Lüge. Es ist höllisch unwahr, es ist geistlich deformierend, es führt in eine quälende Isolation, und es entspringt einer zwanghaften Eigensucht – und es heißt: Nichts ist wichtiger, als mich selbst vor Scham zu schützen. Das tiefste Verlangen, dessen Deb sich bewusst war, bestand darin, immer Anerkennung zu finden und niemanden zu enttäuschen. Das schlimmste Problem, das sie in sich selbst erkennen konnte, betraf all die Sorgen und Zweifel und Meinungen und Sehnsüchte, die sie in sich hatte, die, wenn sie ans Licht kämen, zweifellos Menschen, die ihr wichtig waren, enttäuschen würden.

Als Erwachsene strengte sie sich mächtig an, eine gute Ehefrau zu sein. Dabei merkte sie nie, dass sie ihren Mann eigentlich nicht liebte, sondern sich eher vor ihm schützte und furchtsam verlangte, dass er sie mochte und Freude an ihr hatte. Deb war eine heimliche Götzendienerin, getarnt als eine fromme Frau. Sie lebte für keinen höheren Zweck als den, Anerkennung zu gewinnen. Die Vorgeschichte ihrer angenehmen Beziehungsmomente («Schatz, ich bin so stolz auf dich») und ihrer schmerzlichen Beziehungsmomente («Ich kann nicht glauben, dass ein Mädchen aus einer Familie wie deiner je an der Wahrheit des Christentums zweifeln könnte») tischte ihr Lügen auf.

Leben bedeutet dann: Niemanden enttäuschen. Und Tod bedeutet: Jemanden enttäuschen.

Als Deb in diese Welt kam, war die Torheit bereits in ihrem Herzen angelegt: *Ich werde Zufriedenheit im Leben finden und alles reparieren, was mit mir nicht stimmt, ohne mich je Gott zuzuwenden. Ich werde definieren, was gut und böse ist. Ich werde entscheiden, was für mich das Leben ist und was für mich der Tod wäre. Und wenn Gott mich liebt, wird er mit meinen Plänen kooperieren. Er wird mir das Leben geben, das ich mir wünsche, und die Probleme beseitigen, die ich hasse. Er wird die Sehnsüchte befriedigen, die ich empfinde, und mich vor den Dingen schützen, vor denen ich mich fürchte.*

So wie Deb sind wir alle. Wir alle werden von dieser Torheit getrieben, wenn wir in diese Welt kommen. Wir alle leben in dieser Welt, die mit Satans Hilfe unsere Torheit zu konkreten Vorstellungen davon ausformt, was für uns gut und was böse ist! Wir alle haben einen Bissen von der verbotenen Frucht gegessen.

Und nun leben wir damit, dass geringere Wünsche unsere Entscheidungen beherrschen, und uns stehen kleinere Probleme vor Augen, die wir zu reparieren versuchen. Die Lügen, nach denen wir leben, erzeugen mächtige Kräfte in uns, die unser Verlangen nach erfüllten Wünschen als legitim sanktionieren und uns nur von den begangenen Sünden überführen, die uns bei der Zufriedenheit, nach der wir verlangen, im Weg stehen.

Ich stelle mir vor, wie Deb in die Gemeinde geht. In dem Aufsatz, den sie für mein Seminar schrieb, berichtete sie, dass sie nie einen Gottesdienst ausließ. Das würde sie nicht wagen. Doch sie macht sich Sorgen, sie könnte immer in Gefahr stehen, Gott zu enttäuschen. Als Frau fühlt sie sich tot; lebendig nur als Darstellerin, als attraktives, hübsch angezogenes Mannequin in einem Kirchenschaufenster. Sie fühlt sich niemandem nahe und niemandem gegenüber frei und entspannt. Und manchmal fragt sie sich, ob sie wirklich irgendeinen Menschen liebt.

Die Lügen, die sie glaubt, sind höllisch unwahr. Sie deformieren sie geistlich als Frau, als Trägerin des Ebenbildes Gottes, der lebendig und voller Lachen und Freiheit ist. Sie halten sie in quälender Einsamkeit gefangen, aus lauter Angst davor, irgendjemandem gegenüber echt zu sein. Und sie mauern sie in einem Gefängnis der In-sich-Gekehrtheit ein, so dass ihr eigener Schmerz ihr bewusster ist als der irgendeines anderen Menschen.

Nun stellen Sie sich vor, wie wir – allesamt «Debs», die wir sind – in die Gemeinde gehen. Was für eine Art von Zusammenkunft würde unseren Seelen die Wahrheit des Evangeliums nahebringen? Welche Evangeliumsmusik müssen wir erst noch hören? Was für ein Bewusstsein von Sehnsüchten und Versagen würde uns die Ohren öffnen, damit wir die Musik hören können? Und wie könnte eine Versammlung von Christen offen werden für den Heiligen Geist, der uns bewusst machen möchte, dass wir uns eigentlich mehr nach der Gemeinschaft mit Gott sehnen als nach einer guten Ehe, guten Kindern, guter Gesundheit oder irgendeinem anderen irdischen Gut? Wie können wir uns bewusst werden, dass unser schlimmstes Problem nicht die Missbilligung anderer ist, unser moralisches Versagen, unsere Unzulänglichkeit oder die Aufdeckung unserer Fehler, oder was immer es ist, was uns am meisten Angst macht?

Ich möchte zu einer Gemeinde gehören, die sieht, wo ich stehe, und mich dort abholt. Zu einer richtigen Gemeinde, die mir den Mut gibt, mir bewusst zu machen, wo ich stehe, und mich dann nach guten Nachrichten von Gott zu sehnen. Zu einer Gemeinde, die mir hilft, einen Blick wahrer Schönheit in mir zu erhaschen, unbesudelt von meiner Kaputtheit. Und die mir hilft, mir vorzustellen, ich könnte vollkommen erkannt und vollkommen gewollt sein, und meinen Blick und mein Streben auf ein viel höheres Ziel für mein Leben zu richten, als nur niemanden zu enttäuschen oder mein Leben nach meinen Bedingungen zum Funktionieren zu bringen.

Wie würde so eine Gemeinde aussehen? Von welchen Werten würde sie sich leiten lassen? Und wie würden die Leute in dieser Gemeinde jene Werte ausleben? Schwierige Fragen. Aber geben Sie mir nur noch ein Kapitel, und dann werde ich ein paar Antworten wagen. Im dreizehnten Kapitel werde ich beginnen, die Gemeinde zu beschreiben, zu der ich gehören möchte.

12. Kapitel

In eine, die mein Bedürfnis versteht, mit Gott über das zu reden, was in mir vorgeht

Geist Gottes, leite mich, wenn ich zu meinem Vater spreche. Bitte! Es ist wichtig. Ich bin mir nicht sicher, ob ich ihn wirklich gut kenne. Ich weiß, er ist alles, was ich habe, aber ich kenne ihn nicht gut genug, als dass er alles sein könnte, was ich brauche.

Gerade habe ich eine wirklich gute Predigt von Philip Yancey gehört. Auf der Heimfahrt beschäftigte mich der dringende Wunsch, von dem, was ich gehört hatte und für wahr halte, bis ins Mark aufgewühlt und verwandelt zu werden. Dabei bildete sich plötzlich ein Satz in meinem Kopf, den ich dann während der ganzen zwanzigminütigen Fahrt immer wieder vor mich hinsagte. Der Satz lautet:

> Gnade hat keine spürbare Kraft in unserem Leben, ehe sie uns so überrascht, dass sie uns die Hölle austreibt.

Johannes Calvin schrieb einmal, dass wir Gott nicht kennen werden, ehe wir uns selbst kennen, und dass wir uns selbst nicht kennen werden, ehe wir Gott kennen. Ich werde es dem Heiligen Geist überlassen, mir klarzumachen, mit welchem «Kennen» dieser Prozess beginnt. Vielleicht mit beiden zugleich.

Wie auch immer all das funktioniert, meine Erfahrung sagt mir

Folgendes: Je mehr ich Gott in seiner Vollkommenheit erkenne, als umso schlechter betrachte ich mich selbst. Ich sündige wirklich schlimm. Ich liebe niemanden vollkommen. Manche Leute kann ich nicht einmal ausstehen.

Und je mehr ich über mich selbst erfahre und sehe, wie lieblos und nachtragend ich bin, wie sehr darauf aus, mich selbst zu schützen, desto mehr überrascht es mich, dass er mich nie aufgibt. Die Überraschung wird noch größer, wenn ich erkenne, dass er mich niemals dafür bezahlen lassen wird, dass ich ihn so schlimm verletzt habe und dass ich gegenüber anderen so rücksichtslos sein kann. Stattdessen lädt er mich zu seinem großen Fest ein. Er will mich wirklich dort haben, damit ich schlemme und tanze und lache, schon jetzt ein bisschen, bevor ich dann für immer schlemme und tanze und lache.

Während ich im Auto nach Philips Predigt über diese Dinge nachdachte, merkte ich – ohne dass ich mich bewusst dafür entschieden hätte –, dass ich auf dem ganzen Heimweg «Amazing Grace» sang.

Ich habe es nötig, öfter und tiefer überrascht zu werden. Ich möchte in eine Gemeinde gehen, die mich überrascht, die mich sieht und mich trotzdem haben will.

Pastor, wenn du hinausschaust und mich in deiner Versammlung sitzen siehst, möchte ich, dass du weißt, wer da sitzt.

Gemeindebesucher, wenn du in die Gemeinde gehst und zufälligerweise neben mir sitzt, dann möchte ich, dass du weißt, wessen Schulter du da manchmal berührst.

Versammlung, wenn ich ans Pult trete, um zu predigen, dann möchte ich, dass ihr wisst, wem ihr da zuhört.

Ich möchte, dass ihr wisst, dass in meinem Leben Dinge vor sich gehen, die mich zerstören werden – meine Beziehungen, meinen Dienst, meinen Ruf, mein Leben –, wenn ich nicht in der Kraft der Gnade lebe. Es ist mir vielleicht nicht immer bewusst (wohl meistens nicht), aber der Heilige Geist fährt mich auf einer Krankenliege in die Gemeinde. Ich brauche öfter als einmal in der Woche eine Bluttransfusion. Eigentlich brauche ich jede Sekunde eine. Ich brauche Gnade. Wer weiß, was sonst aus mir werden würde? Was immer es ist, gut wäre es nicht.

Aber die Kraft der Gnade werde ich nicht spüren, ehe ich nicht mit Gott ins Reine komme. Und das ist schwer, weil mir mein Dreck so wenig bewusst ist. Ich bin doch ein guter Kerl. Ich habe noch nie meine Frau betrogen. Ich schreibe christliche Bücher. So ist Gnade keine Überraschung. Sie kommt mir eher vor wie das Aspirin, das ich gegen leichte Kopfschmerzen nehme.

Ich muss sehen, wer ich bin, damit ich Gott sehen kann. Und wenn ich Gott sehe, nachdem ich mich selbst gesehen habe, dann befällt mich eine Todesangst, er würde sich von mir zurückziehen oder mein Leben irgendwie kaputtmachen. Das sollte er eigentlich. Es wäre nur fair. Ich habe es verdient. Ein paar Kopfschmerzen sind das geringste meiner Probleme. Ich bin eine moralische Katastrophe, die jeden Moment eintreten kann. In seinen Augen ist sie bereits geschehen.

Und wenn ich das glaube und entdecke, dass Gott alles Schlechte an mir sieht und dabei vor Freude lacht und darauf wartet, dass ich ihm begegne, dann überrascht mich seine Gnade so sehr, dass sie mir die Hölle austreibt. Und dann kommt der Himmel herab, und Herrlichkeit füllt meine Seele, wie es in einem alten Gospelsong ausgedrückt wird. Die Herrlichkeit des Himmels überwältigt die Macht der Hölle.

Bevor ich fortfahre, will ich etwas noch einmal kurz verdeutlichen. Ich habe ernst gemeint, was ich gesagt habe – in mir gehen jeden Tag Dinge vor sich, die die Macht haben, mich abstürzen zu lassen. Doch was noch schlimmer und, glaube ich, noch wahrscheinlicher ist: Dieselben Dinge haben die Macht, mich weiterhin ein scheinbar christliches Leben, ja dynamisch christliches Leben führen zu lassen, das aber in Wirklichkeit überhaupt nicht christlich ist, sondern bloß ein religiöses Leben ohne geistliche Kraft.

Und das Schlimmste ist: Diese schlechten Dinge in mir könnten mich weiterhin ein gutes Leben mit wenig bis gar keiner geistlichen Kraft leben lassen, ohne dass ich es auch nur merke – und das jahrelang. Das macht mir Angst. Ich glaube, das kommt oft vor – bei Pastoren, Missionaren und ganz normalen Christen wie mir.

Wenn ich etwas dazu beitragen will, mich darauf vorzubereiten, durch Gnade überrascht zu werden, muss ich reinen Tisch machen und gründlich darüber nachdenken, was für eine Hölle da in mir ist, die nur die Gnade überwältigen kann.

Ich weiß, ich bin nicht Sie. Ich weiß, ich bin anders als Sie und habe meine ganz eigenen einzigartigen Kämpfe und Ängste und Formen der Selbstsucht. Doch unter all dem, was uns unterscheidet, sind wir uns ziemlich ähnlich. Wie G.K. Chesterton, jener scharfzüngige und einflussreiche christliche Apologet des frühen zwanzigsten Jahrhunderts, es ausdrückte, sitzen wir alle im selben Boot, und wir sind alle gemeinsam seekrank. Womit wir die Fische füttern, ist verschieden, weil wir alle unterschiedlichen Unrat gegessen haben, aber es ist böser Unrat, der uns da im Magen liegt. Und er kommt in uns hoch in der Art und Weise, wie wir miteinander umgehen.

C. S. Lewis schrieb über das «bloßgelegte» Christentum (*Mere Christianity* – dt. Titel: *Pardon, ich bin Christ*). Mit *bloßgelegt* meinte er das, was jeder Christ glaubt und was einen Christen ausmacht, den gemeinsamen Kern der christlichen Wahrheit. Ich möchte (in aller Kürze und weit weniger kunstvoll) über *bloßgelegte Verderbtheit* schreiben. Was steckt in mir an Höllischem, das auch in Ihnen steckt, in jedem von uns? Was könnten wir alle in uns selbst wahrnehmen, wenn wir tief und ehrlich genug in uns hineinschauen würden? Was könnten wir dort sehen, das die Gnade in eine Überraschung verwandeln würde, die uns alle zum Staunen brächte?

Alles, was Sie bisher in diesem Kapitel gelesen haben, habe ich an einem Sonntag geschrieben. Was Sie von hier an bis zum Ende dieses Kapitels lesen werden, entstand am Tag davor. Es hat mich darauf vorbereitet, an jenem Sonntagmorgen im Gottesdienst durch Gnade überrascht zu werden. Jetzt spüre ich ihre Kraft. Danke, Philip.

In vierundzwanzig Stunden werde ich in einem Gottesdienst sitzen. Was in mir im Augenblick vorgeht, ist Folgendes. Ich bin sicher, es wird morgen auch noch in mir vorgehen.

Ich habe es so niedergeschrieben, wie ich es erlebt habe, nämlich als Gespräch mit Gott. Es ist das Gespräch, das ich mit ihm geführt habe, seit ich vor ein paar Stunden aufgewacht bin – ungekürzt. Ich wünschte, der Prediger könnte es lesen, bevor er predigt. Ich möchte, dass er den Kerl kennt, der ihm zuhört.

Ich wünschte, wer immer morgen Früh neben mir sitzt – vielleicht meine guten Freunde Marcia und Randy, vielleicht meine Schwiegertochter Kim, vielleicht jemand, dem ich noch nie begegnet bin –, könnte dies heute Abend lesen. Ich möchte, dass diese Person den Kerl auf dem Stuhl neben ihr kennt.

Und nächstes Wochenende werde ich derjenige sein, der vorne steht, und zusammen mit meiner Frau eine Ehefreizeit mit achtzehn Ehepaaren leiten. Ich wünschte, all diese Paare könnten dies lesen, bevor sie kommen (ich bin froh, dass meine Frau es lesen wird) – ich möchte, dass sie alle wissen, was zwischen mir und Gott abläuft. Nämlich Folgendes.

Gott, schon Sekunden nach dem Aufwachen heute Morgen habe ich eine Attacke der Leere, der Einsamkeit verspürt – eine lautlose Attacke, aber eine beharrliche, die es notwendig machte, dass ich mich wehre, dass ich mir Erleichterung suche, dass ich irgendetwas tue, um mich ausgefüllt zu fühlen.

Ich wusste aus Erfahrung, dass es nichts helfen würde, in der Bibel zu lesen oder mit dir darüber zu reden. Manchmal hilft es, aber nicht oft, und schon gar nicht auf Knopfdruck. Ein heißer Latte macchiato und die Zeitung funktionieren besser. Und wenn die Vorfreude auf Kaffee und Comicstrips nicht helfen, kann ich mich immer gedanklich mit irgendetwas beschäftigen, das hilft. Vielleicht irgendetwas anderes tun. Hmmm. Möglichkeiten fallen mir ein. Gott, du nennst sie Versuchungen. Für mich fühlen sie sich aber an wie gute Gelegenheiten.

Aber ich möchte dich haben wollen. Ich möchte, dass du das klaffende Loch in mir ausfüllst, das da nach Erfüllung lechzt, nach Gemeinsamkeit. Aber du tust es nicht. Du tust für mich nicht das, wovon ich empfinde, dass es am dringendsten für mich getan werden müsste. Und deshalb fühle ich mich berechtigt, die Dinge selbst in die Hand zu nehmen. Bin ich wütend auf dich? Es hört sich so an. Ich weiß nicht genau, wie klar ich mich je mit dieser Möglichkeit befasst habe. Ich glaube, ich bin wütend, weil du mich mit einem Verlangen geschaffen hast, das du befriedigen könntest, aber nicht befriedigen willst, jedenfalls nicht jetzt, wo ich die Befriedigung brauche, bevor ich sündige.

Vielleicht fange ich an, ein bisschen zu verstehen, was ein Alkoholiker oder ein Pornosüchtiger durchmacht. Ich kann mit demselben gierigen Drang Kaffee trinken und die Sportseite lesen, der den Alkoholiker, der geschworen hat, nie wieder zu trinken, wieder nach der Flasche greifen lässt, mit demselben Zwang, den ein von Pornografie abhängiger Christ empfindet, der *nur noch dieses eine Mal* seinen Computer hochfährt.

Ist es das, wovon Paulus in Römer 7 spricht? War er etwa auch süchtig? Vielleicht süchtig nach Religion? Oder vielleicht nach Habgier oder Macht? Bin ich süchtig? Vielleicht nach Lob oder Anerkennung? Sind wir alle nach irgendetwas süchtig? Sind nette Leute süchtig nach Nettsein? Sind großzügige Leute süchtig nach Großzügigkeit? Sind erfolgreiche Leute süchtig nach Erfolg? Sind ausgelassene Leute süchtig nach Ausgelassenheit? Ist das der Kampf zwischen Fleisch und Geist, der in uns allen tobt?

Wenn diese Attacken der Leere über mich hereinbrechen (für manche Leute beschreiben die Worte Einsamkeit oder Isolation die Empfindung besser), übernimmt etwas anderes als ich selbst die Regie. Zumindest fühlt es sich so an. Ich verliere meine Freiheit. Irgendwie scheint es mir unabdingbar, dass ich mir Erleichterung verschaffe, egal wie. Und was unabdingbar erscheint, das kommt mir auch moralisch, gerechtfertigt und richtig vor. Würde mir jemand sagen, dass ich etwas Sündiges vorhabe, so würde das keinen Unterschied machen. Es wäre mir egal. Meine fein geschliffene Fähigkeit zur Rationalisierung würde sich einschalten, und es würde mir sehr schwerfallen, das, was mir Erleichterung verschafft, als etwas wirklich Schlechtes anzusehen – ob es nun etwas offensichtlich

Falsches ist oder etwas, das nur durch den Zweck, dem es dient, falsch wird.

Ich weiß nicht, was diese Attacken auslöst. Ich weiß nicht, warum manchmal die Leere, die Einsamkeit, die Unvollständigkeit mich so plötzlich überfallen, so lautlos, aber doch so heftig. Ist es ein Dämon? Waren es die Gedanken an das angenehme Leben eines Freundes, die mich neidisch gemacht haben? Neidisch auf jemanden mit mehr Geld, mehr Freizeit, vielleicht mit besserer Gesundheit oder mit der Anerkennung, die ich selber gerne hätte? Oder ist es, weil ich ein bisschen niedergeschlagen bin und das Gefühl habe, dass man mich nicht schätzt oder nicht an mich glaubt, vielleicht mich nicht wahrnimmt?

Ich versuche es zu erklären, aber das gelingt mir nie. Ich weiß nur – und wirklich klar ist es mir nur, wenn ich auf einen solchen Anfall von Leere zurückblicke –, dass es nicht von der heiligen Dreieinigkeit kommt, sondern von der unheiligen Dreieinigkeit aus meinem Fleisch, dieser Gott ignorierenden Welt, in der ich lebe, und dem Teufel, der will, dass ich mich mit allem anfülle, nur nicht mit meiner Hoffnung auf Gott.

Oder vielleicht ist das falsch. Vielleicht kommt die Leere selbst von dir. Vielleicht ist das deine Art, mich so hungrig nach dir zu machen, dass ich mich mit keiner Fälschung zufriedengebe. Was für ein Risiko du da eingehst! Fälschungen funktionieren besser. Sie füllen mich rascher und, so scheint es, vollständiger aus. Die Gelegenheiten, hungrig nach dir zu werden, können so leicht zu Versuchungen werden, mich mit irgendetwas oder irgendjemand anderem anzufüllen. Gott, führe mich nicht in Versuchung. Erlöse mich von dem Bösen.

Du sagst mir, dass ich in Christus die Fülle habe, aber ich glaube dir nicht. Meine Gefühle sprechen lauter als deine Worte. Vielleicht *habe* ich die Fülle, aber ich *fühle* mich nicht gefüllt. Soll etwa der *Glaube* daran, dass ich die Fülle habe, ausreichen, um mich auf dem schmalen Weg zu halten? Diesen Weg zu gehen gibt mir ein so starkes Gefühl der Leere, des Hungers nach dem, wovon ich nicht *nicht* glauben kann, dass ich es jetzt brauche. Wenn das damit gemeint ist, im Glauben zu leben, dann bin ich nicht besonders gut darin. Ist Hoffnung der Schlüssel zur Heiligung?

Der Druck, den ich empfinde, ist zwingend, drängend. Meine Leere sehnt sich danach, gefüllt zu werden. Isolation verlangt nach Verbindung. Mein merkwürdiges Gefühl der Unvollständigkeit lechzt nach Vervollständigung. Ich möchte ausruhen, keine Erwartungen empfinden, einfach nur sein und okay sein. Und was immer mir dieses Gefühl gibt, erscheint mir so legitim, so gut. Manche Versuchungen kommen mir nicht nur unwiderstehlich vor; sie sind es auch. Ich kenne den Vers, wonach keine Versuchung mich befallen wird, der ich nicht mit Gottes Kraft widerstehen könnte (1. Korinther 10,13). Aber ich weiß nicht, wie ich deine Kraft spüren soll. Könnte ich mir die Haare lang wachsen lassen, wie Simson es tat, so wäre ich gern bereit, sie mir bis zu den Knien hinunter wachsen zu lassen, wenn mich das moralisch stark machen könnte.

Ich glaube allmählich, dass diese Leere, diese Isolation, die ich als Person, als Mensch, als Mann empfinde, immer in mir ist, immer da, wie ein Nierenstein, der lange Zeit in einem schlummern kann, ohne dass man ihn spürt, und sich dann plötzlich ohne erkennbaren Grund bemerkbar macht. Sehne ich mich vielleicht beständig nach einer Verbindung zu jemandem, zu etwas, das mich vervollständigt, das mir das Gefühl gibt, heil und lebendig und vollkommen männlich zu sein, vollkommen gewachsen allem, was mir das Leben abverlangt?

Betäube ich vielleicht diese Sehnsucht, indem ich sie ignoriere, indem ich sie unter Arbeit und Verantwortungen und harmlosen Vergnügungen begrabe, wie zum Beispiel unter Kaffee und Religion, vielleicht unter jeder Menge Gemeindeaktivitäten oder, wie in meinem Fall, unter jeder Menge Diensten außerhalb der Gemeinde? Bin ich vielleicht dienstsüchtig, abhängig davon, immer noch ein Buch zu schreiben, damit ich Fülle spüre? Unterscheidet mich letztlich nichts von dem Ehebrecher, der von seiner sexuellen Begierde, oder dem Konzernmanager, der von seiner Habgier getrieben wird?

Gott, was mache ich da eigentlich? Lebe ich dafür, mir etwas zu verschaffen, was ich eigentlich schon habe? Thomas von Aquin sagte, wir seien alle von einem von zwei ganz verschiedenen Motiven getrieben: entweder, zu bekommen, was uns fehlt, oder zu genießen, was bereits unser ist.

Aber mein Problem ist Folgendes, Gott: Ich glaube, dass du dich mir bereits gegeben hast, und ich glaube daran, dass du mich aufforderst, in der *Hoffnung* zu ruhen, dich zu genießen, nicht in der *garantierten* Erfahrung dessen hier und jetzt. Und das frustriert mich. Es scheint mir unmöglich zu schaffen zu sein. Die Erfahrung erscheint mir notwendig. Doch die Parusie, die physische Gegenwart Jesu, wenn ich ihn sehen werde, liegt noch vor mir.

Ich spüre in mir eine Einstellung, eigentlich eine Überzeugung, dass es eigentlich so sein müsste, dass ich mehr von der Fülle, von der Gemeinsamkeit, die ich brauche, schon *jetzt* erfahren könnte. Ist das der Kern dessen, was mit mir nicht stimmt – ein Anspruchsdenken? Bin ich im Grunde ein anspruchsvoller, verwöhnter Bengel, ein selbstsüchtiger verlorener Sohn, der darauf besteht, dass du mir jetzt auf der Stelle alles gibst, was du mir versprochen hast, damit ich weggehen und mein Leben weit weg von dir genießen kann?

Ist es im Grunde so, dass ich dich gar nicht will? Ich weiß, dass ich dich will, aber ich weiß auch, dass ich dich nicht will. Gott, der Kampf ist ganz real. Die Kräfte in mir, die nach sofortiger Befriedigung verlangen, werden von Furcht angetrieben. Ich habe Angst davor, mich leer und unausgefüllt zu fühlen, so leer und unausgefüllt, dass ich dafür leben werde – dass ich gerade jetzt dafür lebe –, mich mit dem zu füllen, was immer mich am stärksten reizt. Für einen Moment bringen mich ein guter Kaffee und die Sportseite, die mir sagt, dass meine Mannschaft gewonnen hat, durchs Gröbste hindurch. Was aber werde ich tun, wenn harmlose kleine Vergnügungen das nicht schaffen? Was werde ich tun, wenn gute Beziehungen und ein angesehener Dienst und beachtliche Erfolge es nicht mehr schaffen; wenn das gute Leben, das gesegnete Leben mich nicht mehr genug füllen können?

Und? Schaust du dir das alles an und bist angewidert davon? Überlegst du dir schon irgendwelche schmerzhaften Möglichkeiten, meine Aufmerksamkeit zu erlangen? Ich weiß, dass ich dich beleidige mit dem, was ich tue, und mit dem, wer ich bin. Es kann ja nicht anders sein. Warum habe ich nach all diesen Jahren immer noch Angst vor dir? Offenbar weiß ich so gut wie nichts von deiner vollkommenen Liebe.

Gott, wenn ich könnte, würde ich aufhören, so tief nachzudenken. Ich würde einfach meinen Kaffee genießen, meine Frau lieben, Zeit mit meiner Familie verbringen, lehren, Seelsorge treiben, Bücher schreiben und Golf spielen.

Doch das gute Leben, das christliche Leben, das gut genug ist, hinterlässt in mir eine suchtartige Leere. Ich will mehr. Ich will mehr von dir. Und ich bin ziemlich sicher, dass es dein Plan ist, dass ich mehr von dir bekomme (oder du mehr von mir bekommst). Und zwar in einer Gemeinde – nicht in der Religion, nicht in organisierten Gottesdiensten, die geistliche Gefühle erzeugen, aber niemanden verändern, und nicht einmal in guter Lehre, die allein nicht tief genug greift. Sondern in Beziehungen, die auf Wahrheit aufgebaut sind. Beziehungen, die mich verändern. Beziehungen, die zum Zentrum meines Lebens werden. Beziehungen, die in mir den Wunsch wecken, mich anderen zuzuwenden und ihnen dieselbe Art von Beziehungen anzubieten.

Gott, wird das, was wir Gemeinde nennen, das, wohin ich morgen Früh wieder gehen werde, in mir wieder einmal das Gefühl hinterlassen, das ich so oft empfinde? Nämlich wie ein Kind zu sein, das seine Nase gegen eine Schaufensterscheibe presst, hinter der es Süßigkeiten sieht, die es nie erreichen kann?

Was für eine Gemeinde wird mich sehen, bei mir bleiben und mich in die Richtung lenken, die gute Nachricht zu genießen? Was ist überhaupt Gemeinde? Gott, wenn ich gerade jetzt einen Wunsch frei hätte, dann glaube ich, ein Kandidat dafür wäre der Wunsch, dass wir von nun an anders definieren, was es bedeutet, in die Gemeinde zu gehen. Eine Stunde am Sonntagmorgen kann es nicht sein. Aber wenn es das noch nicht ist, was ist es dann? Und was könnten Leute in dieser Stunde am Sonntagmorgen und zu anderen Zeiten tun, das tatsächlich eine Gemeinde ausmachen würde, zu der ich gehören möchte?

Bitte, Gott! Ich möchte es wissen.

13. Kapitel

Was wird mich dazu bringen, in die Gemeinde gehen zu wollen? (Jedenfalls nicht *noch* ein neues Programm!)

Geist Gottes, zeig mir die Gemeinde, von der du möchtest, dass ich hingehe.

Ich glaube, ich verstehe jetzt klarer, warum ich kein starkes Verlangen danach habe, in die Gemeinde zu gehen. Unter dem Strich ist es so: *Ich kämpfe einen Kampf um mein Leben, bei dem mir die meisten Gemeinden nicht helfen.* Und doch ist es ein Kampf, den ich, wie die Auferstehung Christi mir zeigt, gewinnen kann.

Wenn ich morgens aufwache, denke ich meistens an Kaffee. Ich kann ihn schon fast riechen, schmecken und den Genuss verspüren, den er mit sich bringt. Einige Leute futtern, wenn sie einen Seelentröster brauchen – ich trinke Kaffee.

Schon die Vorfreude ist unwiderstehlich. Binnen Minuten bin ich auf dem Weg zu dem Café an der Ecke Simms und Ken Caryl. Ich kann es mir einfach nicht verkneifen. Ich *will* es mir nicht verkneifen. Ich will hin. Ich mag den Kaffee dort.

Meine Liebe zu Kaffee wirft ein Schlaglicht auf die Frage, die ich in diesem Buch zu beantworten hoffe. Was könnte eine Gemeinde bieten, um mich genauso unwiderstehlich anzulocken wie die Aussicht auf einen extra heißen Latte macchiato? Oder, um es nicht so krass konsumorientiert auszudrücken, was könnte eine Versammlung von Christen tun, worüber könnte sie reden und womit könnte sie sich beschäftigen, was ich auf keinen Fall würde verpassen wollen? Ich wünschte, ich wäre so süchtig nach Gemeinde (wenn auch aus ganz anderen, unendlich tiefer gehenden Gründen) wie nach meinem Lieblingscafé.

Nein, das stimmt nicht ganz. So kommt es der Sache näher: Ich wünschte, ich wäre süchtig nach Gott, und irgendwie würde mein Wunsch, ihn zu kennen und zu lieben und ihm zu dienen, mich ebenso unwiderstehlich in die Gemeinde ziehen, wie meine Vorliebe für Kaffee mich in den Shop an der Ecke Simms und Ken Caryl zieht. Ich wünsche mir, dass die Gemeinde der i-Punkt würde, das Sahnehäubchen, das den Kaffeegenuss abrundet.

Das ist sie nicht. Aber ich glaube, dass sie es sein könnte. Freilich nur, wenn die Gemeinde aufwacht und das Blut riecht, das in dem Kampf, den ich führe, jeden Tag vergossen wird. Wenn wir erst einmal alle das Blut der Schlacht und der Niederlage riechen, werden wir auch besser das Blut der Kraft und des Sieges riechen können, das Blut, das aus Jesu Seite floss, als er die größte Schlacht schlug und gewann. Und dann werden wir auch die Rosen riechen.

Wenn dieser Kampf so eine große Sache ist (das ist er), und wenn die Gemeinde zum Ort des Sieges werden könnte (das könnte sie), wird es darauf ankommen, dass wir wissen, was das für ein Kampf ist. Was steckt hinter Ihrem gereizten Umgang mit Ihrem Ehepartner, Ihrer Ungeduld gegenüber Ihren Kindern, Ihrem Frust an der Arbeit, Ihrem übermäßigen Essen, Ihrer Faulheit, Depression, Angst oder Einsamkeit, die Sie davon abhalten zu lieben? Was steckt hinter all den Dingen, die Ihr Leben und mein Leben kaputtmachen?

Hinter all dem steckt, dass *wir einen Krieg zwischen widerstreitenden Süchten führen*, der Sucht nach Gott einerseits und der Sucht nach irgendetwas anderem andererseits. Und wir sind alle gut genug darin, uns selbst zu betrügen, dass wir tatsächlich glauben, unsere Sucht nach uns selbst sei eine Sucht nach Gott. Wir sind gut darin, unsere Beziehungssünden mit geistlichen Sprüchen zu übertünchen. Ich kenne einen schwer leidenden Freund, der mir sagt, er sehne sich danach, etwas vom Heiligen Geist zu hören, während er sich beständig von seiner Frau entfernt und fordert, dass sie sich zu seinem «frommen Ringen» hingezogen fühlt.

Nun ist mir klar, dass es problematisch ist, von einer anbetenden Beziehung zu Gott als von einer Sucht zu sprechen. Die ganze Dynamik, die eine Sucht ausmacht, passt nicht so recht zu dem, was es heißt, Gott zu lieben.

Zum Beispiel übernimmt bei einer Sucht etwas anderes als mein wahres Ich die Kontrolle über meine Neigungen und treibt mich zu meinen Entscheidungen. Ich fühle mich zu einem Vergnügen hingezogen, dem ich nicht widerstehen kann, selbst wenn ich es will.

Paulus sprach sehr anschaulich über diesen Verlust der Freiheit, als er sein Zentrum verlor. In Römer 7 schilderte er den Kampf, den er Tag für Tag in seinem Innern ausfocht. Was er eigentlich nicht tun wollte, tat er am Ende aus irgendeinem Grunde doch. Und was er wirklich tun wollte, das brachte er nicht zustande. Offenbar verspürte auch der große Apostel starke Dränge, die seiner Liebe zu Gott entgegenstanden, und manchmal (glauben wir das wirklich?) gab er ihnen nach.

Ich weiß, wovon er spricht. Manchmal scheint es uns einfach zu passieren, dass wir falsche Dinge tun. Alle Anleitungen, damit aufzuhören, helfen nichts. Und der Wunsch, Gutes zu tun, lässt sich nicht zuverlässig in die Tat umsetzen. All dies gehört zur Sucht, aber nicht zur Anbetung.

In zumindest einem wichtigen Punkt jedoch überschneiden sich Sucht und Anbetung. Bei beidem bewege ich mich auf etwas oder jemanden zu, wonach beziehungsweise nach dem ich ein starkes Verlangen habe. Doch hinter meinem süchtigen Verlangen steckt eine Lüge. Hingegen bestimmt Wahrheit das, wonach ich in der Anbetung verlange. In beiden Fällen jedoch empfinde ich mein Verlangen als einen unwiderstehlichen Drang.

Als Jesus einer Gruppe von neuen jüdischen Gläubigen sagte, dass die Wahrheit, die sie gerade dabei waren zu erkennen, sie frei machen könne (Johannes 8,31–32), wies er auf einen entscheidenden Unterschied zwischen der Sucht nach Gott und der Sucht nach irgendetwas anderem hin. Anbetung entspringt, im Gegensatz zur Sucht, aus der freudig getroffenen Entscheidung, mich auf das zuzubewegen, von dem ich erkannt habe, dass ich es mir am meisten wünsche. Das ist Freiheit. Es ist eine Bewegung aus meinem Zentrum heraus, aus dem Zentrum meines menschlichen Wesens. Sucht steht für eine zwanghafte Bewegung aus einem falschen Zentrum, aus lügenhaften Vorstellungen davon, was das Leben ausmacht. Aus Vorstellungen, die sich so wahr anfühlen, dass die Lügen mich zu definieren scheinen. Und schlimmer noch, sie erscheinen mir wahr.

Jede Sucht nach etwas Geringerem als Gott nagt an meiner Menschlichkeit, in meinem Fall an meiner maskulinen Menschlichkeit. Schon wenn ich einen dritten Kaffee trinke, ohne meine Freiheit zu erkennen, nach dem zweiten aufhören zu können, werde ich erniedrigt. Ich kann nicht mehr so gut lieben, ich bin leichter reizbar, und ich bin ein bisschen angreifbarer für schlimmere Versuchungen.

Der Kampf zwischen den widerstreitenden Süchten ist real, er ist zentral, und er ist heftig. Die Befriedigung, die uns die geringeren Süchte verschaffen, ist aus zwei Gründen unwiderstehlich. Erstens ahmt sie effektiv den Genuss nach, den zu empfinden ich von Gott her angelegt bin, und die Befriedigung, nach der ich mich am tiefsten und völlig legitimerweise sehne. Im jeweiligen Moment (und ein Leben besteht aus vielen Momenten) ist der Genuss real und tief. Er fühlt sich so gut an, so notwendig für mein Wohlbefinden, so leicht verfügbar, dass es schwer ist, zu glauben, er könnte mich in Wirklichkeit von der Freude wegführen statt hin zu ihr. Doch genauso ist es. Ich muss die Wahrheit hören, und die Wahrheit muss tief in mir lebendig und aktiv werden, wenn sie mich frei machen soll.

Zweitens betäubt die Befriedigung durch Sucht meisterhaft und rasch die Leere, die Enttäuschung und die Einsamkeit, die das Erlebnis des Glücks und der Freiheit blockieren, das ich mir so dringend wünsche. Der schreckliche Gedanke, dass ich vielleicht nie glücklich sein werde, niemals frei, um wirklich zu leben, dass ich gefangen bin in der Conditio humana ohne Sinn, ohne Erfüllung und ohne Vertrautheit, wird durch die Genüsse einer Sucht zum Schweigen gebracht. Und er wird ohne Jesus zum Schweigen gebracht.

Und etwas in mir hat das gern. Ohne einen Herrn habe ich die Kontrolle. Ich bin dann derjenige, der mir verschafft, was ich brauche. Und durch die Sucht kann ich mir selbst verschaffen, was meine Bedürfnisse zu befriedigen scheint. Warum soll ich darauf warten, dass Gott dafür sorgt, dass ich mich besser fühle, wenn ich es selbst schon jetzt herbeiführen kann?

Die Erleichterung und der Genuss, die ich mir selbst verschaffen kann, fühlen sich intensiver, lebendiger und realer an als die Erregung, die ich in der Gemeinde empfinde. Ich bin folglich süchtig, aber nicht nach Jesus und schon gar nicht nach der Gemeinde.

Das also ist mein Kampf. Paulus nannte ihn den Krieg zwischen dem Fleisch und dem Geist, zwischen meinem Verlangen nach Befriedigung, auf die ich sofort ein Recht zu haben glaube, und meiner Sehnsucht nach einem Gott, dem ich in dunklen Nächten vertrauen muss. Meine süchtigen Neigungen werden getrieben vom Reiz der sofortigen Befriedigung, die mir dank meiner Torheit, dank des Ansporns der Welt und dank der Verschlagenheit des Teufels ein trügerisches Gefühl der Erfüllung gibt.

Anbetung, eine heilige Sucht nach Gott, bezieht ihre Energie aus Wahrheit, aus dem Vorrecht, die Quelle alles Guten zu kennen, aus der Aussicht, auf seinem Fest in der nächsten Welt tanzen und ein paar Schritte schon jetzt lernen zu können. Anbetung besteht aus dem göttlichen Plan, in der nächsten Welt alles neu zu machen; ein Plan, den wir zu einem kleinen Teil schon jetzt in dieser Welt vorantreiben können.

Aber verflixt, die Lügen erscheinen wahrer als die Wahrheit. Ich bin imstande, tatsächlich zu glauben, das Böse sei gut und das Gute sei böse (Jesaja 5,20), und wenn diese Fähigkeit «voll im Schwung ist», merke ich nicht einmal, dass ich das tue. Selbst ein Ehebrecher kann seine Sünde als etwas Gutes rechtfertigen.

Auf subtilere Weise mache ich es jeden Tag genauso. Ich lästere über jemanden und nenne es ein Gebetsanliegen. Ich benehme mich ungeduldig und denke im Stillen, die anderen müssten eben den Stress verstehen, der mich dazu veranlasst hat. Ich bin süchtig nach irgendeinem Vergnügen, das meine Seele befriedigt und das ich unter Kontrolle habe. Aber ich will süchtig sein nach Gott.

Doch meine Sucht in seine Richtung zu verlagern, und das beginne ich langsam zu erkennen, erfordert Wahrheit; eine Wahrheit, die ich in der Gemeinde nicht immer zu hören bekomme.

Der Hunger nach Wahrheit ist in unserer Kultur verdrängt worden durch einen Hunger nach Unterhaltung, nach bedeutsamen Erlebnissen oder nach Erkenntnis, die mir ein Gefühl der Überlegenheit gibt. In manchen Kreisen ist schon der Gedanke an eine erkennbare Wahrheit in Misskredit geraten. Und diese Diskreditierung legitimiert unseren Hunger nach etwas Geringerem.

Das «Pew Forum on Religion and Public Life» (Kirchenbank-Forum für Religion und öffentliches Leben) machte im Februar 2008 eine wachsende Unruhe in den religiösen Sehnsüchten der Amerikaner aus. Mehr Menschen wechseln ihre Religion als je zuvor. Statt Wahrheit zu suchen, sind wir zu Leuten geworden, die sich auf dem Markt der Gemeindemöglichkeiten bedienen.

«Der religiöse Markt ist hart umkämpft», sagte der Direktor des Pew Forums. «Wer sich auf seinen Lorbeeren ausruht, wird bald Geschichte sein.» Der Anteil der amerikanischen Erwachsenen, die ihre Religion als «keine spezifische» angaben, ist größer als je zuvor.

James Twitchell fasst es in seinem Buch *Shopping for God: How Christianity Went from in Your Heart to in Your Face* so zusammen: «Erfolgreiche Gemeinden haben eines gemeinsam: Sie sind unterhaltsam.»[1]

Aber eine unterhaltsame Gemeinde wird mir nicht dabei helfen, den Kampf zwischen den widerstreitenden Süchten zu entscheiden. Ebenso wenig werde ich die Hilfe, die ich brauche, in einer Gemeinde finden, die die Wahrheit abwertet oder, um das andere Extrem auch zu erwähnen, die die Wahrheit benutzt, um Menschen zu beherrschen, um Überlegenheit zu demonstrieren oder einfach nur, um klares, orthodoxes Denken zu beweisen.

Ich will in eine Gemeinde gehen, die mit der Wahrheit mein Herz erreicht. Natürlich muss die Wahrheit meinen Kopf erreichen – ich muss wissen, was die Bibel sagt –, aber wenn es nur dabei bleibt, wird die Wahrheit, die ich höre und vielleicht auch glaube, keine Kraft haben. Sie wird nicht lebendig und aktiv sein. Sie wird mich nicht frei machen. Sie wird mir nicht das geben, was ich brauche, um meine Sucht von etwas Geringerem als Gott zu Gott selbst hin zu verlagern.

Was für eine Gemeinde würde mich unwiderstehlicher anziehen als das allerbeste Café in der Stadt? Ich glaube nicht, dass ich mich von einer Gemeinde fernhalten könnte, die lebendige und aktive Wahrheit mitten in meinen Kampf hinein ausspricht. Von einer Gemeinde …

- die wahrheitsgemäß (also *zutreffend*) die Konturen meines persönlichen Kampfes offenlegt, besonders in der Art, wie ich mit anderen umgehe; und zwar Konturen, die ich selbst nicht sehen kann.
- die mich in eine Gemeinschaft der Wahrheit einbezieht, eine wahrheitshungrige geistliche Gemeinschaft, in der ich mich in der Gegenwart der Liebe von meiner schlechten Seite zeigen kann, wo mir schmerzliche Wahrheiten in sanfter Liebe gesagt werden.
- die mich aufruft, die Wahrheit zu leben, indem ich kreativ Christus in diese manchmal böse, immer süchtige Welt hinein folge, mit der guten Nachricht vom Reich Gottes, dass die Auferstehung Christi es wirklich möglich macht, auf eine neue Art zu leben.

Ich brauche Gemeinde. Ich muss die Wahrheit empfangen, dass Gemeinde darauf angelegt ist, kraftvoll zu kommunizieren. Ich brauche eine «drogen-spelunkenartige» Gemeinde, die mich süchtig nach geistlichem Crack macht und dann unablässig meine Sucht durch das Leben meiner Mitsüchtigen nährt, bis ich mein Leben in dieser Welt als ein Mensch lebe, der mit Freuden süchtig nach Gott ist: ein wahrer Anbeter, ein wahrer Nachfolger Jesu.

In den vorausgegangenen Kapiteln habe ich gesagt, dass es meiner Meinung nach drei entweder falsche oder unzureichende, aber durchweg gefährlich populäre *Warums* gibt, die Scharen von Menschen in die Gemeinde locken; drei Gründe, in die Gemeinde zu gehen, die mich aber gerade von ihr fernhalten:

1. Sie *macht mein Leben besser* durch ihre Segnungen.
2. Sie *verändert meine Welt* (bringt das Reich Gottes auf die Erde) durch liebevollen Aktivismus.
3. Sie *bietet der Welt das Heil an* und hält die Geretteten zu moralisch untadeligem Leben an.

Jetzt möchte ich formell ein viertes *Warum* verkünden, einen Grund dafür, in die Gemeinde zu gehen, der meiner Meinung nach der Grund ist, weshalb Gott möchte, dass ich hingehe, und der auch der Grund ist, der mich dazu bringen würde, hingehen zu wollen. Ich möchte in eine Gemeinde gehen, wo …

4. *ich die Musik höre* und lerne, in ihrem Takt auf Gott zu und in das Leben anderer Menschen hinein zu tanzen.

Ich möchte zu einer Versammlung von Christen gehören, die sich treffen, um die Musik der himmlischen Wahrheit zu hören. Ich möchte in eine Gemeinde gehen, die sich selbst als eine Art Tanzschule betrachtet. Als eine Gemeinschaft wahrheitshungriger Christen, die durch Zerbrochenheit und Buße ihre Ohren öffnen, um die Musik zu hören; Christen, die wissen, dass die Missklänge der Hölle leichter zu hören sind und geschickt getarnt werden, damit sie süßer klingen als die Melodie des Himmels.

Ich brauche Gemeinde, damit sie mir hilft, die trügerisch harmonischen Klänge des Bösen zu erkennen. Außerdem brauche ich sie, damit sie mich ermutigt, mein Zentrum zu entdecken, mein Herz für Gott, das beim süßesten Klang des Bösen angewidert zusammenzuckt, aber im Takt mit der einzigen lieblichen Musik schwingt, die es gibt, der Musik Gottes.

Damit sind wir nun bei der großen Frage: Wie würde eine christliche Tanzschule aussehen? Was sind die Merkmale einer Gemeinde, für die ich gern an meinem Lieblingscafé vorbeifahren würde, um zu ihr zu gehören, einer Gemeinde, *die die Musik hört?* Es gibt dafür, glaube ich, vier Kennzeichen.

Dritter Teil

Merkmale der Gemeinde, zu der ich gehören möchte

14. Kapitel

Erstes Merkmal: Sie hungert nach der Wahrheit, die Süchtige frei macht

Ich preise dich für deine Gnade, die wartet, während ich mir mühsam die Seele erwerbe, von der du möchtest, dass ich sie erwerbe.

Oswald Chambers

In seinen Tagebüchern schrieb Oswald Chambers oft zu Beginn eines jeden Tages seine Gebete auf. Eines Morgens während seines fünfjährigen Dienstes als Leiter des Bible Training Colleges in London schrieb er die Worte nieder, die diesem Kapitel vorangestellt sind. Wenn ich nun die vier Merkmale einer Gemeinde betrachte, in die ich gehen möchte, drückt sein Gebet auch das meine aus. Ein anderes Gebet von Chambers, das ebenfalls in dieser Zeit entstand, fasst sowohl die Furcht, die ich empfinde, als auch die Sehnsucht, die in mir brennt, wenn ich nun zum Kern dieses Buches komme, in Worte: «Ich glaube daran, dass es möglich ist, in deinen Absichten zu leben wie ein Tier auf dem Feld, ohne Urteilskraft und ohne Vision. Herr, ich möchte ein Sohn von dir sein.»[1]

Heute Morgen habe ich übrigens eine Gemeinde getroffen, die ich ausgesprochen mag …

Er war fünfundsechzig, hochgewachsen und dünn, gekleidet wie ein alter Hippie, mit langen, zerzausten Haaren. Wäre ich ihm auf der Colfax Street in Denver begegnet, so hätte ich vielleicht angenommen, er wäre ein Obdachloser.

Wie sich herausstellte, war er das auch, aber nicht im üblichen Sinne. Ich traf ihn in einem Café in einer Ortschaft in den Bergen Colorados. Er sah mich schreiben, zeigte sich neugierig, und wir kamen ins Gespräch. Dieser irgendwie *heimatlose* ältere Herr war über zwanzig Jahre lang Pastor gewesen und durchs ganze Land gereist, um mit seiner Frau Ehefreizeiten zu leiten. Er war sehr belesen und zitierte mir sogar einen mir unbekannten Ausspruch des heiligen Johannes vom Kreuz.

Seine Frau hatte sich vor einigen Jahren von ihm scheiden lassen. Er passt in keine Gemeinde und wohnt mit seinem behinderten Sohn, einem Kriegsveteranen, der inzwischen an Krebs erkrankt ist, in einer mehr als bescheidenen Wohnung, und er fährt Snowboard.

«Freude heißt für mich», antwortete er auf meine Frage, «mit zwei jungen Snowboardern in einem Drei-Mann-Sessellift hinaufzufahren, mich mit ihnen auf dem Weg nach oben über die besten Pisten zu unterhalten und, bis wir oben angekommen sind, auf Jesus zu sprechen zu kommen. Wenn sie das abstößt, höre ich auf, von Jesus zu reden, cruise mit ihnen die Hänge hinunter und fahre dann wieder hinauf. Manchmal treffe ich dann eine Woche später einen von ihnen in einem Café wieder, und er schneidet das Thema Religion an. So kann ich wieder über Jesus reden.»

«Definieren Sie Freude», bat ich ihn.

«Mir hat einmal jemand eine Definition für Freude genannt, die ich nie vergessen habe. Freude ist, zu wissen, dass derjenige, mit dem man zusammen ist, froh ist, bei einem zu sein. Ich weiß, dass Gott froh ist, in diesem Sessellift bei mir zu sein.»

Dieser alte Tramp, der keine gemeindliche Heimat hat und kein Fünfzimmerhaus, das er mit seiner Frau teilt, keine Schar fröhlicher Enkelkinder, die zu Besuch kommen, hat sein Zuhause gefunden. Es ist bei Gott in dem Sessellift. Ich habe heute Morgen die Gemeinde getroffen – einen müden, zerschlagenen, einsamen älteren Mann, der Hunger nach der Wahrheit hat, der genug Wirklichkeit geschmeckt hat, um ein Leben im Reich Gottes zu führen; einen

Gottsüchtigen, der sich selbst um Gottes willen liebt. Heute Morgen bin ich gerne in die Gemeinde gegangen. Er hat mich ein bisschen hungriger gemacht auf die Wahrheit, die mich frei machen kann. Und er hat mein Verlangen geschürt, Wahrheit zu lehren, die auch andere Süchtige frei machen kann, indem ich sie lebe.

Wir alle sind Süchtige. Die wirklich gefährlichen Süchte sind nicht die offensichtlichen wie Sex und Drogen. Viel gefährlicher sind die subtilen Süchte, die Beziehungsabhängigkeiten – die Art und Weise, wie wir Gespräche manipulieren, um zu bekommen, was wir wollen, oder um zu fühlen, was wir fühlen wollen. Diese Süchte sind es, die unbemerkt bleiben und uns von Sesselliften fernhalten, die uns davon abhalten, als Nachfolger Jesu zu leben. Nachfolger, die süchtig sind nach Jesus und seinem Vater, ihrem Geist und ihren gemeinsamen Absichten.

Wenn Sie einer Alkoholikerin sagen, dass sie ein Alkoholproblem hat, haben Sie vermutlich reichlich handfestes Material, um Ihre Aussage zu untermauern. Mag sein, dass sie Ihnen nicht zustimmt, aber das liegt nicht an fehlendem Beweismaterial.

Versuchen Sie jedoch einen Beziehungssüchtigen davon zu überzeugen, dass er in ernsthaften Schwierigkeiten ist, werden Sie sich vorkommen, als versuchten Sie, mit der Hand einen Fisch zu fangen. Sagen Sie einem defensiven Menschen, der liebenswert und kompetent ist, er sei süchtig danach, nie unfair beurteilt zu werden, und er wird sich unfair beurteilt fühlen. Sie reden gegen die Wand genau derjenigen Sucht, auf die Sie ihn hinweisen wollen. Wahrscheinlich wird er Ihnen vorwerfen, dass Sie nicht das Gesamtbild sehen, und das tun Sie natürlich auch nicht. Die Fakten sind nicht klar. Das sind sie bei subtilen Süchten niemals.

Manche Leute verweigern sich Konflikten. Einer meiner Freunde sieht über alles Verletzende, was ihm begegnet, hinweg und zeigt immer nur ein vergebendes Lächeln. Ich glaube, er ist süchtig nach dem Gefühl, gemocht zu werden. Er glaubt, er sei geistlich reif. Ein anderer Freund kämpft gegen Pornografie, einer offensichtlichen Sucht. Er ist entschlossen, sich nicht auf enge Beziehungen einzulassen (besonders zu seiner Frau), die seine Schwächen aufdecken könnten. Manchmal plustert er sich nach Macho-Art auf; häufiger jedoch zieht er sich schwächlich zurück. Manchmal gibt er theologische Litaneien von sich. Er ist süchtig danach, sich wie ein Mann zu *fühlen*, ohne ein Mann *sein* zu müssen. Die Vergnügungen der Pornografie liefern ihm die perfekte Lösung. Sie kommen ihm unwiderstehlich vor, weil er von Gott so angelegt ist, dass er es genießt, sich maskulin zu fühlen, und Pornografie ermöglicht ihm das Erlebnis der Maskulinität, ohne dass er sich um sie bemühen muss.

Drei Frauen treffen sich. Eine zeigt ihre Kompetenz als Gesprächspartnerin. Sie hört gut zu und stellt gute Fragen. Eine andere verbirgt, als das Gespräch ernst wird, ihre Furcht davor, oberflächlich zu erscheinen, hinter humorvollen Ablenkungsmanövern. Die dritte erzählt von schmerzlichen Dingen, als zählte sie lediglich Fakten auf. Sie will ihren Schmerz nicht fühlen. Sie möchte wirken wie eine Frau, die alles «im Griff» hat. Alle drei sind subtil süchtig nach der Anerkennung, vor deren Verlust sie eine leidenschaftliche Angst haben. Ihre Furcht bestimmt die Art und Weise, wie sie mit anderen umgehen.

Ein Mann ist immer heiter, immer guter Dinge. Er meint, seine Fröhlichkeit spiegele eine Reife wider, die andere schätzen oder zumindest schätzen sollten. Ein zweiter Mann hört sich selbst gerne reden. Er geht davon aus, dass ein bewunderndes Publikum fasziniert sei von seinen weisen Einsichten und seinem Geschick darin, sie auszudrücken. Ein dritter findet an jedem anderen etwas zu kritisieren. Jeder Plan hat einen Fehler, und für ihn ist es das schönste Vergnügen, auf diesen Fehler hinzuweisen. Diese drei Männer zusammen dienen ihrer Gemeinde als Ältestenkreis. Jeder ist vom anderen irritiert, doch sie sind ja zum Werk Gottes verpflichtet; also beißen sie sich durch. Jeder dieser Männer engagiert sich in einem Dienst, der gut ankommt. Alle drei sind süchtig, nicht so sehr nach Gott, wie sie meinen, sondern danach, ihre heimliche, unsichtbare Panik zu verstecken. Ihre Süchte schwächen ihre geistliche Kraft, das Reich Gottes voranzubringen, doch davon merken sie nichts.

Ich frage mich, ob meine eigentliche Sucht (die ja bei jedem immer eine Sucht nach sich selbst ist, danach, mich oder dich oder Gott um meinetwillen zu lieben) etwas mit dem Bedürfnis nach

Bestätigung zu tun hat, sobald ich ein großes Risiko eingehe. Wenn man mir diese Bestätigung dann gibt, schüttele ich sie ab. Es ist nie genug. Gibt man sie mir nicht, fühle ich mich verraten und übersehen und denke, mir wird etwas vorenthalten, worauf ich Anspruch habe.

Die Sucht nach sich selbst ist etwas Universelles. Sie ist das innerste Wesen der Sünde. Wie nichts anderes steht sie dem entgegen, was Gott in uns und durch uns tun möchte.

Jeder Mensch, der in einer Gemeinde sitzt, ist süchtig nach etwas anderem als Gott. Alle Christen, die im Gottesdienst sitzen, kämpfen bewusst oder unbewusst in einer Schlacht der widerstreitenden Süchte. Und Gott möchte jeden, der dort sitzt, in einen reifen Jünger verwandeln.

Nun, der Punkt bei alledem, was ich gerade gesagt habe, ist folgender: *Leute, die süchtig nach sich selbst sind, können keine guten Jünger Jesu sein.* Wenn also die Gemeinde mit Gottes Plan kooperieren will, muss sie tun, was sie kann, um Menschen von ihrer Sucht nach sich selbst zu befreien und sie abhängig von Gott zu machen.

Hören Sie, wie Paulus ganz offen zu Christen spricht, deren Sucht danach, sich in ihre Kultur einzufügen, sie von Christus abdriften ließ: «Euretwegen, meine lieben Kinder, leide ich noch einmal alle Schmerzen und Ängste, wie sie eine Mutter bei der Geburt ihres Kindes auszustehen hat. Wenn man doch endlich an euch erkennen könnte, dass Christus euer Herr ist und euer Leben bestimmt!» (Galater 4,19). Er wusste, dass Jesus Jünger wollte, nicht bloß Bekehrte, die zwar gerettet, aber immer noch süchtig nach sich selbst sind. Paulus' ganzes Leben war von einem einzigen Verlangen bestimmt: Christus zu kennen und ihn bekannt zu machen, «damit jeder Einzelne durch die Verbindung mit Christus reif und mündig wird» (Kolosser 1,28).

Die Gemeinde wird ihre Aufgabe nicht erfüllen, solange sie nicht einen verzehrenden Hunger nach der Wahrheit hat, die Süchtige frei macht. Sucht nach etwas Geringerem als Gott wurzelt *immer* in Lügen. Der Genuss, den ich mir selbst verschaffen kann, sei es, indem ich anderen auf eine bestimmte Art begegne oder indem ich Gras rauche, setzt mich nicht frei dafür, der Mensch zu sein, der zu sein ich mich sehne. Glaube ich es dennoch, so glaube ich an eine Lüge. Allzu oft und allzu leicht glaube ich es. Mehr als alles andere habe ich es nötig, Wahrheit zu hören, die in mir lebt, bis sie mich durch und durch leitet; Wahrheit, die aktiv daran arbeitet, die Lügen bloßzustellen, die ich glaube, und mein Vertrauen auf diesen teuflischen Unsinn zunichtezumachen.

Darum will ich zu einer Gemeinde gehören, die nach der Wahrheit hungert, die Süchtige frei macht, und nicht nach einer Wahrheit, die mir zusichert, dass ich recht habe (und mich dazu befreit, dir genussvoll zu sagen, dass du unrecht hast). Sie soll nach echter Wahrheit hungern und nicht nach einer Wahrheit, die zu populären Weisheiten verwässert und gerade aufregend genug ist, damit ich mir einbilde, Gott zu lieben.

David verstand diesen Unterschied. Nach einem niederschmetternden moralischen Versagen wusste er, was Gott wollte. Und David wollte dasselbe: nicht nur, dass man ihm die Wahrheit sagte, dass er Unrecht getan hatte (obwohl auch das entscheidend war; Nathan übernahm diese Aufgabe!), sondern noch mehr – er wollte «Wahrheit im Innern» empfangen und Weisheit «im Verborgenen» hören (Psalm 51,8; Elberfelder).

Ich möchte zu einer Gemeinde gehören, die Wahrheit weitergibt, die bis in mein Inneres vordringt, wo der Kampf zwischen Lügen und Wahrheit ausgefochten wird. Eine Wahrheit, die sich in meinem Verborgenen einnistet und dort ein verzehrendes Verlangen nach Gott aufrührt, das jede Entscheidung, die ich treffe, und jeden Umgang mit anderen Menschen bestimmt.

Nur eine Wahrheit, die tief in mein Wesen eindringt und die Kraft hat, meine subtilen Beziehungssüchte zu offenbaren und mein Verlangen nach Gott zu wecken, wird mich zu einem Jünger machen.

Die Gemeinde, die hungrig nach dieser Wahrheit ist, ist die Gemeinde, in die ich gehen will. In dieser Gemeinde werden Sie Folgendes vorfinden:

- Die Leute in der Leitung sind sich ihrer eigenen Kämpfe mit widerstreitenden Süchten bewusst und darum demütig genug, um es zu merken, wenn sie Dinge weitergeben, die vielleicht wahr sind, aber keine Kraft haben. Sie kennen den Unterschied zwischen lebendiger, aktiver Wahrheit und toter, schlafender Lehre, auch wenn Letztere orthodox und voller Leidenschaft vorgetragen ist.
- Missionale Aktivität wird hoch geschätzt, aber nicht um den Preis, dass versäumt wird, die Wahrheit in den fortdauernden Kampf hinein zu sprechen, der selbst in den missional aktivsten Mitgliedern immer noch tobt.
- Man versteht, dass Beziehungssünden, also Beziehungsmuster, die eine Sucht nach sich selbst widerspiegeln, ein größeres Problem sind als offenkundige Verhaltenssünden. Moralistische, blinde Älteste sind das größte Problem in vielen Gemeinden. Nicht Prostituierte, sondern Pharisäer sind die Meisterstücke des Teufels.
- Wahrheit wird nie von Gnade getrennt. Wo Wahrheit Sünde aufdeckt (wie es unweigerlich geschehen muss), wird immer die Gnade zur Stelle sein, um einen schmerzhaften Tadel in eine befreiende Gelegenheit zu verwandeln, in der Gegenwart der Liebe schlecht dazustehen. Ich kenne keine Erfahrung, die das geistliche Wachstum stärker fördern könnte. Ein solches Erlebnis lehrt lebendige Wahrheit, indem sie *gelebt* wird. Ich will *geliebt leben.*
- Eine Atmosphäre nichtdefensiver Offenheit für Dialog und Feedback, wenn persönliche Erlebnisse ehrlich mitgeteilt werden, durchdringt die Gemeinschaft von oben nach unten.

Keine Gemeinde kann das alles leisten. Aber jede Gemeinde könnte es wollen. Das wäre ein guter Anfang.

Wenn solche Werte in einer Versammlung von Christen lebendig sind, wird diese Versammlung zu einer Gemeinde, die nach Wahrheit hungert. Nicht nur nach akademischem Wissen, das aufbläht, und auch nicht nur nach inspirierenden Gedanken, die kurzfristig aufregend sind, sondern nach dem Folgenden:

- Auferstehungswahrheit
- Geschichtenwahrheit
- Wegweiserwahrheit

Was ich mit diesen drei Ausdrücken meine, werde ich in den nächsten drei Kapiteln erklären. Ich glaube, mein hippie-ähnlicher, fast heimatloser Snowboarder weiß es bereits.

15. Kapitel

Was genau *ist* lebendige und aktive Wahrheit?

O Herr, du bist es, nach dem ich mich sehne! «Meine Seele dürstet nach Gott, nach dem lebendigen Gott: Wann werde ich kommen und erscheinen vor Gottes Angesicht?» O, deine Berührung, dein Leben, deine Schönheit: Lass sie jetzt kommen, Herr, während ich noch bete.

Oswald Chambers

Dieses Gebet – wiederum aus den Tagebüchern von Oswald Chambers – scheint mir gerade das richtige zu sein, um es zu sprechen, bevor ich fortfahre. Manchmal, recht oft sogar, findet ein großer Heiliger Worte, die etwas sagen, was jemand, der noch weit zurück auf dem Weg ist, noch nicht ausdrücken kann.

Heute Früh, kurz nach Mitternacht, hat Gott zu mir gesprochen. Schon seit Tagen habe ich gespürt, wie seine Gegenwart mich verfolgte, so als warte er darauf, zu mir durchzudringen. Doch ich hörte nichts. Bis ich heute Morgen schlaflos und frustriert nach meiner Bibel griff (wie ich es schon unzählige Male getan habe, ohne dass es etwas in mir bewegt hätte) und mir plötzlich eine Formulierung aus einem Vers im ersten Korintherbrief vor Augen stand.

Ich fand die Formulierung und war sofort wie gebannt. Ich konnte meinen Blick nicht mehr von der Seite abwenden. Die Worte, die ich las, setzten etwas Tieferes in mir frei als mein Verlangen nach irgendeinem Vergnügen, das von anderswo herkommt als von Gott. Hörbar rief ich aus: «Gott, ich will dich!»

Ich empfand Angst, eine heilige Furcht, glaube ich. Ich wollte den Heiligen Geist nicht betrüben. Ich wusste, dass ich es getan hatte. Ich wollte nicht seine Salbung verlieren und ohne seine Kraft leben. Ich wusste, dass das passieren konnte.

Sieben Stunden später trank ich Kaffee, aber ich bemerkte einen Unterschied. Ich genoss zwei Tassen (mir ist alles erlaubt) und hörte dann auf, nicht unter einem Zwang, sondern freiwillig, aus dem *Wunsch* heraus, aufzuhören (ich will mich nicht von irgendetwas beherrschen lassen).

Das war die Formulierung – «ich will mich nicht von irgendetwas beherrschen lassen». Sie steht in 1. Korinther 6,12. Paulus zitierte zuerst einen damals verbreiteten Spruch, den offenbar die Korinther heranzogen, um ihre Süchte zu rechtfertigen: «Es ist alles erlaubt.» Jedoch, so fuhr Paulus fort, «es ist nicht alles gut für euch». Und dann, nachdem er den verbreiteten Spruch noch einmal angeführt hatte, erklärte Paulus mit Nachdruck: «Ich will mich nicht von irgendetwas beherrschen lassen.»

In der modernen englischen Bibelübersetzung *The Message* wird es so ausgedrückt: «Nur weil etwas genau genommen legal ist, ist es nicht unbedingt geistlich angebracht. Wenn ich herumliefe und alles täte, womit ich durchkommen könnte, wäre ich ein Sklave meiner Launen.»

Ich hörte Gott sagen: *Genau das ist es, was du machst.* Ich fühlte mich beschämt, erschreckt und befreit, alles gleichzeitig. Es war aufregend. In jenem Moment loderte mein Verlangen danach, Gott zu kennen, hell auf. Ich spürte den Wunsch, jedem Verlangen zu widerstehen, das mit meinem Verlangen nach Gott im Widerstreit lag. Meine Sehnsucht danach, ihn zu kennen und ihn gut zu repräsentieren, erschien mir unendlich viel stärker als alle anderen Wünsche, die mir nun als bloße Launen erschienen. *Ich wusste, dass es möglich ist, süchtig nach Gott zu sein, und ich wusste, dass es das war, was ich wollte.*

Ich wusste jedoch auch, dass die Gefängnistür immer noch offen stand. Ich konnte in meine Zelle zurückkehren. Ich wusste, dass ich es immer noch wollte. Die widerstreitenden Launen hatten immer noch ihren Reiz. Und ich wusste, das würde bis zu meinem Tod so bleiben. Ich wusste, dass ich es nötig hatte, auch weiterhin immer wieder die Wahrheit von Gott zu hören.

Dieses Erlebnis heute Morgen hat mich, glaube ich, darauf vorbereitet, dieses Kapitel zu schreiben. Mir ist ganz neu und nachdrücklich klar geworden, wie sehr ich mich danach sehne, zu einer Gemeinschaft von Leuten wie mir zu gehören – von Leuten, die mit Süchten kämpfen und nach der Wahrheit hungern, die uns frei machen wird. Die Wahrheit, auf die ich aus bin, ist nicht so leicht zu fassen in bloßer guter Theologie oder gesunder Lehre, wenn auch beides unverzichtbar und in unserer postmodernen Kultur vielleicht wichtiger ist als je zuvor.

Die Wahrheit, die mich frei macht, ist eingehüllt in einen Menschen, und ich entdecke sie, indem ich ihm begegne. Diese Beziehung entwickelt sich, indem ich höre, wie diese göttlich-menschliche Person mir ihre Wahrheit in drei Formen offenbart:

- Auferstehungswahrheit
- Geschichtenwahrheit
- Wegweiserwahrheit

Ich möchte zu einer Gemeinde gehören, die alle drei Wahrheiten mitteilt.

Die Botschaft der *Auferstehungswahrheit* ist:

«Es gibt immer Hoffnung! Gib niemals auf!»

Ich möchte, dass der Mann, der sich seit zehn Jahren jeden Abend Pornografie anschaut und sich nicht vorstellen kann, es heute Abend nicht wieder zu tun, Auferstehungswahrheit hört. Ich möchte, dass die Frau, die unter einer schwierigen Ehe leidet, in Depressionen abrutscht und dabei ihre feminine Seele dichtmacht, damit es nicht mehr so wehtut, Auferstehungswahrheit hört. Ich möchte, dass beide wissen, wirklich wissen, dass sie ein anderes Leben führen können; dass er als ein wirklicher Mann leben könnte statt als ein einflussloser; dass sie als eine wirkliche Frau leben könnte statt als eine unsichtbare.

Wahrheitshungrige Gemeinden machen Ostern zum gefeiertsten Ereignis des Jahres. Ostern sollte der Sonnenaufgang sein, der alle anderen Tage erhellt. Das Wunder von Ostern singt von der Wahrheit, dass aus dem Grab eine neue Art zu leben hervorgekommen ist: dass es nun möglich ist, sich *nicht* von Süchten beherrschen zu lassen, sich *nicht* von der Furcht vor Ablehnung steuern zu lassen und *nicht* dafür zu leben, seinen eigenen Wert zu beweisen, und *nicht* mehr darauf zu bestehen, von anderen fair behandelt zu werden.

Ich habe die Bergpredigt schon Dutzende, vielleicht Hunderte von Malen gelesen. Schauen Sie sich an, was Jesus dort sagte – auf den ersten Blick hört es sich lächerlich an: «Ihr seid glücklich, wenn ihr mit euren Kräften am Ende seid. Je weniger von euch da ist, desto mehr ist von Gott und seiner Herrschaft da» (Matthäus 5,3 nach *The Message*).

Nein, das stimmt doch nicht. Ich bin glücklich, wenn ich mich wohl in meiner Haut fühle und mein Leben gut läuft. Dann fühle ich mich Gott nahe.

Jesus fuhr fort: «Ihr seid glücklich, wenn ihr das Gefühl habt, das Liebste verloren zu haben. Nur dann könnt ihr von dem, der euch am liebsten ist, in die Arme genommen werden» (Vers 4 nach *The Message*). Meine Frau ist mir die Liebste. Meine Söhne, Schwiegertöchter und Enkelkinder sind mir sehr lieb. Meine Gesundheit ist mir lieb. Ebenso mein Dienst, meine Freunde und mein Zuhause. Es macht mich glücklich, dass ich diese Dinge genießen kann. Mir graut davor, zu verlieren, was mir am liebsten ist. Diese Aussicht hört sich für mich ganz und gar nicht glücklich an.

Ich möchte in eine Gemeinde gehen, die weiß, dass Jesus nicht lächerlich ist, die nicht verwässert, was er sagte, die niemals meint, er habe «idealistische heiße Luft» verströmt (um einen Ausdruck von C. S. Lewis zu gebrauchen). Er meinte ernst, was er sagte. Und aufgrund von Ostern können seine Worte mit Auferstehungskraft in meine skeptische Selbstgefälligkeit hinein die Auferstehungswahrheit sprechen.

Erstens muss ich also *Inkarnationswahrheit* hören. Gott wurde

Mensch. Das sagt mir, dass er wirklich *bei* mir sein will. Dann muss ich *Kreuzigungswahrheit* hören. Gott ist nicht sauer auf mich. Er ist *für* mich. Er sieht mich nicht mit Abscheu oder verurteilendem Zorn an. Er liebt mich und hat mich immer geliebt. Und nun erkenne ich, dass ich nichts tun kann, um ihn dazu zu bringen, mich mehr zu lieben, und dass ich nichts tun kann, um ihn dazu zu bringen, mich weniger zu lieben. Er sieht mich an und singt. Das ist schwer zu glauben. Ohne Golgatha wäre es nicht so.

Aber die wahre Kraft der Inkarnationswahrheit und der Kreuzigungswahrheit erfahre ich erst, wenn ich *Auferstehungswahrheit* höre. Weil Gott bei mir und für mich ist und weil er durch Vergebung mit mir reinen Tisch gemacht hat, kann sein Geist nun buchstäblich das Leben Jesu in mich ausgießen, so dass ich denken kann, wie Jesus denkt, wollen kann, was Jesus will, und lieben kann, wie Jesus liebt. Niemals vollkommen, aber immer ein bisschen mehr, je weiter die Reise geht. Er ist nicht nur *bei* mir und *für* mich. Er ist auch *in* mir.

Auferstehungswahrheit lässt sich nie in ein Glaubensbekenntnis fassen. Ich muss hören, wie sie gelehrt, und sehen, wie sie vorgelebt wird, muss darüber nachdenken und jeden Funken Hoffnung, den sie erzeugt, bemerken und dann ergreifen. Und dabei hilft es, ein paar Leute vor Augen zu haben (besonders ältere, die schon zu viel erlebt haben, um naiv zu sein): Leute, die nicht aufgeben wollen, die sich bis zur Verzweiflung ihren eigenen Abgründen stellen und immer noch hoffen; die vielleicht sagen, dass sie nur wenig geistliche Kraft empfinden, sich aber dennoch weiter vorwärtskämpfen; die wissen, wie tief sie versagt haben, und immer noch sich selbst um Gottes willen lieben. Diese Leute lassen es nicht leicht aussehen (das ist es auch nicht), aber sie lassen es möglich aussehen (und das ist es)! Der neue Weg, von dem Jesus gesprochen hat, kann gelebt werden. Das ist Auferstehungswahrheit.

C. S. Lewis hat es (wie immer) treffend ausgedrückt. Hören Sie, wie er Auferstehungswahrheit beschreibt:

> […] der Vorgang, ein Kind Gottes zu werden, von einem *geschaffenen* zu einem *gezeugten* Wesen zu werden und aus dem

> zeitlichen, biologischen Dasein ins zeitlose, «geistliche» Leben einzugehen, [wurde] für uns bereits vollzogen […] die eigentliche Arbeit ist für uns bereits getan. Wir brauchen nicht mehr zu versuchen, aus eigener Kraft zu dem geistlichen Leben emporzuklettern; dieses Leben ist bereits zu den Menschen herabgestiegen. […] Erinnern wir uns an das, was ich von der «Ansteckung durch das Gute» sagte [durch die das Leben, das er hat, sich auf andere überträgt]. Einer aus unserer Mitte hat dieses neue Leben. Wenn wir uns in seine Nähe begeben, wird es auf uns übertragen werden.[1]

Wenn Jesus nicht aus seinem Grab herauskam, vollkommen lebendig, immer noch als menschliches Wesen, aber von anderer Art, mit einem anderen Körper (der Art, in der ich für immer leben werde), dann ist diese ganze Sache mit dem Christentum nur ein Betrug, nichts als eine weitere Religion, die man lieber als leeres Stroh verspotten und dann vergessen sollte.

Aber wenn es wahr ist …

Ich möchte zu einer Gemeinde gehören, die Auferstehungswahrheit lehrt und vorführt und auspackt. Ohne sie werde ich zu viel Kaffee trinken und zu wenig beten. Doch mit ihr wird Auferstehungshoffnung meine Süchte austrocknen lassen und mich auf die große Hoffnung ausrichten, buchstäblich zu werden wie Jesus, zu leben, wie er lebt, wie stark auch meine süchtigen Begierden mich in Versuchung führen, mich mit etwas Geringerem als Gott anzufüllen.

Aber ich hungere nach noch mehr als Auferstehungswahrheit. Ich muss auch Geschichtenwahrheit und Wegweiserwahrheit hören und glauben und empfangen.

16. Kapitel

Wahrheit wird lebendig, wenn sie eine Geschichte erzählt

Geist Gottes, ich langweile mich leicht und bin oft verwirrt, manchmal auch wirr vor Zorn; ich glaube, wegen dir. Fang mich ein mit der Geschichte, die du erzählst, und zeig mir den Weg, wie ich mit meinem Leben deine Geschichte erzählen kann. Ersetze die Langeweile durch Zielstrebigkeit und die Verwirrung durch Vertrauen.
Die Botschaft der Geschichtenwahrheit lautet:
«Sei echt! Alles wird gut!»

Ich nenne mich nun seit über fünfzig Jahren Christ, aber manchmal schwanke ich immer noch haarscharf an der Schwelle zum Atheismus. Ich weiß, das hört sich wie eine Übertreibung an, und das ist es vielleicht auch. Aber das Leben kann es einem schwermachen, daran zu glauben, dass es einen guten und liebevollen Gott gibt oder, selbst wenn, dass er viel Macht besitzt.

So viele Gebete bleiben unbeantwortet, auch gute Gebete, die überhaupt nicht selbstsüchtig zu sein scheinen. Etwa wenn man Gott bittet, ein krankes Kind zu heilen oder einem arbeitslosen Freund eine Anstellung zu verschaffen. Natürlich ist mir die übliche christliche Sichtweise vertraut: Kein Gebet bleibt unbeantwortet. Gott hört jedes Gebet und gibt darauf eine von drei Antworten: «Ja», «Nein» oder «Warte». Diese Sichtweise ist vielleicht auch theoretisch richtig, vielleicht sogar theologisch wahr. Aber sie ist nicht immer persönlich befriedigend. Sie kann zum Haareausraufen frustrierend sein. Gutes geschieht. Schlechtes geschieht. All das erscheint so launenhaft, so willkürlich, so unsouverän unter der Kontrolle eines gleichgültigen Gottes zu sein, falls es überhaupt einen gibt.

Leute, denen das Glauben leichtfällt, sind entweder oberflächlich, naiv und gedankenlos, oder sie sind besonders begabt in der Kunst der Verleugnung. Oder ihnen wurde eine besondere Gabe des Glaubens geschenkt, die ich nie empfangen habe. Während ich dies schreibe, habe ich dreiundsechzig Jahre lang auf diesem kaputten Planeten gelebt. Und ich frage mich immer noch, zeitweise sogar mehr als je zuvor, was ich hier eigentlich mache. Warum bin ich manchmal so wenig begeistert von Gott, so wenig motiviert, meinen Komfort für eine höhere Sache aufzugeben? Terroristen scheinen hingegebener an die Sache des Bösen zu sein als ich an die Sache des Guten.

Wenn ich davon ausgehe, dass es einen Gott gibt (und das tue ich) und dass er Gutes im Schilde führt (und das zu glauben fällt mir schwer, aber es *nicht* zu glauben, wäre mir unmöglich), dann bin ich noch nicht so gepackt, wie ich es sein sollte. Nämlich davon, wie gut Gott ist, von dem Guten, das er tut, und von dem Guten, das er für mich und für diese Welt tun wird.

Ich weiß, ich muss für eine Sache leben, die größer ist als ich selbst, und diese Sache ist der Plan Gottes. Aber ich glaube nicht, dass ich schon begriffen habe, wie groß dieser Plan wirklich ist. Wie die meisten Christen im Westen reduziere ich seinen Plan immer noch darauf, dass er sich um ein ziemlich gutes Leben für mich dreht (oder dies zumindest einschließt); ein Leben, das wenigstens genug Komfort und Segnungen enthält, dass ich es genießen kann. Ich bin immer noch süchtig nach mir selbst. Ich muss erst noch erkennen, dass es kein Hindernis, sondern der Weg zu echter Freude ist, wenn ich mich der Sache Gottes verschreibe. Es kommt mir manchmal einfach nur nicht so vor.

Was ich hören muss, ist Geschichtenwahrheit. Auferstehungswahrheit sagt mir, dass es Hoffnung gibt. Geschichtenwahrheit hingegen sagt mir, was diese Hoffnung ist, und verschafft mir einen Anker, wenn ich mich ehrlich meinen Zweifeln stelle. Vielleicht sollten wir jenen alten Choral wieder ausgraben und singen: «Tell me the old, old story of Jesus and His love.»

Es ist einfach schrecklich, wenn ein Christ, besonders ein junger Christ, vielleicht ein frisch Bekehrter, zehn Jahre lang in die Gemeinde gehen kann, ohne je einen Sonntag auszulassen, zur Sonntagsschule dableibt, an Gemeindeveranstaltungen und Seminaren teilnimmt, sich in einer Kleingruppe engagiert, alle empfohlenen Bücher liest, in verschiedenen Aufgabenbereichen mithilft und nach zehn Jahren solchen «Gemeindelebens» immer noch nicht die Bibel und die Geschichte, die sie in sechsundsechzig Liebesbriefen erzählt, kennen gelernt hat. Ohne Geschichtenwahrheit werde ich mit dem Atheismus flirten, gegen den Unglauben kämpfen, ohne Leidenschaft (außer vielleicht mit Zorn) beten, an meine eigene Geschichte hingegeben bleiben und weiter in hoffnungsloser Sucht nach mir selbst leben.

Im Jahr 2006, nachdem ich Jesus ein halbes Jahrhundert lang *gekannt* hatte, nach Jahren aktiven Engagements in Gemeinden, wurde mir klar, dass ich zwar etliche Bruchstücke der biblischen Wahrheit kannte, jede Menge Prinzipien und jede Menge Lehre, dass ich aber im Grunde nicht die Geschichte kannte, die sie erzählt. Als ich las, dass Kierkegaard in der Bibel eine Liebesgeschichte sah, die sich in sechsundsechzig Liebesbriefen entfaltet, fiel bei mir ein Groschen. Ich fing an, die Bibel anders zu lesen, nicht weniger sorgfältig, aber stärker beziehungsorientiert – als eine Liebesgeschichte.

Das war harte Arbeit im Buch der Richter und in den Klageliedern, viel leichter dagegen im Hohelied und in Hosea. Zu der Zeit, da ich dies schreibe, habe ich zwei Drittel eines anderen Buches zu Papier gebracht, *66 Love Letters: Discover the Larger Story of the Bible, One Book at a Time* (es wird 2010 auf Englisch bei Thomas Nelson erscheinen). In jenem Buch führe ich einen Dialog mit Gott über jeden Liebesbrief (einschließlich Richter und Klagelieder, ja selbst das 3. Buch Mose kommt dran) und frage ihn, warum er ihn geschrieben hat, wie ich ihn als Liebesbrief auffassen kann, und höre dann (das ist der schwierige Teil) auf den Text und den Heiligen Geist und zeichne auf, was ich als Antwort Gottes höre.

Die Bibel als Sammlung von Liebesbriefen zu lesen, hilft mir, glaube ich, ein klareres Verständnis von einer Geschichte zu entwickeln, die manchmal vielleicht verwirrend ist, aber zumindest in ihren großen Zügen niemals langweilig. Ich glaube, dadurch höre ich Geschichtenwahrheit, wie ich sie noch nie zuvor gehört habe.

Mir wird klar, dass Gott diese Briefe schrieb, um sieben Fragen zu beantworten, von denen er möchte, dass wir sie inmitten unserer persönlichen Geschichte stellen, inmitten unseres Lebens mit allen Höhen und Tiefen, mit allem Jubel und allem Leid, allen Hoffnungen und Ängsten, die jeder von uns durchmacht.

Die sieben Fragen (zusammen mit den klugen theologischen Begriffen, die die Gelehrten als Etikett für jedes der Themen verwenden, auf die sie sich beziehen) sind folgende:

1. Wer ist Gott? Der Kern der *Theologie*, des Studiums Gottes.
2. Was hat er vor? Praktische *Eschatologie*, Gottes Plan für jetzt und später.
3. Wer sind wir? Grundlegende *Anthropologie*, unsere Natur als Männer und Frauen, die sein Ebenbild tragen.
4. Was ist schiefgegangen? Die essenzielle *Hamartiologie*, die Sünde definiert.
5. Was hat Gott dagegen getan? Die überraschende *Soteriologie* mit ihrer unverdienten Rettung und dem Heil aus Gnade.
6. Was tut der Geist jetzt? Lebendige *Pneumatologie*, die das geheimnisvolle Wesen des Geistes beschreibt.
7. Wie können wir mitmachen? Zielbewusste *Ekklesiologie*, die formuliert, wozu die Gemeinde berufen ist.

Ich habe einen Traum. Er ist ein wenig anders als der von Martin Luther King (und wesentlich weniger eloquent formuliert) und entspricht vielleicht eher dem von Martin Luther. Ich würde gern erleben, dass Gruppen von Christen versessen sind auf Gottes Liebesbriefe, auf die Fragen, die sie mit der in ihnen erzählten Geschichte beantworten – kurz: auf Geschichtenwahrheit.

Ich würde gern in eine Gemeinde gehen, die diese sieben Fragen jeden Sonntag auf die Rückseite (vielleicht auch auf die Vorderseite) des Gemeindebriefes druckt und Poster davon an die Wände des Gottesdienstsaals hängt – sieben Poster, jedes davon mit den Fragen in riesigen Lettern. Das würde allen, die sich dort versammeln, die Botschaft senden: *Wir wollen die Geschichte Gottes hören!*

Wenn Pastoren predigen, könnten sie ihren Zuhörern sagen, welche der sieben Fragen ihr Text anspricht. Ein oder zwei Mal im Jahr könnten Seminare stattfinden, in denen systematischer und bewusster über die sieben Fragen nachgedacht wird. Während ich dies schreibe, hat NewWay Ministries eine Konferenz anberaumt, die zu einer DVD-Reihe führen wird, die in Gemeinden oder zu Hause eingesetzt werden kann und in der ich mein Bestes tun werde, um einfach und klar auf jede der Fragen zu antworten.

Ich stelle mir vor, wie wahrheitshungrige Christen sich in Kleingruppen oder Seminargruppen versammeln und mit Hilfe von *66 Love Letters* zuhören, wie Gott in jedem Buch der Bibel seine Geschichte erzählt.

Ich möchte in eine Gemeinde gehen, die an Wahrheit glaubt, die glaubt, dass Wahrheit existiert und dass sie «erkennbar genug» ist, damit wir unser Leben auf sie bauen und wir demütig, aber unerschrocken erklären: «Dies ist wahr! Und das ist falsch!»

Ich möchte in eine Gemeinde gehen, für die Bibelstudium eine Geschichtenzeit ist, und die daran glaubt, dass Gottes tiefste Wahrheit eine wahre Geschichte ist.

Ich muss Geschichtenwahrheit hören. Je klarer ich Gottes Geschichte höre und je mehr ich sowohl die Tragik als auch die Möglichkeiten meiner Geschichte erkenne, desto mehr werde ich in der Lage sein, durchzuhalten auf der christlichen Reise, in dem Wissen, dass jedes grausige und herrliche Detail meiner Geschichte mit all ihren Zweifeln und Epiphanien, all ihrem Hinfallen und Aufrappeln und auch mit all ihrer Alltäglichkeit, Teil einer unendlich großen und unsagbar wunderbaren Liebesgeschichte ist.

Ich möchte zu einer Gemeinde gehören, die Geschichtenwahrheit erzählt.

17. Kapitel

Wegweiser in den Nebel

Geist Gottes, mach mich frei, damit ich mit dem Pinsel meines Lebens kreativ die Geschichte vom Reich Gottes malen kann. Gib mir die Farben und führe mir die Striche.

William F. Buckley, manchen bekannt als ein unterhaltsamer Intellektueller, schrieb einmal: «Man kann nicht die Mona Lisa malen, indem man tausend Maler je einen Farbtupfer setzen lässt.»[1]

Aber ich glaube, genau das hat Gott getan. Der ganze Leib wächst dadurch, dass jedes Glied seinen Teil tut. Das Bild tritt zutage, indem jeder Künstler die Kreativität herauslässt, die ihm von Gott geschenkt wurde. Dieser dritte Ausdruck der Wahrheit, die Wegweiserwahrheit, befreit mich dazu, ein Meisterwerk zu malen, nicht dazu, mich von einer Kindergärtnerin ausschimpfen zu lassen, weil ich nicht innerhalb der Linien male.

Diese Freiheit macht mir Angst. Ich könnte ja alles vermasseln. Darauf höre ich Gott antworten: *Natürlich, das wirst du auch. Aber ziel einfach weiter in die richtige Richtung. Folge den Wegweisern. Ich werde aus deinen Farbklecksen etwas Schönes machen.*

Eines scheint gewiss: Es ist nicht alles klar. Ich möchte gerne wissen, wann ich einem Freund sagen soll, dass er mir auf die Nerven geht, und wann es reifer wäre, es geduldig zu ertragen. Ich möchte wissen, warum mich eine düstere Stimmung überkommt und wie ich es genau anstelle, sie wieder aufzuhellen. Eltern möchten wissen, wie sie mit dem Trotz ihres Sechsjährigen umgehen sollen.

Oder ist es überhaupt Trotz? Vielleicht sind ja Sechsjährige einfach so. Es ist also nicht so klar. Es gibt nicht viel, was klar ist.

Ehefrauen möchten wissen, was sie mit einem unnahbaren Ehemann anstellen sollen, der es für männlich hält, nicht zu kommunizieren. Ehemänner möchten wissen, wie sie mit einer Ehefrau umgehen sollen, die ständig reden möchte – und das immer zur falschen Zeit. Sie sind sich nicht sicher. Aber wer ist das schon?

Und der Einzige, der genau weiß, was in jeder Situation zu tun wäre, verrät es nicht. Die Landschaft des alltäglichen Lebens eines Christen ist in einen undurchdringlichen Dunst gehüllt, einen dichten Nebel, den das Licht Gottes nicht vertreibt.

Wie es scheint, hat Gott keine Wahrheit geoffenbart, die das Leben von seinen Rätseln befreit. Und das hat seinen guten Grund. Nimmt man das Rätselhafte weg, ist auch die Kreativität dahin; die Freiheit wird beschnitten. Ich glaube das, aber es gefällt mir nicht immer. Ich weiß noch, wie ich einmal um Mitternacht durch die Straßen von Warsaw, Indiana, ging und zu Gott schrie: «Sag mir, was ich tun soll, um meinem Sohn zu helfen, und ich werde es tun. *Sag es mir doch!*»

Er tat es nicht. Ich glaube, er respektiert mich zu sehr. Er weiß, dass er mich geschaffen hat, um nachzudenken, um einen Dialog zu führen, um Risiken einzugehen und Entscheidungen zu treffen, um Kunst zu schaffen. Ich komme allmählich zu der Erkenntnis, dass Leben eine Kunst ist. Es gibt dafür keine Formeln, keine Malen-nach-Zahlen-Vorlagen, die wir nur haarklein ausfüllen müssen, um uns ein schönes Leben zu garantieren. Keine Irrlehre war je mehr von der Sünde inspiriert als der Glaube an Formeln: Tu dies, und Gott wird dich segnen, und zwar auf diese und jene Weise. Formeln bringen uns ans Ruder und erniedrigen Gott zum Verkaufsautomaten. Alles, was falsch ist an mir, liebt diesen Gedanken.

Aber Leben ist Kunst. Und Kunst verlangt Kreativität; sie kann keine Formeln ertragen. Eine gute Ehe zu gestalten, ist Kunst. Mit Beziehungskonflikten umzugehen, ist Kunst. Gott Ihre sexuelle Sucht, Ihre Depression oder Ihre Furcht vor Missbilligung anzuvertrauen, ist Kunst. Gott bietet uns keine Rezepte, um uns ein köstliches Leben zusammenzukochen, *weil er das nicht kann.* Maschinen sind nicht schön. Wasserfälle sind schön. Wir sind keine Maschinen. Wir sind eher wie Wasserfälle; Wasserfälle, die Personen sind.

Experten sind Leute, die Rezepte haben. Christliche Experten kennen die Zutaten, die Sie brauchen, um Ihre Ehe zu genießen und fromme Kinder großzuziehen, und sie können Ihnen sagen, wann was in das Gebräu hineingemischt werden muss. Experten bieten Formeln an. Gott gibt uns Wegweiser, *Wegweiser, die in den Nebel deuten*. Diesen Ausdruck habe ich aus N. T. Wrights Buch *Surprised by Hope* (Überrascht von Hoffnung) entliehen.

Die Botschaft der *Wegweiserwahrheit* lautet: «Erschaffe Kunst! Es gibt keine Formeln!»

Gott will und kann uns nicht die Schritte vorschreiben, um Schönheit zu erschaffen, ebenso wenig, wie er Rembrandt eine Malen-nach-Zahlen-Vorlage hätte vorlegen und dann erwarten können, dass dabei eine bewegende Darstellung der Heimkehr des verlorenen Sohnes herauskommt. Er hat uns nach seinem Bild geschaffen, als Dichter, Schöpfer, Künstler, und er hat seine Freude daran, uns loszulassen als seine Gedichte, seine Meisterwerke im Entstehen, als seine Geliebten, die seiner Wegweisung folgen.

Die Berufung jedes wahren Künstlers ist es, sich wahre Schönheit vor Augen zu stellen und sie dann kreativ abzubilden. Schönheit liegt *nicht* im Auge des Betrachters. Sie ist objektiv. Sie existiert im Charakter und in den Beziehungen Gottes. Ich bin, ebenso wie Sie, dazu berufen, ein Gefühl dafür zu bekommen, wie diese Schönheit aussieht, indem wir Auferstehungs- und Geschichtenwahrheit hören und dann Gottes Wegweisern folgen, um seine Schönheit in unserem Charakter und in unseren Beziehungen widerzuspiegeln.

Wright nennt sie Wegweiser. Ich nenne sie weniger poetisch auch *Verständniskategorien*. Ich möchte zu einer Gemeinde gehören, die weder das Mysterium auf ein paar Formeln reduziert, die mir verschaffen, was ich will, noch das christliche Leben in so erhabener, abstrakter Sprache schildert, dass ich mich im Nebel nicht zurechtfinde. Ich möchte, dass meine Gemeinde mir hilft, die Kategorien zu erkennen, in denen ich denken und über die ich reflektieren kann, wenn ich entscheide, wie ich meinen Weg durchs Leben navigieren soll, wenn ich die tausend Entscheidungen treffe, die mir das Leben jeden Tag abverlangt, und seinen tausend Herausforderungen begegne.

Kindererziehung ist ein Beispiel dafür. Rückblende: Mein siebenjähriger Sohn will seine grünen Bohnen nicht essen. Was soll ich tun? Ihn am Tisch sitzen lassen, bis sie aufgegessen sind? Drei von den faserigen Dingern zur Seite legen und von ihm verlangen, dass er zumindest diese isst? Ihn streng auffordern, sie jetzt sofort zu essen, und ihm den Hintern versohlen, wenn er es nicht tut? Oder vielleicht darauf zählen, dass er später schon noch einen gesunden Geschmack entwickeln wird, und gleich die Eiscreme aus dem Kühlschrank holen?

Ich habe meine Ideen dazu. Sie haben Ihre. Die Experten haben auch welche. Was soll man als Elternteil tun? *Kunst erschaffen!*

Erstens, halten Sie Ausschau nach Gottes Wegweisern. Denken Sie in biblischen Verständniskategorien. Ich möchte in eine Gemeinde gehen, wo auch andere nach diesen Wegweisern Ausschau halten und in jenen Kategorien denken.

Nehmen Sie zum Beispiel die Torheit. Was ist das eigentlich? Was immer es ist, es «steckt dem Knaben im Herzen» (Sprüche 22,15; Luther) und verursacht alle möglichen Probleme. Und wie ist es mit der «Zucht und Ermahnung des Herrn»? Ebenso wie die Torheit ist dies eine biblische Kategorie, ein Wegweiser, der in den Nebel deutet (Epheser 6,4; Elberfelder). Was bedeutet es aber? Was hat es mit einem kleinen Jungen zu tun, der seine grünen Bohnen anstarrt und sie partout nicht anrühren will? Ich möchte zu einer Gemeinde gehören, die den Text studiert und einige weise Ausleger zu Rate zieht, um herauszufinden, in welche Richtung der Wegweiser deutet.

Jede der sieben Fragen, die ich unter Geschichtenwahrheit aufgeführt habe, ergibt mehrfache Kategorien, mehrfache Wegweiser. Hier ist eine *sehr* kurze Liste anhand von nur vier der sieben Fragen:

1. *Wer ist Gott?* Gott ist eine Dreiheit, eine Gemeinschaft von Personen, die auf bestimmte Weise und nicht auf andere miteinander umgehen. Wie sie miteinander umgehen, wird zu einem Wegweiser, der uns die Richtung anzeigt, wie wir miteinander

umgehen können, wenn wir uns in den Nebel unserer Beziehungen wagen.

2. *Was hat er vor?* Er bringt sein Reich voran, indem er uns in jeder Situation seinem Sohn ähnlicher macht. Das ist ein Wegweiser, der uns sagt, wie wir denken können, worin wir Gott vertrauen können, wenn wir krebskrank auf einer Liege in den Operationssaal gerollt werden.
3. *Wer sind wir?* Wir tragen Gottes Ebenbild als Männer und Frauen. Männlichkeit und Weiblichkeit sind Kategorien, über die wir nachdenken können, wenn wir unserem Ehepartner, unseren Freunden oder unseren Kollegen begegnen. Worin zeigt sich meine Männlichkeit, worin sich somit eine Wahrheit über Gott widerspiegelt? Worin zeigt sich die Weiblichkeit meiner Frau, worin sich etwas ebenso Wahres über Gott widerspiegelt, das ich nicht so gut widerspiegeln kann?
4. *Was ist schiefgegangen?* Wir haben unsere Unabhängigkeit von Gott erklärt und verfolgen deshalb unsere eigenen Interessen. Die Folge sind Beziehungssünden: Wir nutzen andere aus, schützen uns vor anderen, geben uns anderen nur dann hin, wenn es unseren Interessen dient. Um die eindrückliche Formulierung des Augustinus zu gebrauchen, wir sind alle «in uns selbst verkrümmt». Das ist eine Kategorie, anhand welcher ich mich selbst prüfen und den Balken in meinem Auge ins Visier nehmen kann, bevor ich den Splitter in Ihrem Auge kritisiere.

Ich möchte zu einer Gemeinde gehören, die das Rätselhafte annimmt, die den Nebel als eine Gelegenheit schätzt, Gott kreativ nachzufolgen, und dann mit viel Energie nach Gottes Wegweiserwahrheit sucht.

Dies ist eine Gemeinde, die auf der Auferstehungswahrheit aufbaut, um Hoffnung zu finden und sich weiter vorwärtszukämpfen. Sie hört auf Geschichtenwahrheit, um echt zu werden und aufzublicken. Und sie hält sich an die Wegweiserwahrheit, um Kunst zu erschaffen und Gott zu vertrauen.

Ohne Wahrheit wird das christliche Leben zu einer ganz gewöhnlichen Existenz, in der man seinen Eigeninteressen nachgeht, indem man Formeln befolgt. Mit der Wahrheit jedoch wird Nachfolge Jesu zu einer von Hoffnung getragenen, mit Sinn erfüllten, Kreativität freisetzenden Abenteuerreise in die Liebe. Ich möchte zu einer Gemeinde gehören, die Hunger nach Wahrheit hat.

Das ist das erste Kennzeichen.

18. Kapitel

Zweites Merkmal: Sie achtet auf die nötigen Zutaten im Heilmittel gegen Sucht

Heiliger Geist, bitte begegne diesem Anliegen freundlich. Ich weiß, du wirst es tun. Es fühlt sich an wie ein Risiko, aber ich kann mich mit John Owen flüstern hören: «Ich bete von ganzem Herzen, dass ich alles andere leid werden möge außer … der Gemeinschaft mit dir.» Ich glaube, du bist schon dabei, dieses Gebet zu beantworten. Freuden, für die ich mich früher sehr begeistert habe, begeistern mich jetzt weniger. Ich fühle mich öfter leer.

John Owen, ein puritanischer Theologe des siebzehnten Jahrhunderts, schrieb die eben genannten Worte in einem persönlichen Brief an einen Freund. Sie brachten mich dazu, ein bisschen anders über geistliches Wachstum zu denken, und machten mir bewusster, was ich mir von einer Gemeinde wünsche.

Seit über sechzig Jahren lebe ich in dieser Welt mit einem großzügigen Anteil an ihren Segnungen. Seit über fünfzig Jahren kenne ich Jesus und frage mich, was es wohl bedeuten würde, ihn noch besser zu kennen. Und seit über vierzig Jahren rede ich mit Leuten darüber, was hinter ihren Masken wirklich vor sich geht. All das hat mich davon überzeugt, dass die Erfahrung der Leere und Einsamkeit etwas Häufiges (wenn auch oft Verborgenes) und die legitime Erfahrung Gottes etwas Seltenes ist, selbst bei Leuten, die eifrig und mit allen erlaubten Mitteln nach geistlichem Wachstum streben.

Dass die Erfahrung Gottes, die jeder, der einen Draht zu seinem eigenen Herzen hat, sich wünscht, so selten ist, hat, glaube ich, zwei Gründe.

Erstens geben wir uns alle Mühe, andere angenehme Erfahrungen *nicht* leid zu werden. Das meiste von dem, was wir tun, einschließlich dessen, was wir in der Gemeinde, in Kleingruppen und auf Wochenendfreizeiten tun, geht in eine bestimmte Richtung – dahin, uns fühlen zu lassen, was wir fühlen wollen, und uns tun zu lassen, was wir tun sollten. Die meisten Lieder, die wir singen, sind darauf angelegt, uns aufzuerbauen, nicht uns niederzuschmettern. Genauso ist es mit der Art und Weise, wie Predigten vorgetragen werden, und mit der Botschaft, die sie vermitteln. Und genauso ist es auch außerhalb der Gemeinde. Wir essen, was uns schmeckt. Wir sehen uns Fernsehsendungen an, die wir mögen. Wir fragen unsere Kinder, ob sie einen schönen Tag hatten. Wir suchen uns Arbeitsstellen, Freunde und Häuser, die uns eine Form von Genuss bereiten. An alledem ist nichts verkehrt. Es anders zu machen, wäre töricht und masochistisch.

Und wenn es uns gelingt, uns gut zu fühlen, danken wir Gott für seine Güte. Owen jedoch stellte das alles auf den Kopf. Ich bin sicher, auch er genoss eine schöne Wanderung und eine gute Tasse Tee. Es ist ja nichts Falsches dabei, Gottes Segnungen zu genießen. Es ist nur recht, das zu tun. Doch Owen scheint der Meinung gewesen zu sein, es sei gut, wenn man jedes Segens außer Gott selbst überdrüssig wird. Ich verstehe ihn so, dass wir stets den Hohlraum in unserem Innersten, den nichts außer Gott befriedigen kann, ausfindig machen und erkennen müssen. Wenn wir diesen Hohlraum erfahren, wenn wir ihn spüren als eine schreckliche Leere und unerträgliche Einsamkeit, dann wollen wir Gott mehr als alles andere. Das Problem ist, dass wir oft so leben, dass wir es vermeiden, diesen ungefüllten Raum zu spüren. Wir mögen es nicht, uns leer zu fühlen. Und deshalb lernen wir auch nie, aus dieser Leere heraus nach Gott zu verlangen.

Zweitens ist unsere Erfahrung Gottes etwas Seltenes, weil Gott es so will, zumindest für den Augenblick. Das hört sich falsch, ja missgünstig an, doch die Geschichte, die in der Bibel erzählt wird, deutet darauf hin, dass es so ist. Es entspricht Gottes Absicht, dass wir in dieser Welt ein unbefriedigtes Leben führen, damit unser Durst nach der Befriedigung, die nur er geben kann, stärker wird. Doch diese Befriedigung lässt er uns nur selten erfahren, glaube ich, weil wir sonst nur selbstgefällig werden würden, nicht durstig. Ich glaube, Gott will uns sagen, dass geistliches Wachstum nicht unsere *Erfahrung* mit ihm steigern wird, sondern unseren *Durst* nach ihm. In *Überrascht von Freude* deutet C. S. Lewis an, dass bis zum nächsten Leben unser Verlangen nach Gott selbst die schönste Erfahrung ist, die Gott uns in diesem Leben zuteilwerden lässt.

Aber damit stecke ich in der Klemme. Wenn ich irgendwie aufhöre, die Segnungen zu genießen, die mir in diesem Leben als Durstlöscher, als Ausfüllung der Leere zur Verfügung stehen, und dann erkenne, dass Gott meine durstige Seele nur mit noch mehr Durst füllen wird, werde ich vielleicht ein wenig frustriert sein. Ich weiß, dass ich mich dann oft sehr leer fühlen würde, denn das tue ich ja schon jetzt. Ich fühle mich auch einsam. Leere und Einsamkeit kommen mir vor wie zwei Seiten einer Münze.

Wenn die Ströme lebendigen Wassers, von denen Jesus in Johannes 7 sprach, nicht so recht fließen wollen, passiert es mir oft, dass ich in eine düstere Stimmung verfalle, in der es mir richtig oder zumindest unvermeidlich erscheint, mir Genuss zu verschaffen, wie auch immer ich ihn bekommen kann. Wenn das geschieht, falle ich zurück in meine vertraute Sucht.

Aber habe ich recht? Soll ich mehr nach Gott *dürsten*, als dass ich ihn *erfahren* soll? Darf ich nicht einmal einen Schluck geistliches Wasser nehmen, wenn ich es wirklich brauche, vielleicht indem ich geistliche Übungen vollziehe oder an einem riesigen Lobpreisfestival teilnehme? Ist dieses Dürsten nach Wasser, das ich nicht schmecken darf, das, was Paulus mit dem innerlichen Seufzen und Sehnen meinte (Römer 8,23; Luther)?

Ich glaube, es ist so. Ich glaube, die Zwillingserfahrung von Leere und Einsamkeit ist ein von Gott zubereitetes Element in seinem Plan, uns durch unser geistliches Wachstum von unseren Süchten zu befreien. Spüren Sie es nicht? Geht es Ihnen nicht auch so, dass Sie von einem äußerst erfolgreichen Arbeitstag nach Hause kommen und sich fragen: *Gibt es nicht noch mehr?* Gehen Sie nicht abends nach einem wunderschönen Tag mit Freunden oder mit Ihrer Familie ins Bett und fragen sich: *Ist das schon alles?* Kommen Sie nicht aus einem inspirierenden Gottesdienst nach Hause und erleben schon bald, dass die Inspiration wieder verfliegt?

Falls Sie anders denken, falls Sie glauben, dass Sie die Segnungen des Lebens in vollen Zügen genießen und Gott schon jetzt zu Ihrer völligen Befriedigung reichlich erfahren können, denken Sie einmal über die folgende *Geschichtenwahrheit* nach.

Gott beginnt seine Geschichte mit einem Bild seliger Vertrautheit: Adam und Eva genießen in einer vollkommenen Welt eine großartige Ehe und freuen sich jeden Abend auf einen gemächlichen Spaziergang und ein gutes Gespräch mit Gott. Sie genossen ihre Segnungen und erfuhren Gott auf sehr vertrauter Ebene. Ich kann mir nicht vorstellen, dass sie sich unerfüllt oder allein fühlten.

Doch jenes idyllische Leben währte nicht lange. Es hielt sie nicht davon ab, sich von Gott abzuwenden. Jahre später durfte Abraham Gott erfahren, aber nicht in einem perfekten Leben. Gott sprach mit Mose von Angesicht zu Angesicht, wie ein Mann mit seinem Freund spricht (2. Mose 33,11), doch Mose hatte auch seine Probleme. Gott gewährte es seinem Volk in der Wüste, ihn durch eine Fülle von Wundern zu erfahren, die keinen Raum für Zweifel ließen – Gott war gegenwärtig, Israel erfuhr ihn. Doch sie vertrauten ihm nicht.

Also machte Gott sich langsam immer rarer. In der Richterzeit fragte sich sein Volk, was aus all den Wundern geworden war, von denen sie ihre Väter hatten erzählen hören (Richter 6,13). Mehr als dreißig Mal wird uns im Alten Testament gesagt, dass Gott sich verbarg, was er zu Beginn der Geschichte nicht tat. Es wurde so schlimm, dass viele seiner Nachfolger meinten, sie könnten sich alles erlauben, weil Gott ja doch nicht zusähe.

Das Alte Testament endet damit, dass Gottes Volk wenig bis gar keine unmittelbaren Gotteserfahrungen hatte. Es ist schwer, daraus einen anderen Schluss zu ziehen als diesen: *Gott hatte sich zurückgezogen.*

Vierhundert Jahre später, lange Jahre, in denen Gott nichts von sich hatte hören lassen, kam Jesus. Noch dreißig weitere Jahre hielt er sich im Verborgenen. Er war nur ein jüdischer Junge, der zwar auf einzigartige Weise auf die Welt gekommen war, aber trotzdem allem Anschein nach nur ein guter Junge, der die Thora studierte und den Beruf eines Zimmermanns erlernte. Clark Kent («Superman's» Geheimidentität) mit Brille.

Dann nahm er die Brille ab, zog das Jackett und die Krawatte aus, und ein roter Umhang wehte im Wind. Schon bald sah man allenthalben Christi Muskeln spielen: eindrucksvolle Wunder, vollmächtige Lehre. Der Messias war gekommen. Er förderte die Erwartung, die ihre Begegnung mit ihm weckte, indem er verkündete: «Das Reich Gottes, auf das ihr alle gewartet habt, ist nahe.»

Gut. Kein Warten mehr. Gottes Volk konnte nun Gottes Gegenwart und sein Wirken erfahren, wenn Jesus den Kampf gegen die Korruption, die Habgier und das Böse aufnahm, ja gegen den Teufel selbst. Damals fühlten sich seine Anhänger so, wie ich mich am liebsten auch heute fühlen möchte: lebendig, begeistert und voller Energie für große Taten aufgrund der ganz realen Gegenwart und Kraft eines ganz realen und sehr großen Gottes.

Und dann kam alles anders. Jesus ließ sich umbringen. Zwei Jünger sprachen aus, was alle dachten, als sie sagten: «Dabei hatten wir gehofft, dass er der von Gott versprochene Retter ist, der Israel befreit» (Lukas 24,21).

Manchmal hat man das Gefühl, dass Jesus mit ihnen spielte. Als sie merkten, dass der Mann, mit dem sie sprachen, Jesus war, auferstanden und bereit, mit dem Bau des Reiches Gottes fortzufahren, waren sie plötzlich wieder Feuer und Flamme. Und wieder zerschlug er ihre Hoffnungen. Wie er es zuvor schon angekündigt hatte, brach er wieder auf, nachdem er ihnen noch gesagt hatte, dass sie versagen würden, dass die Leute sie hassen würden und dass er verschwinden würde. Bis zu einem fernen Tag würden sie ihn nicht mehr sehen. Und er versprach, ihnen seinen Geist zurückzulassen, jemanden, den sie nicht auf dieselbe Weise erfahren konnten, wie sie seine physische Gegenwart erfuhren. Und er sagte, es sei besser, seinen Geist zu haben als ihn. Warum? Was meinte er damit?

Es sah ganz so aus, als ob er sich wieder aus dem Staub machen würde. *Und das tat er auch.* Jesus rief seine Anhänger nicht zu einem Leben auf, in dem sie Gott *erfahren* würden, wie wir es uns alle wünschen, sondern zu einem Leben, in dem sie Gott *erkennen* würden in der Gegenwart und im Wirken seines Geistes. Das ist der Unterschied.

Und das ist die Situation, in der wir heute alle stecken – eher durstig als satt, eher gefordert, den Geist in unserem Innern zu erkennen, als die Fülle Gottes so zu erfahren, dass der tiefste Durst unserer Seele gestillt wird. Wir werden gefüllt, aber heute sollen wir in der *Hoffnung* auf diese Fülle leben, nicht in der Erfahrung. Ein Vorgeschmack, ja. Doch das Festmahl, nein, das kommt erst später. Und selbst ein Vorgeschmack wird uns nicht immer dann zuteil, wenn wir meinen, dass wir ihn am dringendsten brauchen.

Und so bleibt das Loch leer, der Hohlraum ungefüllt, die Isolation real. Und je mehr ich mir bewusst werde, dass keine noch so große Freude in diesem Leben jenen Hohlraum füllen kann und dass ich Seelenschmerz erleben werde, bis ich sterbe, desto mehr sehe ich mich vor einer Wahl: entweder Gott zu vertrauen, indem ich geduldig warte und seinen Geist um die Kraft bitte, Gott zu lieben und andere zu lieben, so leer und allein ich mich auch fühle, oder mich selbst anzufüllen mit allem, was ich nur finde.

John Owen rät, der zweiten Wahlmöglichkeit überdrüssig zu werden. Erkennen Sie, dass nichts den Hohlraum ausfüllen wird. Machen Sie sich so vertraut mit Ihrem Durst nach Gott, dass Sie ihm durch alle Schmerzen, allen Kummer, alle Leere und Einsamkeit hindurch treu bleiben, in dem Wissen, dass irgendetwas Geringeres Sie nicht satt machen wird.

Allzu oft, fürchte ich, sind Leute, die in unseren Gemeinden für geistliches Wachstum eintreten, sehr gefährdet, falsche Werbung zu betreiben. Sie scheinen manchmal zu implizieren oder lehren bisweilen auch ganz explizit, dass geistliche Übungen, geistliche Einkehrzeiten, geistliche Seelsorge oder geistliche Lektüre zu einer Erfahrung der Einheit mit Gott führen. Zu einer Erfahrung, die unseren Durst vollkommen stillt, die den Hohlraum spürbar mit der Fülle und Verbundenheit und Einheit mit Gott ausfüllt.

Manchmal passiert das sogar fast. Das will ich nicht leugnen. Ich freue mich darüber. Mein Vater erzählte, er habe in seinen neunundachtzig Lebensjahren Gott drei Mal auf dramatische Weise erfahren; einmal mit einer so blendenden Intensität, dass er aufschrie: «Stell es ab! Es ist zu viel!»

Doch wenn wir dicht daran sind, reiche Gotteserfahrungen zu *garantieren*, wenn wir die Hoffnung auf solche Erfahrungen als den Sinn des geistlichen Wachstums hinstellen, oder wenn wir das Ausmaß, in dem wir zu kleinen Christussen umgestaltet werden, danach beurteilen, wie reich oder wie oft wir Gott erfahren, dann, fürchte ich, sind wir zu weit gegangen. Nach diesem Maßstab wäre Mutter Teresa ein jämmerlicher Zwerg gewesen. Sie hatte fünfzig Jahre lang keine direkte Gotteserfahrung.

Und doch diente sie ihm all diese Zeit hindurch. Vielleicht ist das ware Außmaß geistlichen Wachstums einfach (und grundlegend) darin zu erkennen, ob wir Gott und andere Menschen lieben, egal ob wir Gott erfahren oder nicht.

Lasst mir meine düsteren Stimmungen. Lasst zu, dass ich mich leer und unmotiviert fühle. Versucht nicht, mich aufzuheitern. Seid lieber bei mir. Lotet meine Leere aus. Haltet Ausschau nach der tieferen Gegenwart und dem Wirken des Heiligen Geistes inmitten meiner Kämpfe. Sein Wirken ist da. Er selbst ist da. Vielleicht ist er dabei, mein Gebet zu beantworten, ich möge aller anderen Dinge als der Gemeinschaft mit Gott überdrüssig werden. Und vielleicht weckt er in mir einen Durst nach Gott, der so groß ist, dass er nicht in Gefahr steht, durch eine begrenzte Gotteserfahrung selbstgenügsam und vorzeitig gestillt zu werden.

Ich möchte zu einer Gemeinde gehören …

- die weiß, dass ich als jemand geboren bin, der süchtig nach Genuss ist, nach einer unmittelbaren Genusserfahrung, wie auch immer ich sie mir verschaffen kann.

- die versteht, dass meine Sucht nach Genuss mich daran hindert, süchtig zu werden nach einem Gott, der mich durstig macht nach einer Art von Genuss, die er mich erst später vollkommen erfahren lassen wird.
- die erkennt, dass Gott sich manchmal vor mir verbirgt und zulässt, dass ich mich leer und einsam fühle, um meinen Durst nach ihm zu vertiefen, bis ich nach nichts anderem mehr so stark dürste.
- die daran glaubt, dass meine Erfahrung des Unerfülltseins und der Isolation mir eine entscheidende Gelegenheit verschafft, Gott im Glauben zu vertrauen und mich nicht mit dem abzufüllen, was ich sehe.
- die meine immer wiederkehrenden schlechten Stimmungen als unvermeidlich (möglicherweise als gesunde und gute Erfahrungen) auf meinem Weg zu Gott hin erkennt; als Erfahrungen, die offenbaren, was von den Dingen, die in meinem Herzen sind, oberflächlich ist, und mich zu ermutigen, die tiefere Gegenwart und das Wirken des Heiligen Geistes zu erkennen.

Ich möchte zu einer Gemeinde gehören, die mich weise auf meinem Weg begleitet – durch all meine Höhen und Tiefen, meine Zeiten des Glaubens und des Zweifels, der geistlichen Erfolge und Misserfolge, der Klarheit und der Verwirrung, der Leidenschaft und der Langeweile. Diese Gemeinde soll mich immer in Richtung meines geistlichen Wachstums lenken, durch Leere und Einsamkeit, zu einem stärkeren *Verlangen* nach Gott, zu einer tieferen *Überzeugung* über Gott, zu einer beständigeren *Freiheit*, mich für Gott zu entscheiden, und zu einer stillen *Zufriedenheit* in Gott.

Ich möchte in eine Gemeinde gehen, die die Erfahrung des Seelenschmerzes als notwendigen Teil des Weges hin zu geistlichem Wachstum – zu Verlangen, Überzeugung, Freiheit und Zufriedenheit – respektiert, aber nicht zwingend mit dem Anspruch einer verlässlichen erfüllenden Gotteserfahrung überfrachtet. Dieses Verständnis von geistlichem Wachstum werde ich im nächsten Kapitel entfalten.

19. Kapitel

Sie hilft mir, Jesus ähnlicher zu werden – im Innern, wo es darauf ankommt

Heiliger Geist, ich sehe so viel in mir, was mir nicht gefällt und was ich nicht ändern kann. Hilf mir zu sehen, was du an Gutem in mich hineingelegt hast und was mir Hoffnung geben kann.

Wenn ich je lernen werde, dankbar dafür zu sein, wie leer und allein ich mich manchmal fühle (was ich nicht ausstehen kann), dann dadurch, dass ich verstehe, dass Seelenschmerz so etwas ist wie ein Hörgerät, das Gott mir gibt, damit ich Töne der himmlischen Musik hören kann, die ich sonst nicht wahrnehmen könnte.

Allzu oft fühle ich mich Gott gegenüber tot und mir selbst gegenüber lebendig. Lebendig für meine Bedürfnisse, nicht deine; für meine Wünsche, meine Frustrationen, meine emotionalen Nöte und Schmerzen. Das Lebendigsein mir selbst gegenüber gibt mir das Gefühl, Gott gegenüber tot zu sein. Narzissmus funktioniert wie eine Decke, die das Feuer des Geistes auslöscht. Aber wie es scheint, kann ich diese Decke nicht von meiner Seele abschütteln. Sie ist ein Teil von mir. Ich werde sie nicht los. Ich bin als nach mir selbst Süchtiger geboren.

Manche Gemeinden versuchen, mich durch Unterhaltung aus meiner Sucht herauszulocken. Manche versuchen, sie durch Ermahnung zu vertreiben. Wenn keines von beiden funktioniert, empfehlen sie Seelsorge und Therapie.

Es gibt einen besseren Weg, und um ihn zu finden, muss man

eine gute Nachricht hören, was nur leere Menschen tun – Leute, die sich erfüllt fühlen, hören allenfalls *von* ihr. Einsame Leute vertrauen dieser guten Nachricht, wie ein Ertrinkender seinem Lebensretter vertraut. Die gute Nachricht ist eine Evangeliumsmusik, die mich hin und wieder (ich wünschte, es wäre häufiger) zum Tanzen bringt. Öfter noch verankert sie mich in Gott, während ich im Sturm meines Narzissmus lebe. Und das ist nicht schlecht. Es macht es mir möglich, jemanden außer mir selbst zu lieben, ob ich Gott nun spüre oder mich leer und allein fühle.

Die gute Nachricht ist diese: *Egal, wie tot ich mich gegenüber Gott fühle, die Wahrheit ist, dass ich Gott gegenüber lebendig bin.* Und das ist Auferstehungswahrheit. Es ist nicht bloß eine Tatsache, die meine Stellung betrifft (ja, dir ist vergeben; du kommst in den Himmel) – nein, es ist lebendige Wirklichkeit. Schon jetzt willst du, was Jesus will, du denkst, was Jesus denkt, du kannst wählen, was Jesus wählt, und du könntest zufrieden sein, wie Jesus es ist. Du spürst diese Wirklichkeit nur noch nicht. Aber sie ist in dir!

Und hier ist noch mehr Auferstehungswahrheit, noch mehr gute Nachricht, noch mehr Evangeliumsmusik, die uns zum Tanzen bringen kann: Wir haben bereits alle Kraft geschenkt bekommen, die wir brauchen, um als Menschen Gottes zu leben, egal wie tot wir uns vorkommen oder wie viel Schlechtes in unserem Leben passiert. Petrus drückte es so aus: «Gott hat uns alles geschenkt, was wir brauchen, um zu leben [uns lebhaft auf Gott zuzubewegen], wie es ihm gefällt [indem wir die richtigen Entscheidungen treffen].» Und dann legte er noch einen drauf, indem er sagte, dass uns die Verheißungen des Evangeliums dazu befreien, «dass ihr an seinem ewigen Wesen und Leben Anteil haben werdet [dass ihr süchtig nach Gott werdet]. Denn ihr seid dem Verderben entronnen, das durch die menschlichen Leidenschaften und Begierden [die Sucht nach uns selbst] in die Welt gekommen ist» (2. Petrus 1,3–4).

Angenommen, meine Freunde, die Leute in meiner Gemeinde würden das glauben. Angenommen, sie würden in ihrem Seelenschmerz jene Auferstehungswahrheiten als die gute Nachricht hören, die nur Leute mit Problemen wirklich hören können. Wenn ich ihnen sage, wie leer oder einsam ich mich fühle und wie süchtig ich danach bin, meine Leere oder Einsamkeit auf irgendeine Art und Weise zu füllen, dann werden sie nicht überrascht sein. Sie werden nicht mit einem reflexartigen Kopfschütteln reagieren, das so viel besagt wie «Reiß dich zusammen» oder «Nicht schon wieder» oder «Lass ihm ein oder zwei Tage Zeit, er kriegt sich schon wieder ein, das tut er immer». Auch nicht mit hohler Empathie: «Ich wette, das ist nicht leicht für dich. Es tut mir leid, dass du dich so fühlst», gefolgt von einem hilflosen Achselzucken: «Ich weiß nicht, wie ich dir helfen kann.»

Und, Gott sei Dank, auch nicht mit Schulterklopfen und Aufmunterungsversuchen.

Stattdessen würden sie mit dem Widerhall der Selbsterkenntnis reagieren: «So geht es mir auch.» Sie würden nicht mit verurteilender Überraschung die Augenbrauen hochziehen, weil ich nach so vielen Jahren als Christ immer noch so schlecht bin, sondern sie würden dank dem Evangelium demütig darüber staunen, wie gut ich werden könnte, selbst wenn ich wie Mutter Teresa noch tiefer in meinem Gefühl der Isolation versinken würde. Und sie würden Ausschau halten, wo das Leben Christi in meinem Leben wirksam ist, und sich überschwänglich über alles freuen, was sie sehen.

Zu so einer Gemeinde möchte ich gehören. Die größte Hilfe, die ich dort empfinge, würde mir durch persönliche Begegnungen zuteil, durch Gespräche voller Gehalt. Wahrheit – Auferstehung, Geschichte und Wegweiser – würde durch Musik, Predigten und Lehre mitgeteilt, doch gelebt würde sie in den Beziehungen. Hier ist ein Beispiel:

Vor einiger Zeit hatte ich mit etwas sehr Hässlichem in meinem Leben zu kämpfen (und ich habe immer noch damit zu tun, aber ich werde hier einen Vorfall schildern, der sich vor ein paar Jahren zugetragen hat). Ich hegte einen Groll in mir. Ich ließ Bitterkeit in meinem Herzen Wurzeln schlagen, und ich hatte sie bewässert, bis sie wucherte wie Unkraut. Mir war ein schier verzehrendes Verlangen bewusst, es meinem früheren Freund heimzuzahlen und ihm eine verbale Backpfeife zu verpassen, die richtig wehtun würde. Ich hoffte sogar darauf, zu hören, dass es ihm schlecht ginge. Ich wollte darüber jubeln, dass er weinte. Ich war in einem schrecklichen Zustand, geistlich deformiert, und brauchte dringend eine auf Wachstum gerichtete Interaktion.

Eine unterhaltsame Gemeinde hätte mir dabei kein Stück weitergeholfen. Mit einer moralistischen Gemeinde wäre es mir auch nicht besser ergangen. Ich glaube nicht, dass es mir damals klar war, aber ich wollte mit jemandem reden, der an das Evangelium glaubte.

Verzeihen Sie, dass ich mich mit einem großen Namen brüste, aber ich bat Brennan Manning um ein Treffen zum Mittagessen, und wir unterhielten uns lange. Ich schilderte ihm eingehend die schmutzige Wirklichkeit in meinem Innern. Was ich von ihm zu hören erwartete, weiß ich nicht genau, aber was er dann sagte, war jedenfalls sehr unerwartet.

Ihm kamen die Tränen, und er sagte: «Larry, jedes Mal, wenn ich mit dir zusammen bin, fühle ich mich so sehr zu Jesus hingezogen.»

«Warum?», fragte ich. Das war doch Unsinn. *Er* redete Unsinn. Eben gerade hatte ich einem Bruder in Christus meinen verdorbenen Geist bekannt, der Christus so unähnlich war, wie etwas nur sein konnte. Wäre ich Brennan gewesen, so hätte ich vielleicht gedacht: *Wenn dieser Kerl so sauer auf jemanden sein kann, den er einmal seinen Freund nannte, bin ich vielleicht der Nächste. Ich bin mal lieber vorsichtig.*

Seine Reaktion hat mich so sehr ermutigt wie nur selten etwas, das mir gesagt wurde: «Larry, es ist offensichtlich, dass du alles, was zwischen dich und Jesus kommt, mehr hasst als irgendetwas anderes. Du musst dir wirklich sehr wünschen, ihm nahe zu sein.»

Brennan sah das, was ich nicht sehen konnte. Inmitten meiner Sünde war der Heilige Geist gegenwärtig. Ich war lebendig gegenüber Gott, hatte Anteil an seinem ewigen Wesen. Im Auto sang ich lauthals während des ganzen Heimweges. Ich hörte die Musik des Himmels, und ich tanzte. Kurz nach diesem Gespräch sprach ich mit dem Mann, gegen den ich den Groll hegte, gestand ihm mein Versagen als Bruder in Christus und bat ihn um Vergebung. Der Groll aus der Hölle wurde überwunden durch Liebe aus dem Himmel, *die bereits in mir war*, aber erst durch einen Freund geweckt werden musste.

Das ist es, was ich für andere tun möchte. Und ich habe es immer wieder nötig, dass andere es für mich tun. Ich möchte zu einer Gemeinschaft gehören, die die Evangeliumsmusik singen hört, dass wir alle Gott gegenüber lebendig sind und dass selbst der allerschlimmste Sünder, der Jesus kennt, eines Tages nach Hause kommen wird. In so einer Gemeinschaft wird geistliches Wachstum passieren.

Ich glaube, es wird ungefähr so aussehen. Als Träger des Ebenbildes Gottes haben wir alle das, was ich die *vier Fähigkeiten der Persönlichkeit* nenne. Wir sind fähig, zu wünschen, zu glauben, zu wählen und zu fühlen.

Solange Jesus uns nicht ergriffen hat, können wir so viel Gutes tun oder anderen so freundlich begegnen, wie wir wollen, in unserem Innern *wollen* wir unseren eigenen Weg gehen. Wir *glauben* konsequent jede Lüge, von der wir meinen, sie sei zu unserem Vorteil. Wir *entscheiden* uns, dumme Dinge zu tun, die anfangs so aussehen, als dienten sie unserem Interesse. Und wir *fühlen* entweder oberflächliche Fröhlichkeit, die sich als flüchtig erweist, oder tiefes Elend, das an uns hängt wie ein schlaffes Doppelkinn.

Und dann kommt Jesus! Wir bekehren uns. Wir bekommen nicht nur augenblicklich Vergebung für unsere Selbstsucht, unsere Torheit, unsere halsstarrige Sturheit und unsere feste Entschlossenheit, uns auf Kosten aller anderen besser zu fühlen. Wir werden auch verändert.

Sein Geist erschafft im Zentrum unseres Seins ein reines Herz und – hören Sie gut zu – *alle vier Fähigkeiten der Persönlichkeit werden lebendig gegenüber Gott.* Das göttliche Wesen Christi selbst zieht in uns ein und nistet sich in unserem wünschenden, glaubenden, wählenden und fühlenden Kern ein.

Wenn ich zufrieden bin mit mir selbst und damit, wie mein Leben läuft, wenn ich meine Segnungen genieße und insgesamt eine gute Zeit erlebe, dann sind diese Wahrheiten des neuen Bundes etwas, das schön zu hören ist und worüber sich gut singen lässt. Wenn ich aber leer bin, wenn ich mich gelangweilt und einsam fühle, wenn ich sehe, wie weit ich hinter Gottes Maßstäben für Heiligkeit zurückbleibe, wenn ich an meinem Versäumnis zu lieben, meiner defensiven Haltung, meinem Anspruchsdenken zerbreche, dann werden diese Wahrheiten zu meiner Rettungsleine.

Ich möchte zu einer Gemeinde gehören, die zu echter Lobpreismusik tanzt, die mich ansieht und, egal, wie ich mich fühlen oder wie sehr ich versagen mag, weiß …

- *dass ich mir wünsche, Christus zu kennen.* «Denn das ist mir klar geworden: Gegenüber dem unvergleichlichen Gewinn, dass Jesus Christus mein Herr ist, hat alles andere seinen Wert verloren. Ja, alles andere ist für mich nur noch Dreck, wenn ich bloß Christus habe» (Philipper 3,8).

  Dieser Wunsch ist lebendig in mir!
- *dass ich glaube, dass es im Leben ums Geben geht, nicht ums Nehmen; darum, andere zu lieben, nicht darum, mich vor ihnen zu schützen. Und ich glaube, dass mir alles zur Verfügung steht, um ein solches Leben zu führen.* «Darum bitte ich dich: Halte am Glauben fest, so wie du ihn kennen gelernt hast. Von seiner Wahrheit bist du ja überzeugt» (2. Timotheus 3,14).

  Diese Überzeugungen sind in mir lebendig!
- *dass ich die Freiheit habe, in jeder Situation eine Entscheidung im Sinne Gottes zu treffen.* «Durch Christus sind wir frei geworden, damit wir als Befreite leben. Jetzt kommt es darauf an, dass ihr euch nicht wieder vom Gesetz versklaven lasst» (Galater 5,1). Und: «Alles kann ich durch Christus, der mir Kraft und Stärke gibt» (Philipper 4,13).

  Echte Freiheit ist in mir lebendig!
- *dass ich in meiner Leere und meiner Einsamkeit Zufriedenheit erfahren kann – ein Wissen um Heil, Heiligkeit und Frieden –, so ähnlich, wie Jesus sie empfand, als er sein Leben in einer gefallenen Welt lebte und nach Gott verlangte, Gott glaubte und um jeden Preis Gott wählte.* «Ob ich nun wenig oder viel habe, beides ist mir durchaus vertraut, und so kann ich mit beidem fertig werden» (Philipper 4,12).

  Hoffnungsvolle Zufriedenheit ist in mir lebendig!

Ich möchte zu einer Gemeinde gehören, die sich nie von mir abwendet, was sie auch in mir sieht, sondern die sich Christus zuwendet und sein Ebenbild in mir sieht, hinter aller Kaputtheit. Und dasselbe will ich für andere tun. Ich möchte anderen gegenüber Christus sein, wie Brennan Manning es mir gegenüber war.

Eine auf geistliches Wachstum ausgerichtete Gemeinde – dorthin möchte ich gehen.

20. Kapitel

Drittes Merkmal: Sie findet Zufriedenheit darin, zu wollen, was Jesus will

Heiliger Geist, ich gebe mich oft mit weniger zufrieden als der Einheit, die Jesu Nachfolger nach seinem Willen erleben sollen. Ich sehne mich aber nach mehr. Zeig mir, was möglich ist.

Folgendes könnte passieren. Ich weiß es, weil ich schon erlebt habe, dass es passiert ist – nicht oft, aber ich habe es erlebt. *Eine Gemeinde, die Hunger nach Wahrheit hat, wird zu einer Gemeinde, die auf geistliches Wachstum ausgerichtet ist.* Wenn Christen wach werden und erkennen, dass Wahrheit keine ordentliche Sammlung theologisch klingender Sätze mit korrekter Interpunktion in einem Lehrdokument ist, wenn sie verstehen, dass Wahrheit eine Art zu leben ist, die bereit macht, um ihrer Quelle willen jedes Maß an Unannehmlichkeiten auf sich zu nehmen, dann wird eine wahrheitshungrige Gemeinde zu einer auf geistliches Wachstum ausgerichteten Gemeinde.

In einer solchen Gemeinde werden Sie aus vollem Herzen Lobpreislieder singen, aber genauso oft werden Sie andere Regionen Ihres Herzens in Klageliedern ausschütten. Sie werden anbeten, indem Sie warten, weinen, kämpfen und hoffen, sowohl in der Musik als auch im Leben. Wenn Lehrer die Bibel aufschlagen, um Wahrheit mitzuteilen, werden Sie spüren, dass die Worte, die aus ihrem

Mund kommen, aus der Bibel stammen, aber auch aus Herzen, die durch Wahrheit gedemütigt und durch Wahrheit geprägt worden sind. Wenn sie sprechen, werden Sie den Duft eines Lebens in Gottes demütigender, prägender Gegenwart wahrnehmen.

Und Sie werden feststellen, dass Sie eine Handvoll Leute besonders achten wegen ihrer freundlichen Weisheit, nicht wegen ihres Fachwissens oder ihren Titeln, die sie mit Stolz tragen. Diejenigen, deren Weisheit und Charakter hervorstechen, werden Ihre Ältesten, Ihre Pastoren, Ihre Seelsorger sein. Vielleicht tragen sie dazu einen Titel; vielleicht auch nicht. Vielleicht sind sie fachlich geschult und offiziell ordiniert; vielleicht auch nicht. Das spielt eigentlich keine Rolle.

Sie werden diesen Männern und Frauen zuhören wollen, wenn sie von der Kanzel oder beim Kaffee sprechen. Sie werden wie gebannt an ihren Lippen hängen, wenn sie davon reden, was sie aus der Bibel lernen, was sie über Gott erkennen, wie sie beten und wie es in ihrem Innern aussieht. Ihre Geschichten werden Sie faszinieren, ob sie nun in einer Predigt oder im beiläufigen Gespräch erzählt werden.

Sie werden nicht wissen, warum, aber Sie werden merken, dass die mit ihnen verbrachte Zeit Ihre eigene Weisheit vermehrt. Sie verschafft Ihnen Kategorien, in denen Sie denken können, die praktische Auswirkungen haben. Zum Beispiel dahingehend, dass Sie wissen, was Sie mit Ihrer Tochter im Teenageralter machen sollen, um die Sie sich sorgen, weil Sie fürchten, dass sie mit ihrem Freund ins Bett geht.

In einer Gemeinde, die nach Auferstehungswahrheit (Sie sind lebendig gegenüber Gott!), Geschichtenwahrheit (wer Gott ist, wie Gott ist und was Gott vorhat) und Wegweiserwahrheit (dies sind Kategorien, in denen Sie denken können, um mit dem umzugehen, was Ihnen im Leben begegnet) hungert, passiert etwas. Noch einmal, es wird Ihnen nicht gelingen, diesen Prozess genau nachzuvollziehen, aber es wird etwas Gutes passieren. Sie werden feststellen, dass Ihnen mehr daran liegt, Ihrer Tochter eine Kostprobe von Jesus zu vermitteln, als einen Weg zu finden, ihre Moral zu verbessern. Sie werden die «Ansteckung mit dem Guten» von Jesus her an sie weitergeben wollen.

Der Hunger nach Wahrheit führt zu einer Ausrichtung auf geistliches Wachstum. Sie werden sich wünschen, das zu wollen, was Jesus will, das zu denken, was Jesus denkt, das zu wählen, was Jesus wählt, und die Zufriedenheit, die Jesus kennt, inmitten einer Welt voller Probleme genauso zu kennen. Sie werden sich danach sehnen, geistlich zu wachsen, und Sie werden sich gerne auf das schmerzhafte Abenteuer einlassen, den langen, schmalen Weg zum Leben möglichst unbeirrt zu gehen.

Aber es wird noch etwas passieren. Während sowohl Ihr Hunger nach Wahrheit als auch Ihr Verlangen, Christus ähnlich zu sein, stärker werden, werden sich manche Ihrer Freunde von Ihnen zurückziehen. Sie werden Enttäuschungen in Beziehungen erleben, von denen Sie bisher dachten, dass sie recht gut seien. Aber nun werden Sie viel mehr wollen als das, was diese Beziehungen bieten. Sie werden auch mehr geben wollen, als manche Ihrer Freunde von Ihnen haben wollen. Sie werden sich Sorgen machen, Sie wären dabei, zu einem übergeschnappten Fanatiker zu werden, einem Außenseiter in der christlichen Welt. Dadurch werden Sie eine neue Art von Einsamkeit empfinden. Aber nicht die alte Sorte, bei der Sie sich elend fühlten und sich immer um sich selbst drehten, sondern eine Art, die Sie hoffnungsvoll und auf andere ausgerichtet sein lässt, aber Sie noch nachdenklicher und einsamer macht – und ein bisschen merkwürdig vielleicht.

Sie werden sich vorstellen, wie sich eine Leben schaffende Vertrautheit mit Ihren Angehörigen und Freunden anfühlen würde, wie Sie sie schon ein bisschen in Ihrer Beziehung zu Jesus kennen gelernt haben. Und Sie werden sich danach sehnen, etwas Ähnliches mit Leuten zu erleben, die Sie sehen und hören und berühren können; mit Menschen, die als eine Art Platzhalter für Jesus dienen können.

Das ist es, was in mir vor sich geht. Je mehr Wahrheitshunger ich verspüre, desto mehr richtet sich alles in mir auf geistliches Wachstum aus. Und je stärker ich auf geistliches Wachstum aus bin, desto mehr merke ich, dass ich mich zutiefst danach sehne, eine ganz neue Art der Verbindung zu anderen zu erleben. Und je hungriger nach Wahrheit und je stärker auf geistliches Wachstum Sie ausgerichtet werden, desto mehr werden Sie nach dem suchen, wonach ich auch suche, nämlich dem dritten Merkmal der Gemeinde, zu der ich gehören möchte: *auf Gemeinschaft ausgerichtet* zu sein.

Und an dieser Stelle beginnen die eigentlichen Probleme. Setzen Sie sich zum Ziel, solche Beziehungen zu leben, wie sie innerhalb der Dreieinigkeit gelebt werden, und Sie werden auf Hindernisse stoßen, von deren Existenz Sie bisher keine Ahnung hatten. Vermeiden können Sie sie nur, indem Sie Ihr Ziel niedriger setzen.

Gerade habe ich beobachtet, wie ein kräftiger, rauer Bursche mit einem roten Tuch auf dem kantigen Schädel bei Starbucks aufsprang, um einer zierlichen jungen Mutter die Tür zu öffnen, die sichtlich entnervt von einem hyperaktiven Kleinkind und einem unmöglich zu manövrierenden Buggy versuchte, das Lokal zu verlassen. Mit seiner Hilfe kam sie mühelos aus dem Café. Sie sagte von Herzen «Dankeschön». Er lächelte. Es war ein netter Augenblick.

Ein Umgang auf dieser Ebene, den ich öfter pflegen sollte, ist gut. Er ehrt Christus. Ich glaube, Jesus hätte auch diese Tür aufgehalten und vielleicht der Frau noch geholfen, den Buggy zusammenzuklappen und in ihrem Auto zu verstauen.

Und ein solcher Umgang ist missional. Die entnervte Mutter wäre wohl, schätze ich, ein bisschen eher bereit gewesen, dem Mann, der ihr die Tür geöffnet hatte, zuzuhören, wenn er angefangen hätte, von Jesus zu reden, vielleicht indem er einfach nur gesagt hätte: «Wenn Jesus hier wäre, hätte er es auch so gemacht. Ich freue mich, dass ich ein bisschen helfen konnte.» Es war eine einfache und gute Sache, diese Tür zu öffnen.

Manche Dinge, die Christus ehren und missional sind, gestalten sich jedoch viel schwieriger. Gegen den abscheulichen Sklavenhandel zu kämpfen, von dem wir alle lieber gar nichts wüssten, auf den Nebengassen von Kalkutta leprakranke Sterbende in den Armen zu halten oder umzuziehen in einen Kulturraum, der sich beängstigend fremd anfühlt, um den Menschen, die dort leben, Liebe zu erweisen – das sind auch gute Dinge. Aber leicht sind sie nicht.

Worauf ich hinauswill, ist Folgendes: *Nichts ist schwieriger, als die Art von Beziehungen zu unseren Mitchristen zu entwickeln, die Jesus unter uns schaffen möchte, weil nichts anderes, was wir tun könnten, so starke Gegenkräfte in unserem Innern hat.*

Und noch ein Punkt: Die Art von Beziehungen aufzubauen, die Jesus unter uns schaffen möchte, ist das Einzige, was Christen tun können und Nichtchristen nicht. Nichtchristen können ziemlich gute Beziehungen aufbauen, aber nicht von der Art, wie sie Jesus vorschwebt.

Ein dritter Punkt: Solche Beziehungen aufzubauen ist das, was Christen am wenigsten gut machen. Wir entwickeln täuschend ähnliche Fälschungen, aber wir zahlen nur selten den Preis, das Original zu entwickeln.

Jesus gab der Welt – den Islamisten, den Atheisten, den Hedonisten, den freundlichen Nachbarn, die ein anständiges, untadeliges Leben führen – das Recht, darüber zu urteilen, ob er Elmer Gantry oder der Messias Gottes ist. Und zwar *nicht* danach, wie viele Häuser für Obdachlose wir bauen, *nicht* danach, wie viele Krankenhäuser in Entwicklungsländern wir finanzieren, *nicht* danach, wie viele Lebensmittel wir in Hungergebiete schicken, *nicht* danach, wie viele kleine Freundlichkeiten wir entnervten Müttern erweisen. Und ganz bestimmt *nicht* danach, wie groß und eindrucksvoll unsere Gemeindehäuser sind, wie talentiert unsere Lobpreisbands oder wie inspirierend und gut vorgetragen die Predigten unseres Pastors sind. Wenn sie uns aber nicht nach solchen Dingen beurteilen, wonach dann?

Jesus sagt es uns: «Ich bleibe in ihnen, und du bleibst in mir. Genau so sollen auch sie ganz eins sein. *Und die Welt wird erkennen, dass du mich gesandt hast*» (Johannes 17,23; Hervorhebung von mir). Francis Schaeffer nannte dies Gottes «letzte Apologetik». Damit meinte er, glaube ich, Folgendes: *Wie wir miteinander umgehen, ist das überzeugendste Beweismaterial, das dem Heiligen Geist zur Verfügung steht, wenn er Menschen zu Jesus zieht.*

Dieses dritte Merkmal der Gemeinde, in die ich gehen möchte – dass sie auf Gemeinschaft ausgerichtet ist –, beinhaltet viel mehr als nur eine lebendige Kleingruppenarbeit. Und daraus ergeben sich mehrere Fragen: Stellen sich die Leute in den Kleingruppen wirklich all dem Zeug in ihrem Innern, mit dem sie sich schützen und voneinander fernhalten, auch dann, wenn sie ihre gemeinsame Zeit genießen? Erkennen sie das Übel ihrer Selbstschutzmanöver? Sehen sie Beziehungssünden als Sünden? Sind sie darüber zerbrochen und tun Buße, so dass mehr von dem Guten freigesetzt wird, das Jesus ihnen geschenkt hat, damit es ihnen besser gelingen kann, anderen so zu begegnen, wie er es möchte? Nehmen sie das Risiko auf sich, freundlich und zum richtigen Zeitpunkt anderen zu helfen, die Beziehungssünden zu sehen, für die sie so blind sind? Das ist es, was ich mit einer auf Gemeinschaft ausgerichteten Gemeinde meine. In zwei früheren Büchern, *Connecting* und *SoulTalk*, habe ich sie ausführlicher beschrieben.

Ich glaube, manchmal spannen wir den missionalen Karren vor das Pferd der Gemeinschaft. Und wir tun das sogar in Gemeinden, die wahrheitshungrig und auf geistliches Wachstum ausgerichtet sind. Wir begreifen die Wahrheit des Reiches Gottes, und wir sehnen uns danach, Gott näherzukommen, aber dann verpulvern wir tonnenweise Energie für missionale Aktivitäten und achten kaum auf die Qualität unserer Beziehungen.

Ich glaube, ich weiß, warum: Es ist leichter und verschafft schneller Erfüllung, sich in die Arbeit fürs Reich Gottes zu stürzen, als mit den Bürgern dieses Reiches auszukommen. Immer schön aktiv bleiben und Gutes tun in der Welt, dann brauchen Sie sich nicht mit dem Schlechten auseinanderzusetzen, das in Ihrer Familie und in Ihrem eigenen Herzen vor sich geht. Sie sind ja viel zu beschäftigt mit dem Dienst am Reich Gottes, um sich über die Qualität Ihrer Beziehungen Gedanken zu machen.

Die Folgen dieses Denkens sind schmerzlich. Die Ursache Nummer eins für Burn-out auf dem Missionsfeld sind nach wie vor Beziehungsspannungen unter den Missionaren. Haben wir noch nicht gelernt, dass Gutsein nach außen das Schlechte im Innern nicht bereinigt, dass geschäftiges missionales Treiben nicht zwingenderweise gemeinschaftliche Einheit hervorbringt? Jesus hat uns das schon vor langer Zeit gesagt (Matthäus 23,25–28).

Ich möchte in eine Gemeinde gehen, die den missionalen Karren vom Pferd der Gemeinschaft ziehen lässt. Ich war noch nie an einer Kleingruppe beteiligt, in der nicht irgendwann schwere Spannungen entstanden, die manchmal zur Auflösung der Gruppe oder zumindest zum Weggang einiger Mitglieder führten. Ich weiß, wir leben nicht in einer perfekten Welt. Mir ist klar, dass die Gemeinde niemals ganz der Vision entspricht, die ich in einem früheren Buch ausgemalt habe, das ursprünglich unter dem Titel *The Safest Place on Earth* erschien und jetzt *Developing True Spiritual Community* heißt [und nie auf Deutsch herausgegeben wurde. Der Verlag]. Ich weiß, dass Gemeinden sich spalten, Älteste miteinander streiten und Kleingruppen voller verletzter Gefühle sind.

Dennoch sollte nichts uns davon abhalten, die Herausforderung anzunehmen, die Art von Beziehungen aufzubauen, um die Jesus seinen Vater für uns anflehte. Und die Annahme dieser Herausforderung wird uns mindestens zwei Dinge abverlangen; zwei Dinge, die auf Gemeinschaft ausgerichtete Gemeinden kennzeichnen.

Erstens, *wir müssen uns dem stellen, wogegen wir zu kämpfen haben: den Dingen in uns, die uns im Weg stehen.* Wenn Sie mir sagen, wie ich Ihnen Unrecht getan habe, ist es das Natürlichste auf der Welt, dass ich Ihnen sage, wie Sie mir Unrecht getan haben. Das ist das Erste, was mir einfällt. Defensiver Selbstschutz liegt mir im Blut. Er ist die Energie, die meine Sucht nach meinem sofortigen, glücklich empfundenen Wohlbefinden antreibt. Die Gemeinde, in die ich gehen möchte, versteht die Dynamik von Beziehungssünden und behandelt sie wie Krebs. Denn das sind sie. Wenn sie kompetent sind, erkennen Chirurgen Krebs. Wenn sie Anteil nehmen, schneiden sie ihn heraus.

Zweitens, *etwas Zwingenderes als der Selbstschutz wird uns tief im Innern packen müssen.* Gottes Ehre, das Voranbringen des Reiches Gottes, die Zukunftshoffnung, die Liebe des Evangeliums, die biblische Wahrheit, das Wohlergehen anderer, die Verminderung des Leidens auf der Welt – all das sind Facetten eines einzigen funkelnden Diamanten: der Offenbarung Gottes durch den Geist Jesu. Und diese Offenbarung ist eine Geschichte; die größte Liebesgeschichte, die je erzählt wurde, die Geschichte, die sich jedes Herz, das sich seiner selbst bewusst ist, zu hören sehnt.

Doch dieser Diamant wird nicht in meiner Seele funkeln, solange ich nicht an meiner Sucht nach mir selbst zerbrochen bin, meiner Sucht nach der Geschichte, die ich unbedingt erzählt bekommen will, die mir Ehre macht und mein Wohlbefinden zu meinen Bedingungen aufrechterhält. So soll mich mein Ehepartner lieben. Meine Tochter sollte sich moralisch anständig verhalten. Meine Geschäftspartner sollten mich fair behandeln. Meine Freunde sollten wissen, wann ich müde bin, und mich nicht gerade dann um etwas bitten.

Solange wir nicht unsere Sucht nach uns selbst erkennen und hassen lernen, werden wir nie miteinander so auskommen, wie Jesus es will, so, wie es nur möglich ist, weil er gestorben und auferstanden ist.

Ich will nicht in eine Gemeinde gehen, die so auf Programme ausgerichtet ist, auf Prominente abfährt und konsumorientiert ist, dass sie es Leuten möglich macht, sich weit genug voneinander fernzuhalten, dass sie nie die Wirkung ihrer Selbstbezogenheit spüren. Ich will nicht in eine Gemeinde gehen, die verletzte Gefühle und lästige Irritationen als Beziehungskiller behandelt statt als Gelegenheiten zur Zerbrochenheit und somit als Beziehungsbauer.

Ich will nicht in eine Gemeinde gehen, die Christi Missionsauftrag massiv höher bewertet als die Art von Gemeinschaft, um die Christus betete, dass sie sich unter seinem Volk entwickeln möge. Ich will in eine Gemeinde gehen, die missionale Energie durch Gemeinschaft freisetzt.

Ich will zu einer auf Gemeinschaft ausgerichteten Gemeinde gehören. Das ist das dritte Kennzeichen.

21. Kapitel

Viertes Merkmal: Sie ist voller Energie für Mission

Heiliger Geist, ich erkenne immer mehr, dass du nicht nur Einzelne formst, sondern eine Gesellschaft, eine neue Art von Gesellschaft, die nicht für sich allein bleibt, sondern die die Welt um sich her verändert.

Doch ich empfinde einen starken Drang, mich in diese Gesellschaft hineinzubegeben und dort zu bleiben, ohne allzu viel darüber nachzudenken, was draußen vor sich geht. Ich bete, dass du in mir Begeisterung weckst für den weltumfassenden Auftrag Jesu, einen Auftrag, für den du mir die Kraft gibst.

Mit diesem ganzen missionalen Ding muss ich mich erst noch anfreunden. Als ich zum ersten Mal das Wort in seiner gegenwärtigen Form hörte (*missionarisch* und *Mission* kenne ich schon, seit ich ein Kind war; *missional* ist der neue Begriff) und merkte, dass sich dahinter eine ganze im Entstehen begriffene Bewegung verbirgt, kam es mir vor wie der nächste neue Modehit in der westlichen evangelikalen Welt. Und es langweilte mich. Ich war immer noch ganz auf die Sache mit dem geistlichen Wachstum fixiert. Ich hatte nicht genug Zeit für beides.

Im Rückblick erkenne ich jetzt, dass ich es zu rasch und, wie ich hinzufügen muss, mit einem gereizten, ungeduldigen Wedeln meiner Hand abgetan habe. Wieder so eine Bewegung, aus deren Gleichschritt ich herausfalle. Ich hatte alle Hände voll damit zu tun, zu verstehen, wie der Heilige Geist Jesus in seinen Nachfolgern, also auch in mir, Gestalt gewinnen lässt. Das erschien mir schon als Vollzeitaufgabe. Es gab nicht genug Raum in meinem Denken oder genug Energie in meinem Herzen oder genug Zeit in meinem Kalender, mir auch noch Gedanken darüber zu machen, wie die Welt zu verändern wäre, oder mich mit den Werken der Leute zu beschäftigen, die es zu wissen meinen.

Doch in letzter Zeit frage ich mich, ob mein Widerstand gegen das missionale Ding einen tieferen Grund hat. Vielleicht ist es ja nicht bloß ein «Ding». Vielleicht ist es das Wirken des Geistes Gottes. Vielleicht spielt es in Gottes Plan eine zentralere Rolle, als mir klar ist. Wenn es so ist, dann will ich nicht an der Seitenlinie sitzen und zusehen, wie es an mir vorüberzieht.

Dennoch spüre ich immer noch einen gewissen Widerstand in mir. Und der ist, glaube ich, zu einem beträchtlichen Teil auch berechtigt. Aber nicht zur Gänze ... vielleicht nicht einmal zum größten Teil.

Ich bin noch nicht bereit dazu, mich einer missionalen Gemeinde anzuschließen, und das partiell aus gutem Grund, glaube ich. Ich habe Bedenken, die mich davon abhalten, auf den missionalen Zug aufzuspringen, der christliche Aktivisten hinaus in die Welt trägt, damit sie sie verändern, und seine Truppen aussendet, um das Himmelreich auf diesen vom Feind infizierten Planeten herabzubringen. Lassen Sie mich diese Bedenken kurz zusammenfassen. Es sind drei. Eine kurze Zusammenfassung reicht hier, weil ich davon bereits während der letzten Kapitel dieses Buches gesprochen habe.

Erstens liegt mir daran, dass ein Hunger nach erkennbarer, klarer, biblisch offenbarter Wahrheit die Grundlage für den Missionseifer eines Christen bildet. Lehre ist immer noch wichtig. Theologie ist immer noch wichtig. Wahrheit ist immer noch wichtig. Missionale Christen müssen, wenn sie sich mit der Kultur auseinandersetzen, weiterhin verantwortungsvoll um ihre Sicht des Sühnegeschehens, der Sünde, der Dreieinigkeit, der endgültigen Hoffnung des Christen und einer Vielzahl anderer großer Themen ringen. Tom Wright und Michael Frost tun das. Aber nicht jeder missional gesinnte, führende christliche Leiter tut es. Es ist leicht, sich so sehr in die Aktivitäten der Gemeinde Gottes zu verstricken, dass keine Aufmerksamkeit mehr für die tiefen Wahrheiten Gottes übrig bleibt.

Zweitens liegt mir daran, dass eine Ausrichtung auf geistliches Wachstum, die die Menschen (durch Zerbrochenheit und Buße) in eine engere Gemeinschaft mit jeder Person der Dreieinigkeit zieht, als Katalysator wirkt, der die Leidenschaft für Mission entzündet. Bei Christen, deren Beziehung zu Gott nur oberflächlich leidenschaftlich ist, wird sich letzten Endes erweisen, dass sie auch nur eine oberflächliche Leidenschaft für Mission haben. Die Energie dazu, für Gott auf eine Mission zu gehen, entspringt mehr als alles andere dem Durst nach Gott.

Drittens liegt mir daran, dass Leute, die von sich sagen, sie seien auf Gemeinschaft ausgerichtet, sich dem Schlechten in ihrem Innern stellen, das sie daran hindert, die Art von Beziehungen aufzubauen, um die Jesus betete. Nur indem sie sich dem Schlechten stellen, wird das Gute in ihnen sich in geistliche Kraft für die Mission umsetzen lassen. Die Kraft des Heiligen Geistes ist nicht erforderlich, um die Hungernden zu speisen oder den Obdachlosen Unterkunft zu geben. Sie ist aber erforderlich, damit Sünder sich bekehren und die Bekehrten sich so verwandeln, dass sie auf radikal neue Weise mit einer radikal neuen Priorität leben, nämlich Christus als ihren höchsten Schatz zu ehren, was auch immer das Leben ihnen beschert.

Ich hoffe, es ist klar, warum es mir sinnvoll erscheint, über Wahrheitshunger, Ausrichtung auf geistliches Wachstum und die Ausrichtung auf Gemeinschaft zu sprechen, *bevor* ich über missionale Energie nachdenke. Ohne dass die ersten drei Kennzeichen der Gemeinde, in die ich gehen möchte, gegeben sind, wird bei einer Gemeinde mit Energie für Mission (dem vierten Kennzeichen) nicht viel mehr herauskommen als ein eifriger Haufen fromm daherredender humanitärer Wohltäter. Dazu will ich nicht gehören. Ihre Botschaft wird zu einer aktualisierten Version des alten, theologisch liberalen, auf der Aufklärung basierenden «sozialen Evangeliums» verwässert sein. Weder der Heilige Geist Christi noch sein Vater noch die Person und das Kreuz Christi werden für den Erfolg ihrer

Mission erforderlich sein. Ihre Mission wird zu begrenzt sein. Menschlicher Einfallsreichtum und menschliche Anstrengung werden dafür ausreichen.

Damit sind diejenigen meiner Bedenken gegenüber der missionalen Gemeinde zusammengefasst, auf denen mein legitimer Widerstand beruht. Mein illegitimer Widerstand läuft auf Folgendes hinaus: *Ich will mir keine Mission aufladen, die mir das Leben noch unangenehmer macht, als es ohnehin schon ist.*

Ich bin seit fast vierzig Jahren Lebensberater. Solche Beratungen gelingen nicht immer. Mal berate ich Ehepaare, die sich am Ende dann doch scheiden lassen. Eltern von schwierigen Kindern, die meine Ratschläge befolgen, sind nicht immer glücklich über die Ergebnisse. Schwer depressive Menschen drohen mit Suizid.

Über tausend Personen haben die einwöchige Seelsorgeschulung «School of Spiritual Direction» absolviert, die von NewWay Ministries veranstaltet wird. Die meisten fanden es mehr als lohnend. Ein paar jedoch nicht. Es ist komisch, dass ihr Feedback tiefer geht und länger in Erinnerung bleibt als das Feedback der vielen sehr zufriedenen Absolventen.

Und jetzt soll ich mir auch noch die Aufgabe aufhalsen, Gerechtigkeit in der Welt zu schaffen? Gegen die Habgier in der Wirtschaft zu kämpfen und Rassismus und Abtreibung zu beseitigen, wie Wilberforce die Sklaverei abschaffte? Das kriege ich nicht hin. Es ist nicht meine Berufung. Ich bin kein William Wilberforce.

Und ich bin noch nicht davon überzeugt, dass das Wenige, was ich tun kann, etwa im Namen Jesu einer genervten Mutter die Tür aufzuhalten, viel dazu beiträgt, Gottes Reich voranzubringen. *Aber vielleicht tut es das doch.*

Scot McKnight hat mir hier geholfen. In seinem wichtigen Buch *The Jesus Creed* gibt er aufschlussreiche Hinweise dazu, woran Jesus dachte, als er sein Reich mit einem Senfkorn verglich (Matthäus 13,31–32). Wie die meisten von uns heute dachten die Juden zur Zeit Jesu, wenn sie *Gottes Reich* hörten, sofort ans *Paradies:* an den Ort, wo alles Unrecht beseitigt wird, wo Hass sich in Liebe verwandelt, wo Grausamkeit abgeschafft ist, wo es keine Dürre mehr gibt, wo die Krankenhäuser leer und die Scheidungsrichter arbeitslos sind, wo Drogentherapiezentren nicht mehr gebraucht werden; wo alles so wiederhergestellt ist, wie es sein sollte. Schalom. Paradies.

Das Paradies wird kommen, aber erst, wenn Jesus wiederkommt. Doch wir brauchen nicht auf seine Rückkehr zu warten, um die Wirklichkeit des Reiches Gottes schon jetzt zu sehen. Als Jesus sein Reich mit einem Senfkorn verglich, das, wie er seinen Zuhörern in Erinnerung rief, das kleinste aller Samenkörner ist, sagte er damit uns, sagte er mir, dass schon der kleinste Akt der Liebe in den Augen des Himmels ein großes Ereignis ist. Und auf lange Sicht wird er auch als großes Ereignis offenbar werden, selbst wenn er jetzt vergeblich erscheint.

McKnight drückte es so aus: Die Bevölkerung des Reiches Gottes, die Gemeinde, die gewöhnlichen Christen, die ihre Hunde spazieren führen, Haferflocken zum Frühstück essen und sich Fußballspiele im Fernsehen anschauen, «nehmen das Aussehen eines Korbes voller Senfkörner an. Eines großen Korbes, angefüllt mit alltäglichen Akten heiliger Liebe, die eine außergewöhnliche Wandlung des Lebens demonstrieren.»[1]

Ein guter Freund (der so bescheiden ist, dass er nicht möchte, dass ich seinen Namen nenne) ging auf Bitten seiner Frau ein paar Lebensmittel einkaufen. Ein kleiner Junge und seine Mutter kauften im selben Laden ein. Das Kind klammerte sich mit einem ausgelassenen Grinsen an das Bein meines Freundes.

Mein Freund (nennen wir ihn Al) bemerkte, dass der Einkaufswagen der Mutter nicht einmal annähernd voll war, als sie sich an der Kasse anstellen wollte. «Haben Sie denn alles bekommen, was Sie wollten?», erkundigte sich Al.

Etwas verlegen erwiderte sie: «Na ja, mehr kann ich mir eigentlich nicht leisten.»

«Wie wär's, Sie gehen noch einmal durch die Gänge und füllen Ihren Wagen mit allem, was Sie brauchen, und ich bezahle dafür?»

Nun, eher verblüfft als verlegen schaute sie ihn an und fragte: «Wirklich?»

Al nickte.

Vierhundert Dollar später verließ er den Lebensmittelladen und fuhr als ein missionaler Christ voller Freude nach Hause. Ein großzügiger Nichtchrist hätte dasselbe tun können, *aber nicht aus demselben Motiv.* Sein Motiv war es, das Reich Gottes auf die Erde zu bringen, indem er einer Frau, die es brauchen konnte, die Liebe Jesu zeigte.

Paulus sagt uns, dass Gott am Tag des Gerichts «alles ans Licht bringen» wird, «auch unsere geheimsten Wünsche und Gedanken» (1. Korinther 4,5). Alles, was wir tun, das nur unsere Liebe zum Selbst um des Selbst willen nährt, wird als wertlos verbrannt werden. Aber das, was wir tun, das unsere Liebe zum Selbst um Gottes willen ausdrückt (erinnern Sie sich an Bernhard von Clairvaux?), wird als Stein im neuen Tempel offenbar werden. Der Beitrag zum Einkauf jener Frau war bestimmt ein ziemlich großer Stein, ein funkelndes Juwel.

Ich möchte zu einer Gemeinde gehören, die über das große Gesamtbild redet; einer Gemeinde, die die Geschichte davon erzählt, was Gott vorhat (die zweite der sieben Fragen zur Geschichtenwahrheit), die mich nicht zu großen Taten aufruft, die ich nicht vollbringen kann, sondern die mich zu großen Taten auffordert, die ich vollbringen kann. Zum Beispiel dazu, jeden Tag ein oder zwei Senfkörner einzupflanzen, sei es, indem ich einer genervten Mutter die Tür aufhalte oder einer Frau mit knappem Budget einen Einkaufswagen voller Lebensmittel bezahle.

Ich glaube, das kommt dem Geheimnis der Zufriedenheit des Paulus ziemlich nahe (Philipper 4,10–13). Ob ich nun in der Position bin, im britischen Parlament gegen die Sklaverei zu kämpfen oder einer bedürftigen Frau im Lebensmittelladen ihren Einkauf zu bezahlen, ich kann alles tun, wozu auch immer Gott mich als Teil seiner Mission beruft. Zum Beispiel, ein Stück des Himmels auf die Erde bringen durch Christus, der mir die Kraft gibt, die ich dafür brauche.

Wenn ein Pastor von hungernden Waisenkindern in Äthiopien redet, neige ich immer noch dazu, den Kopf ein wenig zu senken. Und ich rutsche immer noch ein wenig unbehaglich auf meinem Sitz herum, wenn ein Freund aus China zurückkehrt, wo er die verfolgte Gemeinde besucht hat. Ich fühle mich immer noch ein wenig beschämt, wenn ich Berichte über einen Mann lese, der sich für

Verbrechensopfer einsetzt und sagt: «Ich glaube, wir packen die ganze Sache mit der Gerechtigkeit am falschen Ende an. Gegenwärtig fragen wir, wer die Täter sind und wie wir sie bestrafen können. Dabei wäre es sinnvoller, zu fragen, wer die Geschädigten sind und wie wir sie wiederherstellen können.»[2]

Im Zusammenhang mit diesem Bericht weist McKnight darauf hin, dass es beim Kampf für Gerechtigkeit nicht zentral darum geht, Leute für das Unrecht bezahlen zu lassen, das sie begangen haben. Das ist der Gedanke, der dahinter steht, wenn wir sagen: «Ich hoffe, dass die Gerechtigkeit diesen Mörder ereilen wird.» Das biblische Wort für *Gerechtigkeit* (hebräisch *zadik* oder *mischpat*) steht für «etwas richtig machen». Die «Vision der wiederherstellenden Gerechtigkeit verdrischt mit einem gepolsterten Stock der Liebe jeden strafenden Sinn von Gerechtigkeit».[3]

Ich möchte zu einer Gemeinde gehören, die – durch Gottes Wahrheit, durch geistliches Wachstum und durch die Gemeinschaft, um die Jesus betete – voller Energie ist, die Mission des Reiches Gottes auszuführen; zu einer Gemeinde, die mir hilft, zu erkennen, was ich dazu beitragen kann, und die mich Gottes Wohlgefallen spüren lässt, wenn ich es tue.

Wenn es das ist, worum es in einer missionalen Gemeinde geht, bin ich dabei. Da muss ich hin.

22. Kapitel

Und jetzt? Wohin? Und wozu?

Geist Gottes, stell meine Seele wieder her, in der Gemeinde. Belebe dein Volk neu, als Leib Christi. Weck uns auf, damit wir erkennen, dass wir der Wiederherstellung und Neubelebung bedürfen. Befreie uns von der Selbstgefälligkeit in all ihren gut getarnten Formen: Dogmatisch – wir haben recht! Geistlich – wir kennen Gott! Beziehungsmäßig – wir lieben! Missional – wir arbeiten für das Reich Gottes!

Forme uns zu einem Zusammenschluss demütiger Jesus-Nachfolger, die danach hungern, den Christus zu erkennen, den du uns in den sechsundsechzig Liebesbriefen offenbarst, die du geschrieben hast, auch wenn diese Erkenntnis unsere ganze Lebensweise durcheinanderbringt und uns über lange Strecken hinweg eher leer als erfüllt fühlen lässt, eher fragend als gebieterisch.

Wirke in uns, bis wir uns mehr als nach irgendetwas anderem danach sehnen, kleine Christusse zu werden, die den Vater ebenso sehr lieben wie er und in dieser Welt so leben, wie er es tat, auch wenn wir, um so zu lieben und zu leben wie Jesus, alles verlieren müssen, was wir irrtümlicherweise für notwendig halten, um Freude an diesem Leben zu haben.

Präge uns so, dass wir erkennen, dass wir als Personen mit Wert und Würde nur dann existieren, wenn wir in echter

Gemeinschaft mit dir und mit anderen existieren, auch wenn wahre Gemeinschaft verlangt, dass wir die Selbstschutzmanöver aufgeben, von denen wir uns selbst einreden, sie wären liebevolle Umgangsformen.

Stoß uns an, uns von dir führen zu lassen und uns Christus anzuschließen bei seiner Mission, sein Reich auf die Erde zu bringen. Gib uns Kraft, dabeizubleiben, auch wenn der Glanz und das Aufregende vergangen sind und wenn wir, um dir nachzufolgen, Ungerechtigkeit gegen uns selbst erleiden müssen, um Gerechtigkeit wiederherzustellen und für andere einen Zustand zu schaffen, der so ist, wie er sein sollte. Schaffe in uns den Wunsch, mit dir Schritt zu halten, auch wenn uns das in dunkle Nächte führt, in denen wir uns leer, nutzlos, erschöpft und weit weg von dir fühlen.

Geist Gottes, führe uns in die Zerbrochenheit und durch die Zerbrochenheit ins Vertrauen, in die Überzeugung, in die Freude der Hoffnung. Wenn wir uns als Leib Christi versammeln, leite uns bei der Entscheidung, wie wir zusammenkommen und was wir tun, damit wir dir eine möglichst gute Gelegenheit geben, in uns und für uns zu tun, was du am liebsten tun möchtest.

Verwandle unsere bloßen Zusammenkünfte in einen lebendigen Leib, in die Gemeinde Jesu Christi.

Ich will, was Jesus will. Ich denke, wie Jesus denkt. Ich wähle, was Jesus wählt. Und ich erlebe, was Jesus erlebt.

Aber das würden Sie nicht immer merken, wenn Sie mich ansehen. Wenn Sie beobachten, wie ich manchmal mit anderen umgehe, werden Sie sich fragen, ob ich überhaupt Christ bin. Es wird Ihnen offensichtlich erscheinen, dass ich will, was ich will, dass ich denke, was mir sinnvoll erscheint, dass ich wähle, was nach meinem Empfinden meinen Interessen am besten dient, und dass ich fühle, was Leute fühlen, die Jesus nicht kennen.

Ich möchte zu einer Gemeinde gehören, die sich mit dem Zusammenstoß der Reiche identifiziert, der in meinem Innern jeden

Tag stattfindet. Ich möchte in eine Gemeinde gehen, die daran glaubt, dass die Guten stärker sind als die Schurken und dass die Kraft Gottes in mir die Kraft des Feindes besiegen kann, der ich so oft die Oberhand lasse. Ich möchte mich mit Christen treffen, die mir die Wahrheit sagen, die gründlich darüber nachdenken, wie sie mir helfen können, Christus ähnlicher zu werden, die mich in eine seelenverbindende Gemeinschaft hineinnehmen und mich freisetzen, um etwas für Christus zu bewirken auf dieser dunklen, machthungrigen, selbstsüchtigen, die Wahrheit verleugnenden Welt. Ich will weniger süchtig sein, nicht nur nach meinen niederen Wünschen (die sind schlimm genug), sondern auch nach meinem Eigenständigkeits- und Anspruchsdenken (das ist noch schlimmer). Und ich will süchtiger nach Gott sein. Ich möchte zu einer Gemeinde gehören, die dazu beiträgt, dass das geschieht.

Soeben habe ich die ersten einundzwanzig Kapitel dieses Buches noch einmal durchgelesen. Ich habe noch einmal jedes der Gebete gesprochen, die am Anfang dieser Kapitel stehen. Der Effekt war, dass in mir noch einmal zwei Dutzend Gedanken aufgerührt wurden und ich nun über noch mehr Fragen rätsele, die noch einmal zwei Dutzend Kapitel, vielleicht sogar noch zwei Dutzend Bücher erfordern würden, um sie angemessen zu bearbeiten. Hier ist eine kleine Kostprobe:

- Warum lässt mich hervorragende Lobpreismusik so oft unbewegt oder ärgert mich manchmal sogar?
- Was geht in mir vor, dass ich während einer wirklich guten Predigt unberührt bleibe?
- Vielleicht sollten Gemeindeveranstaltungen weniger vorhersagbar und interaktiver sein, vielleicht weniger strukturiert, so dass mehr Raum für ehrliche Diskussionen und einzigartige Ausdrücke von Freude oder Klage bliebe.
- Wie soll Wegweiserwahrheit gelehrt werden? Wäre es klug, zuerst eine biblische Kategorie zu präsentieren, wie etwa die Torheit, die im Herzen eines Kindes wohnt, dann mit den Eltern eines Siebenjährigen ins Gespräch zu kommen, der seine grünen Boh-

nen nicht essen will, und schließlich gemeinsam darüber nachzudenken, wie diese Eltern sich im Umgang mit ihrem Sohn von Gottes Wahrheit leiten lassen könnten?

- Ich frage mich, wie ein guter Mann wie der, mit dem ich mich letzte Woche zwei Stunden lang unterhalten habe, zwanzig Jahre lang in einer guten Gemeinde sitzen kann, ohne jemals gründlich darüber nachzudenken, wie er seine Männlichkeit (eine biblische Kategorie) in das Herz (eine weitere biblische Kategorie) seiner Frau ausgießen kann, so dass sie dazu ermutigt wird, ihre feminine Schönheit (noch eine biblische Kategorie) zu genießen und freizusetzen. Alle drei Kategorien waren ihm neu. Das sollte nach zwanzig Jahren in der Gemeinde nicht so sein.
- Warum ist eine gläubige Frau, die nach zwei Scheidungen allein lebt, eine Frau, die Jesus liebt und ihm nachfolgen möchte, so begeistert von ihrer Gemeinde, obwohl keine Predigt, kein Kleingruppengespräch, kein Dialog mit einer engen Freundin aus der Gemeinde sie je dazu gebracht hat, über die tief in ihrem Innern verborgene panische Angst nachzudenken, die sie sorgfältig unter einem herrischen, lauten, kontrollierenden Umgangsstil versteckt, den sie nicht im Mindesten als Problem erkennt? Ihre Gemeindeerfahrung trägt nichts dazu bei, ihre Sucht nach sich selbst aufzudecken und abzuschwächen. Und trotzdem findet sie ihre Gemeinde wunderbar. Warum?
- Könnte Gemeinde ein Ort sein, wo ein vierzehnjähriger Junge, Sohn zutiefst gläubiger Eltern, der bemerkt, dass er sich zu anderen Jungen sexuell hingezogen fühlt, etwas zu hören bekommt, das ihm Hoffnung geben kann, dass er Gott auf eine Weise kennen lernen kann, die ihn dazu befreien könnte, wahrhaft männlich zu sein? Könnte ein Jugendpastor Auferstehungswahrheit so präsentieren, dass sie diesen Jungen dazu einlädt, von der Nähe zu Gott zu träumen? Könnte Geschichtenwahrheit so erzählt werden, dass er sich von einem Abenteuer mitgerissen fühlt, das er überwältigend, befreiend und verwandelnd finden würde?

Jede Menge Gedanken. Jede Menge Fragen.

Dieses Buch ist schon jetzt länger geworden, als ich es beabsichtigt habe. Deshalb werde ich ein paar Gedanken herauspicken, die meine von Gemeinde enttäuschte Seele umtreiben. Gedanken, die aus dem fließen (und ein wenig von dem wiederholen), was ich bereits gesagt habe, und im nächsten Kapitel erörtert werden.

Stellen Sie sich das nächste und letzte Kapitel als eine Art Nachwort/Zusammenfassung/Herausforderung vor. Ich hoffe, Sie werden es zu Ende lesen, sich am Kopf kratzen und sich fragen: *Und jetzt? Wohin? Und wozu?* So ist es mir mit jeder Seite gegangen, die ich bisher geschrieben habe.

23. Kapitel

Reden wir weiter

Dieses Buch begann mit meinem Geständnis, dass ich das Interesse daran verloren habe, in die Gemeinde zu gehen. Ungefähr auf halber Strecke bin ich dahintergekommen, warum das so ist. Folgendes sagte ich zu Beginn des dreizehnten Kapitels: «Ich glaube, ich verstehe jetzt klarer, warum ich kein starkes Verlangen danach habe, in die Gemeinde zu gehen. Unter dem Strich ist es so: *Ich kämpfe einen Kampf um mein Leben, bei dem mir die meisten Gemeinden nicht helfen.* Und doch ist es ein Kampf, den ich, wie die Auferstehung Christi mir zeigt, gewinnen kann.»

Zuvor, im zwölften Kapitel, habe ich vorhergesagt, dass ich es nötig habe, dass andere von meinem Kampf wissen, als ich schrieb: «Ich möchte, dass ihr wisst, dass in meinem Leben Dinge vor sich gehen, die mich zerstören werden … wenn ich nicht in der Kraft der Gnade lebe.»

Ich brauche Gemeinschaft. Daran glaube ich. Das weiß ich. Ich habe es nötig, mich regelmäßig, mindestens wöchentlich, mit anderen Christen zu treffen. Ich kann nicht meine Bibel lesen und abstreiten, dass Gott genau dies von mir möchte.

Aber ich bin keineswegs überzeugt davon, dass ich das brauche, was sich die westlichen Christen, insbesondere die amerikanischen Evangelikalen, unter einer Gemeinde vorstellen: eine Sonntagsveranstaltung mit Musik und Predigt; offizielle geistliche Leitung; einen eigens dafür eingerichteten Treffpunkt; von der Gemeinde geförderte und beaufsichtigte Kleingruppen für Bibelstudium, Gebet, Gemeinschaft, gegenseitige Unterstützung und Heilung; die unvermeidlichen Komiteesitzungen; informelle Gespräche bei geplanten und spontanen geselligen Anlässen.

Für die meisten von uns Christen des einundzwanzigsten Jahrhunderts ist es das, was eine Gemeinde ausmacht. Und an alledem ist nichts Falsches – und viel Richtiges. Aber ich kann es tun oder lassen. Meistens lasse ich es lieber. All diese Elemente zusammengenommen ergeben keine Gemeinde. Ich kämpfe gegen einen lebensbedrohlichen Krebs in meiner Seele, und allzu oft bietet mir das, was wir Gemeinde nennen, dagegen eine Schmerzpille an: fromme Ablenkungen, falsche Versprechungen, Ermutigungen zum Leben in der Verleugnung oder ein Facelifting. Da will ich aber nicht hin.

Wenn jedoch das, was wir heute Gemeinde nennen, sich auf einige altmodische Denkweisen einlassen und sie ernst nehmen könnte, dann kann ich mir vorstellen, dass ich kaum davon fernzuhalten wäre.

Beim erneuten Durchlesen der ersten einundzwanzig Kapitel dieses Buches kamen mir vier Gedanken in den Sinn. Dann schloss sich noch ein fünfter daran an. Auf die durchaus bestehende Chance hin, dass der Heilige Geist etwas mit der Entstehung dieser Gedanken zu tun gehabt haben könnte, habe ich beschlossen, das Buch damit abzuschließen, und dass ich jeden davon kurz erörtere. Gemeinsam ergeben sie eine grobe Zusammenfassung jenes altmodischen Denkens, das meiner Ansicht nach die Hoffnung bietet, aus einem zusammengewürfelten Haufen kaputter, immer noch selbstsüchtiger, allzu oft defensiver, sich gegenüber anderen verstellender, abgrenzend territorial denkender, sich selbst schützender, ängstlicher, zorniger und regelmäßig sündigender Christen, nach denen Jesus geradezu «verrückt» ist, eine Gemeinde zu machen. Diese Aussicht finde ich aufregend.

Es ist schon seltsam, wie Gott wirkt. Mir gefällt es nicht immer. Gerade jetzt, wo ich diese Worte schreibe, habe ich Mühe damit. Mein Seelenkrebs zeigt Symptome. So sehr es schon zutraf, während ich die ersten einundzwanzig Kapitel schrieb, jetzt, wo ich das dreiundzwanzigste beginne, trifft es noch mehr zu: *Dieses Buch zu schreiben ist keine akademische Übung*. Ich komme mir vor wie ein

Mann mit Pankreaskrebs auf der Suche nach einem Onkologen, der mir Hoffnung geben kann. Ich würde mich mit Volleifer in einer Gemeinde engagieren, die mit mir an den folgenden fünf Wahrheiten festhielte und von diesen Gedanken sowohl die Gründe, *warum* sie zusammenkommt, als auch die Art und Weise, *wie* sie zusammenkommt, bestimmen ließe.

Erster Gedanke: Wahrheit beruht auf Gegenseitigkeit

Ich zögere ein wenig, es so auszudrücken. Es hört sich so an, als hätte ich Gott etwas zu lehren. Das habe ich nicht. Ich bin sein Schüler und werde es immer sein. Aber es gibt eine Wahrheit über mich, die ich kennen und Gott vorlegen muss, nicht um ihn über etwas zu informieren, was er vielleicht noch nicht weiß, sondern um die Haltung eines Schülers richtig einzunehmen.

Jahrelang habe ich bei der Standardprozedur der Gemeinde mitgemacht. Man hört auf zu streiten, wenn man aus dem Auto steigt, man setzt sein Gemeindegesicht auf, um sich darauf vorzubereiten, Gott zu preisen, man singt die Lieder, man hört sich die Predigt an, und dann fährt man wieder nach Hause.

Die Formel, wenn ich sie recht verstehe, ist folgende: Ich schenke Gott meinen Lobpreis und meine Aufmerksamkeit, und er schüttet seine Wahrheit in mich aus. Und das soll mich dann verändern; wenn ich seine Wahrheit erkenne, werde mich das frei machen.

Bei mir hat diese Formel nie so richtig funktioniert. Binnen Minuten nach dem Schlussgebet fühle ich mich wieder wie genau dieselbe Person, als die ich anderthalb Stunden zuvor hereingekommen bin. Wahrheit als Einbahnstraße – ich gebe ihm meinen Lobpreis und meine Aufmerksamkeit, er gibt mir seine Wahrheit und die Kraft, sie zu leben – ist eine Art von Gemeindeleben, die zu *oberflächlicher Heilung* führt (siehe Jeremia 6,14).

Als ich einmal versuchte, Wasser in ein auf dem Kopf stehendes Glas zu gießen, blieb das Glas innen völlig trocken. Es kam nichts hinein. Erst als ich bemerkte, dass es verkehrt herum stand (was ziemlich schnell ging) und es umdrehte, konnte ich das Glas füllen und seinem Zweck zuführen.

Wie viele Christen kommen mit verkehrt herum stehender Seele in den Gottesdienst und merken es gar nicht? Wahrheit beruht auf Gegenseitigkeit. Ich muss mich für Gott öffnen, indem ich meine Seele richtig herum hinstelle, indem ich darauf achte, was in mir vorgeht, und diese Wahrheit Gott vorlege. Was war letzte Nacht um zwei Uhr mit mir los, als ich nicht schlafen konnte? Was für eine Haltung habe ich gerade jetzt zu mir selbst, zum Leben, zu Gott?

Ich nenne das den *Roter-Punkt-Ansatz*, um Gott zu begegnen. Ich betrete ein großes Einkaufszentrum, in dem ich mich nicht auskenne. Ich will mir ein paar Joggingschuhe kaufen. Also mache ich mich als Erstes auf die Suche nach dem Lageplan des Einkaufszentrums, um zu sehen, wo ich bin. Und siehe da, unten rechts finde ich einen roten Punkt, von dem aus eine Linie auf die drei Worte deutet: *Sie sind hier!*

Ich habe es in diesem Buch schon einmal gesagt, aber es lohnt sich, es zu wiederholen: *Gott begegnet uns da, wo wir sind, nicht da, wo wir zu sein vorgeben oder wo wir gerne wären*. Meine Aufgabe ist es, darauf zu achten, wo ich bin. Wenn ich mich auf meine Wirklichkeit (meine Roter-Punkt-Wahrheit) einlasse, bringt er seine Wirklichkeit, seine Wahrheit, in die meine hinein. Wahrheit beruht auf Gegenseitigkeit. Wenn ich meiner Wahrheit aus dem Weg gehe, dann nicke ich höflich; vielleicht lächle ich sogar oder sage Amen, wenn ich seine Wahrheit höre. Aber es wird sich nicht viel tun. Ein schauspielerndes oder sich versteckendes Herz macht Gottes Wahrheit nicht frei.

Vielleicht könnte ein Sonntagsgottesdienst damit beginnen, dass jeder sich auf einer freien Seite des Gemeindebriefes unter der Überschrift «Roter-Punkt-Wahrheit: Wo bin ich gerade?» fünf oder zehn Minuten lang ein paar Notizen macht. Vielleicht könnten dann einige aus der Gemeinde ein paar Zeilen von dem vorlesen, was sie geschrieben haben. Nach so einer Einleitung würde der Pastor vielleicht ein bisschen anders predigen.

In Kleingruppen, ja selbst in Gesprächen unter vier Augen mit einem guten Freund, könnte man es ähnlich machen. Ein paar gute Freunde von mir haben eine «Roter-Punkt-Gruppe» gegründet, wie sie es nennen. Nicht jedes ihrer Treffen hat zu sichtbaren Lebensveränderungen geführt, aber einige waren ziemlich spektakulär. Wahrheit beruht auf Gegenseitigkeit.

Zweiter Gedanke: Geistliches Wachstum dauert ein Leben lang

Niemand verändert sich schnell. Irgendwie haben wir uns eingeredet, wir könnten uns schneller und weiter bewegen, als wir es wirklich können. Oder wir hätten uns bereits schneller und weiter bewegt, als wir es wirklich getan haben.

Glauben wir wirklich, dass die beiden Jünger, deren Herzen brannten, als sie mit Jesus auf der Straße nach Emmaus unterwegs waren, sich hinterher nie wieder mit ihren Freunden stritten oder nie wieder einen richtig schlechten Tag hatten? Selbst Petrus, der drei Jahre lang von Jesus persönlich geistlich angeleitet wurde, erntete einen scharfen Tadel von Paulus, weil er Jesus ein weiteres Mal verleugnete.

Ich weiß nicht, wie oft ich als Junge an einem Lagerfeuer stand und mich Gott so nahe fühlte, dass ich dachte, ich würde nie wieder sündigen. Heute ist es eine Wochenendfreizeit, ein seltener Moment der Begegnung mit einem Freund, ein inniges Erlebnis mit Gott am frühen Morgen – und schon frage ich mich, ob ich ein neues Niveau erreicht habe, auf dem mir die alten Versuchungen nicht mehr zu schaffen machen werden.

Reife, so glaube ich inzwischen, bedeutet nicht, dass ich nie wieder alte Versuchungen verspüre, und es bedeutet auch nicht unbedingt, dass meine Leere gefüllt sein wird, genauso wenig, wie das bei Mutter Teresa der Fall war. Christen, die geistlich wachsen, empfinden Dankbarkeit für Gottes Vergebung und Liebe und für das, was an Wachstum erkennbar ist. Aber in ihre Dankbarkeit mischt sich auch eine zunehmende Tiefe der Zerbrochenheit darüber, wie viel Macht ihr Fleisch immer noch hat und wie sehr sie immer noch imstande sind zu versagen.

Doch diese Zerbrochenheit erzeugt keine Verzweiflung. Sie ruft Staunen hervor: Er liebt mich immer noch, und er ist immer noch bei mir, um das Werk zu vollenden. Er wird mich heilig machen. Die Dankbarkeit vertieft sich, mehr Zerbrochenheit folgt, und der Zyklus setzt sich fort.

Und geistlich wachsende Leute berichten mehr von ihrer *Sehnsucht nach Gott* als von ihren *Erfahrungen* Gottes. Und diese Sehnsucht wird zu dem Boden, in den die Hoffnung hineingepflanzt wird. Eines nahen Tages wird der Glaube dem Schauen weichen. Der Durst wird für immer gestillt. Bis dahin sehne ich mich nach etwas, das ich jetzt noch nicht völlig erfahren kann, wie ich es aber eines Tages – und für immer – erfahren werde. Hoffnung hält mich aufrecht.

Ich möchte zu einer Gruppe von Christen gehören, die nichts vorgaukeln, die schmerzhaft ehrlich und realistisch sind, die mindestens einem Menschen gegenüber völlig offen darüber sind, wie es in ihrer Nachfolge Christi um sie steht. So eine Gruppe weiß, dass Wachstum ein ganzes Leben dauert. Bei ihnen werde ich keine flammenden Zeugnisse hören, die etwas beschreiben, was doch nur tote Heilige erfahren können.

Ich werde nie vergessen, wie ich als Dreißigjähriger einmal J. Sidlow Baxter, jenen großen Prediger aus alter Zeit, sprechen hörte. Am Ende seiner Predigt blickte er auf. Seine Frau, mit der er viele Jahre lang verheiratet gewesen war, war kurz zuvor gestorben. Er sagte ihren Namen und flüsterte mit einem sehnsüchtigen Lächeln: «Bald!» Das war kein Theater. Es war Sehnsucht, verbunden mit Hoffnung.

In der Gemeinde, zu der ich gehören möchte, werde ich persönliche Geschichten mit Männern und Frauen austauschen, die *dankbar* und *zerbrochen* sind, und voller *Sehnsucht* und *Hoffnung*. Sie werden wissen, dass Wachstum ein Leben lang dauert, dass Jesus es ernst meinte, als er sagte: «Seid vollkommen!», und dass er uns durch seinen Geist so weit in diese Richtung bringen wird, wie er kann, bis er uns schließlich in einem endgültigen Moment vollkommen verwandeln und uns dann weiter bis in Ewigkeit erfreuen wird.

Dritter Gedanke: Konflikte sind Gelegenheiten. Weichen Sie ihnen nicht aus!

Hier ist eine Aussage, mit der nicht jeder übereinstimmen wird: *Wie Christen miteinander umgehen, ist wichtiger, als wie wir uns in unserer Kultur engagieren.* Starke Beziehungen – so stark, dass sie mit der Beziehung zwischen dem Vater und dem Sohn verglichen werden können – sind für den Heiligen Geist die beste Möglichkeit, Skeptiker davon zu überzeugen, dass Jesus weder ein Lügner noch ein Verrückter, sondern der Herr ist (nach einer bekannten Formulierung von C. S. Lewis).

Die Dreieinigkeit hat einen Vorteil, den wir nicht haben. Unter anderem rasseln sie nie mit den Köpfen aneinander, wie wir es tun. Sie sind radikal auf den anderen ausgerichtet; das sind wir nicht. Deshalb werden wir in Konflikte geraten, die sie nie erleben.

Doch gerade an diesem Punkt hat das Evangelium seine beste Gelegenheit, mit seinen Vorzügen zu glänzen; eine Gelegenheit, die nur Gemeinden, die die Ausrichtung auf die Gemeinschaft ganz oben ansiedeln, ergreifen werden. Und selbst für solche Gemeinden ist es schwierig. Unmöglich sogar – es sei denn, Demut und Zerbrochenheit schaffen in unseren Herzen einen Raum, in dem der Geist wirken kann.

Konflikte, ob sie nun aus kleinen Brüskierungen oder schweren Angriffen entstehen, bieten Christen die Gelegenheit, etwas zu tun, was nur Christen tun können (zumindest in dem Maße, an das Christus dachte, als er um Einheit für uns betete): Jemandem zu vergeben, der uns eindeutig Unrecht getan hat. Und an jemanden zu glauben, obwohl es viel leichter wäre, ihn als Niete abzuschreiben. Und Liebe in jemanden auszuschütten, den wir lieber kritisieren würden.

Viele solcher Gelegenheiten werden jeden Tag vergeudet. Pastoren werden entlassen. Kleingruppen spalten sich. Ehen hängen in ständiger Spannung am seidenen Faden zusammen. Freundschaften lösen sich auf. All das wird auch so bleiben.

Doch einige wenige Beziehungen überleben Konflikte und gehen gestärkt daraus hervor. Meine Frau und ich gehören zu einer Kleingruppe, die einen Konflikt, der fast unser Ende bedeutet hätte, mehr als nur überlebt hat. Er war nicht unser Ende. Schmerzhafte Ehrlichkeit, weiche Herzen und ein gemeinsames Verständnis davon, wie tief Christen in die Dunkelheit gehen müssen, um Licht zu finden, wirkten zusammen und verwandelten diese Gruppe in einen Vorgeschmack von Gemeinde.

Wer weiß? Bis Sie dies lesen, wird sich unsere Gruppe vielleicht aufgelöst haben. Vielleicht muss ich diese engen Freunde auf die bedauerliche Liste früherer Freunde setzen, zu denen ich kein enges Verhältnis mehr habe. Falls das geschieht (was ich nicht glaube), so werde ich meinen Anteil an der Schuld auf mich nehmen müssen. Ich hoffe, ich würde auch alles tun, was ich kann, um so friedfertig wie möglich mit jedem von ihnen zu leben. Ich hoffe, ich werde auch weiterhin Freundschaften aufbauen, die eng genug werden, um weitere Gelegenheiten zu bieten, durch Konflikte hindurch zur Einheit vorzustoßen.

Ich möchte zu einer Gemeinde gehören, die weiß, dass Konflikte unvermeidlich sind; deren Mitglieder Konflikte als Gelegenheiten betrachten, dem Charakter Christi ähnlicher zu werden, und in den Konflikt hineingehen, statt ihm auszuweichen.

Vierter Gedanke: Die einzige Energie, die Mission tragen kann, ist Hoffnung

Das Reich Gottes ist hier. Christus hat es mitgebracht, als er kam. Das Schuhgeschäft, das ich in dem Einkaufszentrum suche, hat mich gefunden. Es ist in meinen roten Punkt hineingekommen.

Jesus hat zwar die Erde wieder verlassen, aber er hat versprochen, zurückzukehren. Um uns aus dieser elenden Welt herauszuholen und in den Himmel zu bringen? Nein. Er wird hier alles verbrennen, was verbrannt werden muss. Aber nicht, um diese Erde zu zerstören, sondern um sie neu zu machen, um sie zu erneuern, so dass er sich wieder zurücklehnen kann, um zu betrachten, was er geschaffen hat, und sagen kann: «Das ist gut. Das ist sehr gut!»

Ich bin abgestumpft. Ich bin zynisch. Für mich sieht es so aus, als ob die falsche Mannschaft gewinnt, sowohl innerhalb als auch außerhalb der Gemeinde. Mir kommt leicht die Frage in den Sinn: Wozu die Mühe?

Und diese Haltung wird durch das «Evangelium», in dem ich erzogen wurde, geradezu gefördert: Vertraue darauf, dass Jesus deine Sünden vergibt. Sei brav. Gib deinen Freunden Zeugnis. Und freue dich auf den Tag, an dem der Ruf des Himmels dich ergreift und du für immer beim Herrn im Himmel bist, weit weg von diesem Unheilsplaneten.

Soziales Handeln? Wozu die Mühe? Genauso gut könnte man versuchen, den Edsel wieder auf den Markt zu bringen. (Falls Sie es nicht wissen, der Edsel war eine Automarke der 1950er-Jahre, die nie viel verkauft wurde und heute für immer auf dem Schrott gelandet ist.) Und überhaupt, wenn man versucht, die Situation hier auf der Welt zu verbessern: Wie auch immer man es tarnt, es ist doch nur wieder das alte «soziale Evangelium» im neuen Gewand. Wozu die Mühe? So wurde es mir eingetrichtert.

Doch die gute Nachricht, die Christus predigte, war durchweg die gute Nachricht vom Reich Gottes, das auf die Erde gekommen war. Christi Absicht ist es, eines Tages zurückzukehren und diese scheinbar hoffnungslose Welt wieder zu einer Pracht zu erheben, die sogar Eden noch übertreffen wird. Und er hat uns aufgetragen, dafür zu beten und zu arbeiten, dass das Leben und die Werte des Himmels schon jetzt, noch vor seiner Rückkehr, auf der Erde sichtbar werden.

Die einzige Energie, die mich dazu bringen kann, in dieser Richtung zu beten und zu arbeiten, ist seine Verheißung, dass die Stadt Gottes auf unseren Planeten herabkommen und die Herrschaft übernehmen wird. Wenn ich mir bewusst mache, dass Jesus mich nicht aus dieser Welt herausholen, sondern sie vollkommen neu machen und mich dann für immer darin leben lassen wird, im Himmel auf Erden, dann wird, wenn ich ihm glaube (und das tue ich, zumindest meistens), die Hoffnung über den Zynismus siegen. Und ich werde mich weiter ins Zeug legen.

Ich möchte zu einer Gemeinde gehören, die durch das schmutzige Fenster des Lebens, wie es jetzt ist, hinausschaut und Spuren der Herrlichkeit sieht. Eine Gemeinde, die sich vorstellt, wie es sein wird, wenn alles schön ist, und sich dann auf den langen Weg durch die Erschöpfung und das entmutigende Gefühl der Vergeblichkeit macht. Das wäre die richtige Gemeinde für mich. Ich wünsche mir Gemeinschaft mit Leuten, die wissen, dass da, wo jemand bei Starbucks einer von einem hyperaktiven Kleinkind und einem sperrigen Buggy entnervten Mutter die Tür aufhält, irgendwie ein Stück Himmel auf die Erde gebracht wird; und dass Jesus zurückkehren wird, um dieses Werk zu vollenden.

Fünfter Zusatzgedanke: Tief im Innern sind wir alle süchtig nach derselben Sache

Ein Teenager aus meinem Bekanntenkreis ist alkoholabhängig. Ein Freund in seinen Sechzigern schafft es nicht, die Finger von Pornografie zu lassen. Ein anderer Freund ist wild entschlossen, jede Minute zu genießen. Und das tut er auch.

Ich bin nicht alkoholabhängig. Ein Glas Wein ab und zu reicht mir völlig. Ich bin auch nicht süchtig nach Pornografie. Ich könnte es sein, aber ich bin es nicht, warum auch immer. Und ich bin nicht süchtig nach Heiterkeit. Etliche meiner Freunde wünschten, ich wäre es. Ich wünschte das auch. Manchmal.

Aber ich bin süchtig nach mir selbst, genau wie jeder andere Mensch, der auf dieser Welt geboren wird, mit einer einzigen Ausnahme. Diese universelle Sucht zeigt sich konkret auf andere Weise als durch Alkohol, Pornografie oder chronisch gute Laune. Aber sie zeigt sich, zwar anders, aber nicht weniger hässlich.

Wenn ich begreife, dass ich unter derselben Sucht nach mir selbst leide wie jeder andere, dann kann ich, auch wenn zum Beispiel meine persönliche Sucht nach Erfolg als Verkündiger akzeptabler als andere erscheint oder gar Applaus erntet, nicht guten Gewissens den Alkoholiker oder Pornosüchtigen (oder auch den immer gut gelaunten Menschen, von dem ich überzeugt bin, dass er in der Verleugnung lebt) von einem Sockel überlegener Charaktergüte aus verurteilen.

Ich möchte zu einer Gemeinde gehören, in der der anerkennungssüchtige Pastor begreift, dass er Gnade genauso nötig hat wie der Älteste, der beim Ehebruch ertappt wird.

Wir alle sind süchtig danach, Selbstgenügsamkeit vorzugaukeln, und das erfüllt uns alle natürlich mit tiefer Panik. Wir wissen ja, dass das Leben uns Herausforderungen bereitet, mit denen wir nicht fertig werden.

Also vertrauen wir eben darauf, dass Gott unser Leben so weit in Schuss hält, dass wir die Illusion aufrechterhalten und weiter daran glauben können, wir wären in der Lage, zu tun, was nötig ist, um zu leben und zu lieben, wie Jesus es tat. Wir gehen davon aus, dass wir weiter an unserer Lieblingssucht, der Sucht nach uns selbst, hängen bleiben können.

Doch irgendwann zeigt sich Gott unkooperativ. Er legt uns Dinge in den Weg, die uns zu echtem Vertrauen treiben, die unsere verzweifelte Vorliebe für das Vertrauen auf uns selbst bloßstellen und uns zwingen, den Kampf zu erkennen, der in unserer Seele tobt. Und es ist ein Kampf, keine Frage.

Ich möchte zu einer Gemeinde gehören, die zusammenkommt, um der Liebesmusik des Himmels zu lauschen …

- um die Wahrheit des Himmels, die sich in der Auferstehung Christi darbietet, in Gottes ewiger Geschichte, in den Wegweisern des Heiligen Geistes (allesamt sichtbar in der Heiligen Schrift), zu hören und sich von ihr anziehen zu lassen.
- um von dem Plan des Heiligen Geistes, mich zu einem kleinen Christus umzugestalten, zu hören und mich ihm freudig unterzuordnen.
- um den himmlischen Ruf, der mich zu einer der Dreieinigkeit ähnelnden Gemeinschaft ziehen will, zu hören und diesem Ruf dann auch zu folgen.

- um die Pläne des Himmels für einen neuen Himmel und eine neue Erde zu erkennen und mich dafür zu begeistern.

Ich möchte zu einer Gemeinde gehören, die weiß, dass wir alle auf die eine oder andere Weise süchtig nach uns selbst sind; einer Gemeinde, die als Schar von wahrheitshungrigen, auf geistliches Wachstum und auf Gemeinschaft ausgerichteten und von missionaler Energie erfüllten Christen zusammenkommt. Und das zu einem einzigen Zweck: *um die Musik zu hören, die uns in Gottessüchtige verwandelt.*

Das ist die Gemeinde, zu der ich gehören möchte.

24. Kapitel

Was ich mir von einer Gemeinde wünsche: Eine abschließende Aussage

Eine *richtige* Gemeinde. Gibt es die? *Aber sicher!* Nicht einmal die Hölle wird den Leib Christi je vernichten können. Warum sollte ich glauben, dass bloße Menschen dazu imstande wären?

Kann ich sie finden? *Hier ist eine bessere Frage:* Kann ich aufhören, mich über all das zu beschweren, was ich an der Gemeinde vermisse? Kann ich aufhören, all das zu kritisieren, was meiner Meinung nach mit ihr nicht stimmt, und stattdessen anfangen, über das zu jubeln, was Gott tut (er ist nämlich *nicht* im Urlaub, um neue Kraft zu schöpfen und sich dann wieder in den Kampf zu stürzen), und anfangen, mitzuarbeiten an dem, was geschieht?

Ich weiß nicht, woran ich mehr leide – am Elia-Syndrom oder am Jona-Syndrom. Das hängt von meiner Tagesform ab. Eines aber weiß ich: Sollte mich eines dieser seelenzerstörenden Viren stärker befallen haben als das seelenbelebende Jesus-Syndrom, so hätte ich kein Recht, dieses Buch zu schreiben.

Doch wenn das Jesus-Syndrom sich tiefer im Kern meines Wesens eingenistet hat als die anderen beiden, könnte es sich vielleicht lohnen, dieses Buch zu lesen, vielleicht sogar mehrmals zu lesen, und in eine lebhafte Diskussion mit anderen einzusteigen, die zwar vielleicht von Gemeinde enttäuscht sind, sie aber dennoch lieben – so wie Jesus.

Lassen Sie mich meine Begriffe erklären. Zuerst, ohne Rücksicht auf die historische Reihenfolge, das Jona-Syndrom.

Das Jona-Syndrom

Manchmal möchte ich einfach nur ein paar Freunde finden, mit denen ich gerne zusammen bin, mit ihnen über geistliche Dinge reden, etwas Schönes mit ihnen unternehmen, hoffen, dass wir als Christen wachsen, hin und wieder anderen etwas Gutes tun, mich vielleicht in einem Dienst engagieren oder in einer Bibelstudiengruppe, und eventuell sogar am Sonntagmorgen in den Gottesdienst gehen – wenn es mir passt, versteht sich.

Ein beträchtlicher Teil von mir wünscht sich wenig mehr als ein gutes Leben für mich und meine Familie und ein paar Freunde. Ich hoffe, jemand gibt den hungernden Waisenkindern in Äthiopien etwas zu essen, und vielleicht schicke ich auch ein paar Dollar, um dabei mitzuhelfen – vermutlich mehr, um mein nagendes Gewissen zu beruhigen, als um dafür zu sorgen, dass einige Kinder gesund werden.

Das ist das Jona-Syndrom – wenn ich selbst und meine Leute mir wichtiger sind als du und deine Leute und wenn ich darauf vertraue, dass Gott mir und meinen Leuten das Leben gibt, das wir uns wünschen.

Als Gott Jona auftrug, Israel (Jonas Leute) zu verlassen und in Ninive (der letzten sichtbaren Bedrohung für den dauerhaften Wohlstand Israels) zu predigen, war Jona verwirrt und mehr als nur ein wenig verärgert.

Er sagte in etwa: «Gott, du hast mir aufgetragen, gute Zeiten für mein Volk vorauszusagen, obwohl auf Israels Thron ein König saß, der von dir nicht viel hält. Und dann hast du in meinem Land für Frieden und Wohlstand gesorgt. Wir genießen jetzt ein gutes Leben. Das Einzige, was uns nachts nicht schlafen lässt, sind die Assyrer. Sie sind stark genug, um unser behagliches Leben zunichtezumachen. Und jetzt willst du, dass ich in ihre Hauptstadt gehe und ihnen die Chance gebe, Buße zu tun? Gott, die tun das am Ende vielleicht tatsächlich, und dann sind sie womöglich noch stärker! Warum vernichtest du sie nicht einfach?»

Das Jona-Syndrom: der Wunsch, dass ich und meine Leute, die einzige *Gemeinde*, die mir wirklich am Herzen liegt, Gottes Segnungen genießen. Es tritt in Amerikas *christlicher* Kultur in zwei Formen in Erscheinung. Die auffälligere davon ist eine Ausrichtung auf materielles und emotionales Wohlergehen, also reichlich schöne Dinge, die man genießen kann, und genug emotionale Gesundheit, um sie auch wirklich genießen zu können.

Die andere ist weniger auffällig. Materieller Überfluss ist gut. Emotionale Stabilität ist wichtig. Aber innere Reinheit ist das, worauf es ankommt. Lasst uns den größten Teil unserer Kraft für den Zustand unserer eigenen Seele einsetzen. Wachsen wir auch geistlich? Lasst uns lieber noch einmal unsere geistliche Temperatur messen. Wir wollen uns doch Jesus nahe fühlen.

Wenn wir nicht aufpassen, könnte die zunehmende Bewegung für geistliches Wachstum zu einer Zwangsneurose verkommen. Am Ende gehen wir dann vielleicht so sehr darin auf, uns um unseren geistlichen Zustand zu sorgen oder ihn zu entwickeln zu versuchen oder uns selbst dafür zu gratulieren, dass wir gar keinen Blick mehr haben für den Zustand unserer Kultur oder die praktischen Bedürfnisse unserer Nächsten. So werden wir zu einem Haufen supergeistlicher Leute, die zu nichts Praktischem mehr taugen.

Je mehr ich unter dem Jona-Syndrom leide, desto weniger werde ich mich für eine *geistliche Theologie* interessieren, die Menschen zu einer *geistlichen Mission* beruft. Die Geschichte eines Gottes, dem die Menschen von Ninive, ja selbst ihre Tiere am Herzen liegen (Jona 4,10–11), wird wenig Reiz für mich haben. Mich wird es viel mehr zu einer *Individualtheologie* ziehen, einer täuschend geistlich klingenden Theologie wie der, die vor einigen Jahren ein konservativer Fundamentalist vertrat: «Die wahre Gemeinde soll sich nicht direkt mit Gemeinwesen, Staaten und Nationen befassen, sondern mit dem Individuum. […] Unsere zukünftigen und ewigen Interessen stehen so hoch über unseren gegenwärtigen fleischlichen Interessen wie der Himmel über der Erde. Die große Frage ist nicht, wie wir uns zu diesem Leben zurüsten, sondern zum nächsten.»[1]

Heute ist eine andere Art von Individualtheologie verbreiteter. Sie hört sich etwa so an:

> Die wahre Gemeinde soll sich nicht direkt mit Gemeinwesen, Staaten und Nationen befassen, sondern mit dem Individuum. Unsere gegenwärtigen Eigeninteressen, seien sie materiell oder geistlich, müssen zuerst befriedigt werden. Dann werden wir in der Lage sein, anderen zu helfen. Die große Frage ist nicht, wie wir Gott in dieser Welt dienen, indem wir anderen dienen, wie Jesus es tat, sondern wie wir Gott dazu bekommen, uns in dieser Welt zu dienen, indem er entweder unser Leben mit angenehmen Segnungen ausstattet oder unsere Seelen mit geistlicher Freude.[2]

So viel zum Jona-Syndrom. Es steckt in mir. Steckt es auch in Ihnen? Probieren Sie auch den folgenden Schuh an. Mir passt er nur allzu gut.

Das Elia-Syndrom

Jona wollte Gottes Gunst für sich selbst und sein Volk und interessierte sich nicht wirklich dafür, wer Gott war und was er in dieser Welt vorhatte *(geistliche Theologie)*. Ebenso wenig interessierte er sich für seine Liebesfähigkeit und die seines Volkes *(geistliches Wachstum)*, oder dafür, ob sie miteinander auf eine Weise umgingen, die Gottes Charakter widerspiegelte *(geistliche Gemeinschaft)*, oder für ihre Verantwortung, für Gott Einfluss auf all die Heiden außerhalb ihrer von Gott gesegneten Gemeinschaft zu nehmen *(geistliche Mission)*.

Elia hatte ein anderes Problem. Er wollte wirklich, dass Menschen Gott folgten und in ihrer Lebensweise seinen Charakter widerspiegelten, aber er war nicht sicher, ob ihm irgendjemand zuhörte. Jona gab sich einem Anspruchsdenken hin. Elia wurde vom Gedanken der Vergeblichkeit geplagt.

Das wurde so schlimm, dass er sich fragte, ob er der Einzige sei, der noch das Volk aufforderte, Gott in allen Situationen zu vertrauen, egal, ob es in ihrem Leben nun gut lief oder nicht. Er stellte sogar in Frage, ob Gottes Plan noch galt. Nichts von dem, was seiner Meinung nach hätte geschehen müssen, geschah tatsächlich.

Der Preis, den er dafür zahlte, seine Botschaft zu predigen, stieg in solch schwindelnde Höhen, dass er selbst in Tiefen der Verzweiflung versank: «‹Herr, ich kann nicht mehr!›, stöhnte er. ‹Lass mich sterben!›» (1. Könige 19,4).

Das Jona-Syndrom steckt in mir. Aber ich glaube, das Elia-Syndrom steckt noch tiefer in mir. Ich dachte zwar nie, ich wäre der einzige treue Bote, der noch übrig sei, aber ich habe mich oft gefragt, ob überhaupt jemand (ich selbst eingeschlossen) wirklich auf die Botschaft hört, von der ich glaube, dass sie mir gegeben wurde. Ich hätte gedacht, dass ich inzwischen – ich bin jetzt seit sechsundfünfzig Jahren Christ – schon viel mehr geistlich gewachsen sein müsste, als ich es bin, und dass die Gemeinde eine viel stärker das geistliche Wachstum fördernde Gemeinschaft sein müsste, als sie es ist.

Manchmal möchte ich einfach abhauen und aufgeben. Manchmal möchte ich aufhören, Bücher zu schreiben, aufhören, mit Leuten über ihre Probleme zu reden, alle zukünftigen Kurse der School of Spiritual Direction absagen (während ich dies schreibe, habe ich neunundzwanzig davon geleitet – reicht das denn nicht?) und Nein sagen zu jeder Einladung, auf noch eine Kanzel zu steigen, noch eine Buchempfehlung zu schreiben, noch einen Anrufer zurückzurufen, auf noch einer Konferenz zu sprechen, noch ein Seminar zu unterrichten.

Das ist es, was ich das Elia-Syndrom nenne: Gottes Liebesgeschichte *(geistliche Theologie)* aus dem Blick verlieren; das Zutrauen verlieren, dass der Heilige Geist jeden tief verändert, auch mich *(geistliches Wachstum)*; die Hoffnung verlieren, dass irgendeine Gruppe im Volk Gottes je zu guten Zwecken auf den tiefsten Ebenen der Liebe und Integrität miteinander umgehen kann *(geistliche Gemeinschaft)*; und die Energie verlieren, irgendetwas gegen das Leid in dieser Welt zu tun *(geistliche Mission)*.

Also ja, ich möchte wirklich, dass mein Leben gut läuft, und das schließt auch das Leben der Menschen ein, die mir am Herzen liegen. Und ich werde es manchmal leid, sowohl eine Botschaft zu predigen, die so radikal ist, dass nur einige wenige Interesse zeigen, als auch diese Botschaft selbst so schlecht vorzuleben.

Aber wenn ich meine Selbstsucht in aller krassen Klarheit sehe, und wenn ich meine Verzweiflung am tiefsten empfinde, entdecke ich eine widerstreitende Wirklichkeit, die unverrückbar noch tiefer in mir verankert ist und mich aufrechterhält. Diese Wirklichkeit ist das Jesus-Syndrom.

Das Jesus-Syndrom

Ich schaue mich *um*, und ich sehe Gefahren, die mein körperliches, beziehungsmäßiges, emotionales und finanzielles Wohlergehen bedrohen. Ich schaue *in* mich, und ich fühle mich entmutigt und antriebslos. Ein altes Wort, das meinen Zustand beschreibt, lautet *Acedia*. Es bezeichnet die Unfähigkeit, sich um irgendetwas sonderlich zu scheren.

Was ich für die Wahrheit halte, erscheint den meisten Menschen, einschließlich meiner selbst, als zu radikal, um es tatsächlich zu leben. Ich glaube immer noch daran, dass das, was ich lehre, die Wahrheit ist, aber manchmal frage ich mich, ob es im wirklichen Leben funktioniert.

Jonas Syndrom macht mich fordernd: *Segne mich!* Das von Elia weckt in mir den Wunsch nach einem sehr ausgedehnten Nickerchen: *Gönn mir eine Pause!*

Doch wenn ich *hinaufschaue*, und zwar mit Hilfe des Apostels Johannes, erblicke ich das Jesus-Syndrom. Hören Sie: «Er ist vom Himmel gekommen und steht deshalb über allen. Wir aber gehören zur Erde und können nur von irdischen Dingen reden. Christus kommt vom Himmel und kann bezeugen, *was er dort gesehen und gehört hat.* Trotzdem glaubt ihm keiner!» (Johannes 3,31–32; Hervorhebung von mir).

Die Frage ist diese: Was hatte Jesus gesehen und gehört, wovon uns zu erzählen er auf die Erde kam? Ich glaube, es ist Folgendes.

Er *sah* das Leben, wie es eigentlich gelebt werden sollte, in einer vollkommenen Gemeinschaft; Beziehungen zwischen drei vollkommenen Personen (er war eine davon), Personen, die einander vollkommen liebten und deren liebevoller Charakter (den er als Heiligkeit kannte) keine Verletzung ihrer von Freude erfüllten Liebe ertragen konnte.

Und er *hörte* einen vollkommenen Plan (er selbst saß im Planungskomitee); einen Plan, noch mehr Personen zu erschaffen, die seinen Vater lieben und die vollkommene Gemeinschaft genießen würden. Jesus wusste, was dieser Plan ihm abverlangen würde. Er wusste, dass er einer von ihnen werden und für sie würde sterben müssen, weil sie sich um sich selbst drehen statt um Gott.

Und er wusste, wie der Plan enden würde. Tausende und Abertausende dieser auf sich selbst versessenen Personen würden zu gottversessenen Personen umgestaltet werden (so wie Jesus es ist), und sie würden in vollkommener Gemeinschaft mit Gott und miteinander in einer Welt leben, die wiederhergestellt sein würde zu der Schönheit, die Jesus ihr ursprünglich zugedacht hatte.

Und so kam Jesus in diese Welt, um die Geschichte davon zu erzählen, was er gesehen und gehört hatte, von der vollkommenen Gemeinschaft Gottes und dem vollkommenen Plan Gottes.

Der Kern dieses Plans war seine Mission: als vollkommener Mensch zu leben, für unvollkommene Menschen zu sterben und dann von den Toten aufzuerstehen als der letzte Adam, das Oberhaupt eines ganz neuen Geschlechts von Personen, und als der zweite Mensch, die vollkommene Person, der viele andere folgen würden, die zu vollkommenen Personen wie er werden würden.

Diese Personen, die durch das Leben Jesu, das Jesus-Syndrom, infiziert würden, würden eine Gemeinschaft von unvollkommenen Personen bilden, die aber Vergebung empfangen haben und dazu bestimmt sind, vollkommen zu werden. Eine Gemeinschaft, die die vollkommene Gemeinschaft erleben würde, die Jesus gesehen hatte, und die den vollkommenen Plan hören würde, den Jesus gehört hatte. Und sie würden zusammenkommen, um über das zu reden, was sie gesehen und gehört hatten, und sie würden durch Predigten, Lehre und Gespräche darüber nachdenken.

Dabei würden sie in sich ein verzehrendes Verlangen entdecken, Jesus zu *kennen* und so verändert zu werden, dass sie Jesus *ähnlich* würden. Und diese Entdeckung würde an den Tag bringen, wie wenig sie Jesus ähnlich sind und wie dringend sie einander (und mehr noch den Geist Jesu und seines Vaters) brauchen, um sich wirklich zu verändern.

Also würden die Personen zusammenkommen, nicht nur, um über das zu reden, was sie gesehen und gehört hatten, sondern auch, um sich gegenseitig zu helfen, sowohl Gott als auch die Menschen um sie herum besser zu lieben.

Wenn sich dann ihre Beziehungen vertieften und die Geschichte Gottes in ihrer Art zu leben lebendig würde, würde ihnen dämmern, dass sie selbst nichts Geringeres waren als die Fortsetzung des Planes Gottes, Liebe auszubreiten in die Beziehungen der Menschen rund um die Welt und die Schönheit einer gerechten Gesellschaft auf diesem Planeten wiederherzustellen.

Diese Gemeinschaft ist natürlich die Gemeinde; es sind die Menschen, die berufen sind, den vollkommenen, um Jesus kreisenden Plan fortzuführen, vollkommene Gemeinschaft auf der Erde wiederherzustellen. Und diese Gemeinschaft würde das werden, wozu sie bestimmt war, eine *richtige* Gemeinde, und zwar in dem Maß, in dem ihre Leute ...

- immer wieder darüber sprechen und besser verstehen, was Jesus gesehen und gehört hatte: *geistliche Theologie*.
- erkennen, dass ihr Beitrag zur Ausführung des Planes Gottes in einer bösen Welt voller selbstsüchtiger Menschen davon abhängt, dass sie lernen, Gott zu lieben, auch wenn sie sich ungesegnet, leer und allein fühlen; und andere zu lieben – Ehemänner, Ehefrauen, Kinder, Freunde, Nachbarn, Kollegen –, auch wenn diese anderen ihre Liebe nicht erwidern: *geistliches Wachstum*.
- begreifen, dass die Schule, in der sie lernen, so wie Jesus zu lieben, ihre Gemeinschaft ist, bestehend aus Menschen, die gut lieben wollen, es aber nie ganz schaffen und manchmal erbärmlich daran scheitern; Menschen, die über lange Zeit hinweg oft zusammen sind, die sich gegenseitig kennen lernen, die um die Gnade beten, manchmal schwere Konflikte und Spannungen zu

bewältigen und zu echter Einheit durchzudringen, und die sich gegenseitig ermutigen, weder Forderungen zu stellen noch aufzugeben, sondern bei dem Plan zu bleiben: *geistliche Gemeinschaft.*

- verstehen, dass Jesu letzter Auftrag, alle Völker zu Jüngern zu machen, alle Vorurteile gegen Leute überwindet, die anders sind als sie, ob in der Hautfarbe, in der Weltanschauung, in der Sprache, in der Religion oder in irgendeiner anderen Hinsicht, und sich mit *persönlicher Evangelisation* engagieren, wo immer sie können, und für *soziale Gerechtigkeit* eintreten, wie immer sie können: *geistliche Mission.*

Unter dem Strich kommt also Folgendes heraus:

1. Eine richtige Gemeinde bietet ihren Leuten am Sonntagmorgen keine Unterhaltung oder inspiriert sie lediglich durch rhythmische Musik oder eine packende Predigt. Eine richtige Gemeinde weiß, dass harte Zeiten vor uns liegen, für manche sogar schon angebrochen sind; harte Zeiten, die einen Zweck in Gottes vollkommenem Plan erfüllen. Dieser Plan muss also gehört werden. Die Liebe hinter diesem Plan muss gesehen werden. Eine richtige Gemeinde sehnt sich danach, jedes Buch der Bibel zu kennen, den zu kennen, der sie geschrieben hat, die Geschichte zu hören, die die Bücher erzählen, und ihren Leuten die Geschichte der geistlichen Theologie weiterzugeben.
2. Eine richtige Gemeinde gibt sich nicht damit zufrieden, dass ihre Leute sonntags in den Gottesdienst kommen, den Zehnten ihres Einkommens spenden, sich an Gemeindeaktivitäten beteiligen und ein moralisch anständiges Leben führen. Eine richtige Gemeinde fleht zu Gottes Geist, dem Geist der Heiligkeit, ihre Leute weiter geistlich wachsen zu lassen, bis sie Jesus als ihren größten Schatz ansehen, egal, wie sie sich fühlen, wie andere sie behandeln oder wie es in ihrem Leben läuft.
3. Eine richtige Gemeinde schätzt niemals die Teilnahme an Programmen höher ein als den Umgang miteinander in der Gemeinschaft. Und sie stellt sich der beunruhigenden Wahrheit,

dass das Engagement in Kleingruppen allzu oft auf wenig mehr als die Teilnahme an einem Beziehungsprogramm hinausläuft. Eine richtige Gemeinde zielt auf geistliche Gemeinschaft, in der Seelen miteinander in Verbindung treten, in der Scham sich abschwächt, in der Sünde an die Oberfläche kommt, in der Versagen auf Gnade trifft, in der sich Ärger abmildert, in der heiliges Verlangen wächst.

4. Eine richtige Gemeinde weiß, dass es wenig Erlösungskraft hat, in dieser Welt Gutes zu tun, es sei denn, die Täter des Guten kennen Jesus, ähneln Jesus und gehen in der Kraft Jesu wie Jesus mit anderen um, zuerst bei sich zu Hause und in ihren Gemeinden und dann in der Kultur, die sie umgibt.

Der Haken ist folgender. In dem zuvor zitierten Abschnitt aus Johannes 3,31–32 deutet Jesus an (ich finde, er drückt es ziemlich klar aus), dass niemand auf sein Zeugnis hören würde, dass niemand sich für eine richtige Gemeinde interessieren würde, es sei denn, der Heilige Geist wirke an ihm. Also können wir richtige Gemeinde weder «machen» noch Menschen in sie hineinziehen. Uns bleibt nur das Gebet.

Erweckung hängt von dem Gebet ab,
Gottes Geist möge uns sehen und hören lassen,
was Jesus sah und hörte.

An einer anderen Stelle (Matthäus 7,13–14) sagte uns Jesus, dass nur der schmale Weg zum Leben führt, dass nur das Leben im Plan Gottes dahin führt, dass wir uns an Gott erfreuen können. Dann fügte er im Blick auf den schmalen Weg folgende warnende Worte hinzu: «Deshalb finden ihn nur wenige.»

Ich fürchte, die Gemeindelandschaft im Westen ist zu sehr von «Breiter-Weg-Gemeinden» bestimmt; von Gemeinden, die eine schlimm verfälschte oder verwässerte Version der Geschichte Gottes präsentieren, die zu oberflächlicher Veränderung (Zügellosigkeit oder Gesetzlichkeit), seichter Gemeinschaft (Geselligkeit oder Distanz) und nachlässiger Mission (Gleichgültigkeit oder Humanismus) führt.

Erweckung hängt davon ab, dass wir geistliche Theologie, die Geschichte von der vollkommenen Gemeinschaft Gottes und seinem vollkommenen Plan, kennen und mitteilen.

Ich möchte zu einer Versammlung von Christen gehören, ob es nun wenige sind oder viele, die sich mit geistlicher Theologie vertraut machen, die sich nach geistlichem Wachstum sehnen, die den Preis dafür zahlen, geistliche Gemeinschaft zu entwickeln, und die sich selbst für eine geistliche Mission hingeben. Ich möchte zu einer Gruppe von Gläubigen gehören, die ein unerträgliches Mitleid mit dem Leiden der Menschheit empfinden und erkennen, dass sie etwas dagegen tun können, während sie darauf warten, dass Jesus wiederkommt und seinen vollkommenen Plan in einer vollkommenen Gemeinschaft zur Erfüllung bringt. Und zwar in einer Weise, dass sein Vater zum ersten Mal auf sein Volk und seine Welt blicken und sagen kann: «Das ist gut; das ist sehr, sehr gut!»

Das ist eine *richtige Gemeinde!*

25. Kapitel

Postskriptum

Wir stehen alle in einem Kampf um unser Leben. Als Christen werden wir ihn gewinnen. Aber nicht, ohne dabei tausend niederschmetternde Niederlagen zu erleben. Und manche auch nicht, ohne ihr Leben zu vergeuden.

Die Welt ist in einem schrecklichen Zustand. Die Gemeinde muss hervortreten als eine alternative Gemeinschaft, die das bietet, was zu genießen jedem Menschen schöpfungsmäßig zuerkannt wurde. Allzu oft tut sie das nicht.

Aber sie könnte es. Ich habe das merkwürdige Gefühl, dass Gottes Geist dabei ist, ein neues Gespräch darüber anzufangen, was eine richtige Gemeinde ist, eine Gemeinde, zu der wir alle gerne gehören würden.

Wenn das, was ich in diesem Buch gesagt habe, bei Ihnen Anklang findet, beten Sie um Erweckung. Überprüfen Sie die Art und Weise, wie Sie mit Ihren Mitchristen und mit den Menschen in Ihrem Kreis umgehen, die vielleicht noch keine Christen sind. Und schauen Sie sich auf meiner Website um, www.newwayministries.org. Was Sie dort finden, wird Sie ermutigen, sich in die Richtung zu bewegen, die ich in diesem Buch beschrieben habe.

Wenn ich recht habe, wenn geistliche Theologie der Grundstein für geistliches Wachstum, geistliche Gemeinschaft und geistliche Mission ist, dann müssen wir auf die ganze Geschichte hören, die Gott uns in der Bibel erzählt. Die Gemeinde muss sich mit der Bibel vertraut machen, um die Geschichte zu hören. Die Geschichte Gottes *ist* geistliche Theologie.

Diese Überzeugung hat mich dazu geführt, ein anderes Buch zu schreiben, dem ich den Titel *66 Love Letters: Discover the Larger Story of the Bible, One Book at a Time* gebe. Darin führe ich einen Dialog mit Gott über das, was er mich in jedem Buch der Bibel hören lassen möchte. Ich habe die Bibel schon etliche Male durchgelesen, aber für dieses nächste Buch habe ich sie *anders* gelesen und habe *anders* hingehört. Es war der dänische Philosoph Søren Kierkegaard, der mich als Erster gelehrt hat, mir jedes Buch in der biblischen Bibliothek als einen an mich (und an Sie) gerichteten Liebesbrief zu denken, geschrieben von einem Gott, der weiß, was wir alles kaputtgemacht haben, und der uns so sehr liebt, dass er alles tut, was nötig ist, um die Dinge wieder in Ordnung zu bringen und uns das Leben mit ihm zu schenken, für das er uns geschaffen hat.

Am Ende dieses Buches habe ich meine zweiteilige Einleitung zu den ersten neununddreißig Liebesbriefen (dem Alten Testament) angefügt, zusammen mit meinem ersten Gespräch mit Gott, in dem es natürlich um das 1. Buch Mose geht. Das Gespräch beginnt (wie jedes Gespräch über alle sechsundsechzig Bücher) damit, dass ich frage: «Gott, warum hast du das 1. Buch Mose geschrieben? Was möchtest du, dass ich dich in diesem Buch sagen höre?» Dann folgen die Einleitung zu den letzten siebenundzwanzig Briefen (dem Neuen Testament) sowie zwei Dialoge, die ich mit Gott darüber geführt habe, was er mir durch das Matthäus-Evangelium sagt.

Mein Gebet ist, dass *66 Love Letters* zu einer Materialsammlung für Gemeinden in aller Welt wird, um das biblische Analphabetentum zu bekämpfen und eine mitreißende geistliche Theologie zu entwickeln; ein Hilfsmittel für Versammlungen von Christen, um zu einer richtigen Gemeinde zu werden.

26. Kapitel

Reaktionen «richtiger» Pastoren

Während ich dieses Buch schrieb, kam mir immer wieder eine Gemeinde in Indiana in den Sinn. Ich war dabei, als die Valley Springs Fellowship entstand; und in den über zwanzig Jahren seither habe ich engen Kontakt zu den Leuten dort gehalten, besonders zu ihrem Pastor Kent Denlinger. Ich bin noch keiner anderen Gruppe von Jesus-Nachfolgern begegnet, die in einer so authentischen Gemeinschaft miteinander leben und so klar begriffen haben, wie Gott durch die Bibel, durch den Heiligen Geist und durch ihre Mitchristen zu ihnen spricht; die eine so mutige Bereitschaft haben, sich ihrer inneren und beziehungsmäßigen Kaputtheit zu stellen, während sie weiter auf dem schmalen Weg zum geistlichen Wachstum gehen; und die eine solche missionale Leidenschaft dafür haben, sich ihrer Umgebung mitzuteilen.

Kent hat seit jeher als Pastor diesem Zusammenschluss hoffnungsvoller Kämpfer als einer von diesen hoffnungsvollen Kämpfern und als ein dienender Leiter vorgestanden. Ich habe Kent gebeten, dieses Buch zu lesen und eine persönliche Beurteilung zu verfassen. Seine Worte bilden die erste von mehreren eindrucksvollen Reaktionen auf das Buch, die ich von Pastoren erhalten habe.

«Die zentrale Aufgabe der Gemeinde … ist es, einen Kontext zu schaffen, in dem die Geschichte Gottes zuerst die Innenwelt eines Menschen anspricht, indem sie unseren tiefsten Hunger zum Vorschein bringt, während sie gleichzeitig aufdeckt, was der Freisetzung des Lebens und der Kraft Gottes im Weg steht. Falls und wenn dies geschieht … werden ganz natürlich Gemeinden entstehen, weil Gottes Leben immer nach außen fließt. … Möge Gott dieses Buch gebrauchen, um mir und allen, die die Gemeinde lieben, einen neuen Blick fürs Wesentliche zu verschaffen und unseren Traum, hin und wieder richtige Gemeinde zu erleben, lebendig zu erhalten.»

– *Kent Denlinger,*
Valley Springs Fellowship, Warsaw, Indiana

«Die Worte, die mir einfallen, wenn ich dieses Buch lese, sind *tief* und *reich*. Die Art und Weise, wie Sie offen und ehrlich von Ihren inneren Kämpfen und Fragen in Bezug auf ‹richtige Gemeinde› sprechen, hat mir das Gefühl gegeben, dass ich mich auf eine Reise nicht nur in ein tieferes Denken, sondern auch in eine tiefere und reichere Beziehung zur Dreieinigkeit begebe.»

– *Paul Causton,*
St. John Lutheran Church, Chaska, Minnesota

«*Gemeinde. Aber richtig!* erinnert uns daran, dass wir zum Leben zusammenkommen – Leben, das wir in erster Linie durch den lebendigen Gott erfahren, mit dem wir alles Leben feiern und zu dem wir mit unseren Wunden kommen. Und wir kommen zusammen zum Leben mit denen, mit denen wir Seite an Seite anbeten und gegenüber denen wir unsere Seelen bloßlegen können.»

– *Dub Ambrose,*
Asbury United Methodist Church, Tulsa, Oklahoma

«*Gemeinde. Aber richtig!* ist eine umwerfende Lektüre, die meiner Meinung nach das Potenzial hat, zu einem christlichen Klassiker wie Bonhoeffers *Gemeinsames Leben* zu werden. Nicht nur leitende Leute in den Gemeinden sollten es lesen, sondern jeder Christ. Mein Traum ist, dass Gemeinden, die in unserer westlichen Welt hochgradig institutionalisiert sind, dadurch, dass sie den Rhythmus jener vier ‹geistlichen Dinge› hören und spüren (geistliche Theologie, geistliches Wachstum, geistliche Gemeinschaft und geistliche Mission), eine radikale Revolution ihrer Beziehungen erleben werden.»

– *JOHANN BINDER,*
Biblische Missionsgemeinde, Pfullingen, Deutschland

«Nachdem ich *Gemeinde. Aber richtig!* gelesen habe, fühle ich mich wieder daran erinnert, dass ich Larry Crabb für einen modernen Propheten halte. Er ist leidenschaftlich und verwundbar, und er sticht, stößt und ärgert mich. Aber nicht nur mich, sondern auch die *Liberalen*, die *Konservativen* und die neue *Emerging Church*. Niemand bleibt von seiner biblischen Vision verschont, dass wir uns nicht mit einem Christsein zufriedengeben sollten, das *gut genug* ist. Wie nur wenigen anderen ist es Dr. Crabb wieder einmal gelungen, in mir die Leidenschaft aufzurühren, zu Gottes Ehre zu leben. Je mehr Menschen dieses Buch lesen, desto gesünder wird die Gemeinde werden.»

– *KEVIN POUND,*
Mandarin Presbyterian Church, Jacksonville, Florida

«Beim Lesen des Buches kamen mir etliche Gedanken, aber der vorherrschende war, wie wichtig es ist, eine ‹Kultur› innerhalb unserer Gemeinde zu entwickeln, die den Leuten den Kampf zwischen Fleisch und Geist, in dem sie stehen, bewusster macht und sie dann zurüstet, ihm zu begegnen.»

– *JIM POWELL,*
Richwoods Christian Church, Peoria, Illinois

«Es gab mehrere Momente, in denen ich das Buch einfach zur Seite legen und ignorieren wollte. Es hat so eine Art, all die Scham, die Schuldgefühle und die Ängste, von denen Larry so offen spricht, an die Oberfläche zu bringen. Etwas in mir möchte lieber so tun, als wäre bei mir und bei meiner Gemeinde alles in Ordnung und als würden wir unsere Sache doch ziemlich gut machen. Doch tief im Innern weiß ich, dass wir alle noch einen weiten Weg vor uns haben. Dieses Buch gibt mir neue Hoffnung für das, was in meiner Gemeinschaft geschehen kann.»

– *ANTHONY J. VARTULI,*
Greenwood Community Church, Denver, Colorado

«*Gemeinde. Aber richtig!* ist ein wichtiges Buch, aber ich bin nicht sicher, ob es ein populäres sein wird. ... Dieses Buch wirft viele Fragen auf, die uns einfach unbequem sind, und anstatt uns die Antworten zu geben, die wir so oft verlangen, bringt es uns ins Nachdenken.»

– *COLEMAN PRATT,*
First Baptist Church of Union Park, Orlando, Florida

«Larry zeigt, wie Ehrlichkeit über unsere Zerbrochenheit, über unsere Selbstversessenheit und über unsere Leere es uns gemeinsam ermöglicht, die bedingungslose Liebe zu erfahren, die aus dem Leben der Dreieinigkeit fließt, und uns immer mehr zu ‹kleinen Christussen› zu machen, die füreinander und für die verlorene, gequälte Welt lieben, vergeben, Opfer bringen und leiden – und so mehr und mehr zu einer richtigen Gemeinde zu werden.»

– *MIKE GATLIFF,*
Second Presbyterian Church, Memphis, Tennessee

«Nachdem ich *Gemeinde. Aber richtig!* zum zweiten Mal durchgelesen habe, steht mir deutlich vor Augen, wie weit wir von richtiger Gemeinde entfernt sind, aber wie sehr ich mich danach sehne. Ich möchte eine Versammlung leiten, die die Art von Gemeinde ist, in die Larry gerne gehen würde. Wichtiger noch, ich möchte Pastor einer Gemeinde sein, von der der Heilige Geist begeistert wäre.»

– *WINSLOW THURSTON,*
Warren Baptist Church, Warren, Oregon

Anmerkungen

Kapitel 3: Was ist dieses Etwas, das aus einer Versammlung eine Gemeinde macht?

1. J. I. Packer, «What Is Revival?», in *The J. I. Packer Collection* (IVP, Downers Grove, IL), 1999, Seite 78.
2. Kein Buch hat mir mehr geholfen, daran zu glauben, dass die Musik und das Lachen schon jetzt zu hören sind, als *Die Hütte*, ein bemerkenswerter Roman von William Young, Allegria, 2009.

Kapitel 5: Es verschafft mir ein besseres Leben: Ist es das, worauf Gott aus ist?

1. Zitiert in Gerald L. Sittser, *Water from a Deep Well: Christian Spirituality from Early Martyrs to Modern Missionaries* (Downers Grove, IL: InterVarsity Press, 2007), Seite 179.

Kapitel 6: Was ist besser als ein besseres Leben?

1. Lawrence J. Crabb, *Von innen nach außen* (Basel: Brunnen, 2002[4]), Seite 7.
2. Zitiert in Sittser, Seite 16.
3. Ebd., Seite 37–38.
4. Ebd., Seite 42–43.
5. C. S. Lewis, *Das Gewicht der Herrlichkeit* (Basel: Brunnen, 2005), Seite 96–98.

Kapitel 7: Es wird mir zeigen, wie ich meine Welt verändern kann: Ist das das Zentrum der Gemeinde?

1. Michael Frost, *Exiles: Living Missionally in a Post-Christian Culture* (Peabody, MA: Hendrickson Publishers, 2006).
2. *Lectio divina* ist das wiederholte, langsame Lesen eines kurzen Bibelabschnitts mit Pausen zwischen den Lesungen, um in der Stille zu erkennen und verbal zu artikulieren, was der Heilige Geist dem Lesenden durch den Text zuflüstert.

3. Mother Teresa, Brian Kolodiejchuck (Hrsg.), *Come Be My Light* (New York: Doubleday, 2007). Dt. Ausgabe: *Komm, sei mein Licht* (München: Pattloch, 2007).

Kapitel 8: Authentizität und Mission sind gute Werte, aber reichen sie aus?

1. Zitiert in Frost, Seite 66.

Kapitel 13: Was wird mich dazu bringen, in die Gemeinde gehen zu wollen? (Jedenfalls nicht noch ein neues Programm!)

1. Entnommen aus «Americans Restless in Search for God», *Denver Post,* 26. Februar 2008.

Kapitel 14: Erstes Merkmal: Sie hungert nach der Wahrheit, die Süchtige frei macht

1. *The Complete Works of Oswald Chambers* (mit Anmerkungen von David McCasland), (Grand Rapids, MI: Discovery House, 2000), Seite 638.

Kapitel 15: Was genau *ist* lebendige und aktive Wahrheit?

1. C. S. Lewis, *Pardon, ich bin Christ* (Basel: Brunnen, 17. Taschenbuchauflage 2004), Seite 161.

Kapitel 17: Wegweiser in den Nebel

1. Thinkexist.com, Zitate von William F. Buckley jr., http://thinkexist.com/quotes/william_f._buckley,_jr./3.html.

Kapitel 21: Viertes Merkmal: Sie ist voller Energie für Mission

1. Scot McKnight, *The Jesus Creed* (Brewster, MA: Paraclete Press, 2004), Seite 136.
2. Zitiert in *The Jesus Creed,* Seite 149.
3. Ebd., Seite 146.

Kapitel 24: Was ich mir von einer Gemeinde wünsche: Eine abschließende Aussage

1. Zitat entnommen aus: *Evangelicalism and Social Responsibility*, aufgezeichnete Vorlesungen von Vernon C. Grounds, Seite 5–6. Die Vorlesungen wurden in schriftlicher Form erstmals 1967 beim Verlag Herald Press veröffentlicht und 2008 vom Denver Seminary erneut herausgegeben. Ich nehme in meiner Schlusserklärung reichlich Bezug auf dieses wunderbare Pamphlet.
2. Diese Aussage, die weit weniger eloquent ist als die vorausgegangene, stammt aus meiner Feder. Ich glaube nicht daran, aber ich neige allzu oft und allzu leicht dazu, danach zu leben.

Bonusmaterial

66 Love Letters / Discover the Larger Story of the Bible, One Book at a Time

Wir fragen:
«Wo passt Gott in die Geschichte meines Lebens?»,
wenn doch die eigentliche Frage lautet:
«Wo passt mein kleines Leben in die große
Geschichte der Mission Gottes?»

Christopher J. H. Wright

Vorwort

Ihr Leben ist Teil einer größeren Geschichte. Alles, was Sie tun, ob es nun etwas Alltägliches ist wie das Warten in einer langen Schlange an der Supermarktkasse oder etwas Ernstes wie der Umgang mit einer Familienkrise, gehört mit zu dieser Geschichte. Alles, was Ihnen geschieht – das Wunderbare, das Schreckliche und alles, was dazwischen liegt –, treibt die Handlung voran.

Der Trick ist, die Geschichte zu kennen, ihre Handlung zu begreifen und jeden Tag daran zu denken. Das ist schwierig. Aber nur auf diese Weise können Sie sich entscheiden, bewusst in der größeren Geschichte mitzuwirken. Nur so können Sie die transzendente Freude darüber empfinden, dass Sie die Geschichte voranbringen, egal was in Ihrem Leben, in der kleineren Geschichte, geschieht, die so leicht den größten Teil Ihrer Aufmerksamkeit für sich vereinnahmt.

Je älter ich werde, desto mehr glaube ich daran, dass genau jetzt, mitten in dem Gemisch von Gutem und Schlechten, welches in der kleineren Geschichte eines jeden von uns vor sich geht, eine größere Geschichte erzählt wird, und zwar eine richtig gute. Nur haben wir die Geschichte völlig verdreht. Wir haben die Handlung verändert, um darin Platz für unser Leben zu schaffen, wie wir von unserer begrenzten Perspektive aus gerne möchten, dass es ablaufen soll.

Ich spreche von Christen – nicht von uns allen, aber von den meisten von uns. Und ebenso von Nichtchristen. Wir alle biegen unser Verständnis vom Sinn des Lebens so hin, dass unsere empfundenen Wünsche Platz darin finden. Wir alle verändern die Handlung des Lebens in ein Drama, das die Sehnsüchte unseres Herzens – nach Intimität, Respekt, Erfüllung und einem behaglichen Leben – schneller befriedigt, als es im ursprünglichen Skript vorgesehen ist. Die Auswirkungen sind katastrophal.

Unsere Kultur der schnellen Befriedigung, in der im Leben alles glattgehen muss, unsere Ich-will-alles-und-zwar-sofort-Kultur, hat unser Verständnis der christlichen Geschichte zu etwas verbogen, was es nicht ist und niemals war. Wer dieser Lüge glaubt, wird zu etwas, als das kein Mensch und schon gar kein Christ jemals gedacht war. Wer die Geschichte verdreht, der degradiert den menschlichen Geist.

Wenn Sie davon ausgehen, das Christentum bedeute die Befriedigung all Ihrer Wünsche in diesem Leben, einschließlich der tiefsten Wünsche in Ihrem Herzen, dann leben Sie, wie kein Mensch jemals leben sollte. Sie verlangen Befriedigung. Dafür leben Sie. Sie glauben, einen Anspruch darauf zu haben. So werden Sie unfähig zu echter Liebe und sind nur zu selbstsüchtiger Leidenschaft imstande.

Wenn etwas schiefgeht, wenn Sie im Leben scheitern oder das Leben Ihnen übel mitspielt, ist es vollkommen natürlich, dass Sie wissen möchten, was Sie *tun* sollen, statt danach zu fragen, wie Sie *denken* sollen. Sie rühren herum und wenden sich hin und her. Sie versuchen sich eine Strategie einfallen zu lassen, mit der Sie den Schaden begrenzen, das Unbehagen lindern und ein gewisses Maß an innerem Frieden zurückgewinnen können.

Es ist schwer, die Panik beiseitezuschieben. Durch den Schmerz hindurchzugehen. Die Befriedigung auf später zu verschieben. Mit dem Gefühl zu leben, leer, wertlos, verraten zu sein. Und zu fragen: «Okay, wie sieht hier der große Überblick aus? Was für ein Mensch will ich inmitten dieses Durcheinanders sein, für meine Kinder, für meine Freunde, für mich, für Gott? An welchen Werten will ich festhalten? Was zählt für mich am meisten, koste es, was es wolle? Worum geht es eigentlich im Moment in meinem Leben, und welches Feuer brennt noch in mir, das mich antreibt, weiter auf etwas wahrhaft Gutes zuzugehen? Welchen Unterschied macht die sichere Hoffnung auf den Himmel in diesem Moment für meine Einstellungen, meine Leidenschaften und meine Entscheidungen?»

Wenn das Leben uns übel mitspielt, ist es nur natürlich, dass wir sofort fragen: «Was kann ich tun, damit mein Leben besser wird? Was kann ich tun, um mich vor noch mehr Schmerz zu schützen?» Aber wäre es vielleicht menschlicher, zu fragen: «Was für eine Geschichte erzählt mein Leben?»

Wenn wir es schaffen, die menschlichere Frage zu stellen, tritt die Wissenschaft in die zweite Reihe zurück, und Religion und Philosophie treten in den Vordergrund, im Sinne von: Hier ist die richtige Art zu denken. Dies sind die Überzeugungen, an denen es festzuhalten gilt. Erzähle mit deinem Leben diese Geschichte, und du bist auf dem Weg zu Sinnerfüllung, Hoffnung und Glück.

Ehrliche Menschen jedoch wissen, wenn sie schon lange genug leben, dass nichts so funktioniert, wie es sollte, und dass auch nichts je so funktionieren wird, jedenfalls nicht in diesem Leben. Es sind nicht nur die Armen, die wir immer bei uns haben werden, es sind auch die Probleme und die unerfüllten Wünsche. Ich bin seit vierzig Jahren Psychologe, ein ziemlich guter sogar, aber ich habe noch nie jemanden geheilt. Ich habe zwar vielen Menschen geholfen, die mit Dingen zu kämpfen hatten, aber selbst diejenigen, denen ich am meisten helfen konnte, kämpfen immer noch mit irgendetwas.

Die schlichte Wahrheit ist, dass das Leben hart ist. Es wird niemals so gut sein, wie wir es uns wünschen, und es wird für jeden unvermeidlicherweise schmerzhaft schwer, bevor es vorüber ist.

Die Frage ist also: Wie sollen wir denn leben? Welche Geschichte sollten wir mit unserem Leben erzählen? Um was zu erreichen? Mein Leben erzählt eine Geschichte. Ihr Leben erzählt eine Geschichte. Wenn es eine gute Geschichte gibt, die ich erzählen kann – eine, die mir in schlechten Zeiten die feste Hoffnung gibt, dass gute Zeiten vor mir liegen, und eine, die mich dazu befreit, hier und heute mit Freude und einem Ziel vor Augen zu leben –, dann möchte ich diese Geschichte kennen und sie leben.

Das Christentum ist die Geschichte, die in der Bibel erzählt wird. Christliche Gemeinden existieren, um diese Geschichte weiterzuerzählen. Allzu oft jedoch tun christliche Gemeinden alle möglichen guten Dinge, ohne die gute Geschichte zu erzählen, die Gutes erst zu Gutem macht. Rund um die Welt werden in Gemeinden leidende Menschen ermutigt, verletzte Menschen geheilt, eifrige Menschen herausgefordert, süchtige Menschen befreit, irregeleitete Menschen auf biblische Prinzipien verwiesen, denen sie folgen können. Es wird halsstarrigen Menschen entgegengetreten. Selbstsüchtige Menschen werden herausgefordert, den Armen zu essen zu geben, Heime für Obdachlose zu bauen und Medikamente für Leute mit HIV zur Verfügung zu stellen. Ängstliche Menschen werden beruhigt, trauernde Menschen getröstet. Schamerfüllte Menschen werden herzlich in den Arm genommen. Und ziellose Menschen, die sonst Zeit mit zu viel Fernsehen vergeuden würden, werden mit sinnvollen Aktivitäten auf Trab gehalten.

Doch der Sinn all dieser guten Dinge, der eigentliche Grund, sie zu tun, das eigentlich Gute, das durch sie bewirkt wird, wird leicht übersehen. Wo das geschieht, wird das Christentum zu einer Möglichkeit degradiert, hier und jetzt das Maximum aus dem Leben herauszuholen und der glücklichste und gesündeste und erfüllteste Mensch zu werden, der man nur sein kann. Was könnte denn, so wird gefragt, wichtiger sein als eine befriedigende Ehe, ein sinnvoller Job, interessante und angenehme Freunde, eine moralisch anständige und verdientermaßen angesehene Lebensweise, ein gutes Leben, in dem man sich um andere und um sich selbst kümmert? Für mich ist das aber lediglich ein «Gut-genug»-Christentum.

Wenn Sie der Bibel glauben und ihre Geschichte in groben Zügen kennen, wissen Sie, dass die eigentliche Geschichte des Lebens vor langer Zeit begann, nämlich auf einem Familientreffen, einem Familienrat. Die Handlung entfaltete sich während einer Familienspaltung, das heißt, eigentlich zweier Familienspaltungen: die erste in Eden, die zweite auf Golgatha. Und Sie wissen, dass der Höhepunkt der Geschichte nicht dann erreicht ist, wenn Sie in Ihr neues Haus einziehen, wenn Ihre Kinder heiraten, wenn Sie den fünfzigsten Hochzeitstag Ihrer großartigen Ehe feiern oder wenn Sie auf ein einsames Leben voller Aufopferung für andere zurückblicken. Sondern erst bei einem weiteren Familientreffen in einer anderen Welt, einem Festmahl, bei dem die Familie viel größer ist und wo die Zufriedenheit, nach der Sie sich in dieser Welt immer gesehnt haben, ohne sie je ganz zu erlangen, beginnen und nie wieder enden wird.

Wenn Sie Ihr Augenmerk mehr auf die kleinere Geschichte Ihres Lebens von Ihrer natürlichen Geburt bis zu Ihrem natürlichen Tod richten, werden Sie alles missverstehen, worauf es ankommt. Sie werden Ihre Freuden und Sorgen mit der Fülle der echten Freude, die vor ihnen liegt, und mit den echten Sorgen verwechseln, die Sie nie erleben werden. In Dingen, die sich für Sie schrecklich anfühlen, werden Sie nichts anderes sehen als Tragödien, die man wenn möglich ungeschehen machen, wenn nötig erdulden und um jeden Preis in Zukunft verhindern muss.

Gutes, das Ihnen passiert, Dinge, die Ihnen legitimes Vergnügen bereiten, und das Gute, das Sie tun, die Aktie des Anstands und der opferbereiten Freundlichkeit, werden in Ihren Augen wertvoller erscheinen, als sie es in Wirklichkeit sind. Sie werden sich an sie klammern wie ein Geizkragen an sein Gold. Sie werden Ihnen zu viel bedeuten. Immerzu werden Sie in der Furcht leben, sie zu verlieren. Aus einem fordernden Anspruchsdenken heraus werden Sie alles rechtfertigen, was nötig ist, um sie zu behalten, damit sie weiter Ihrem Wohlbefinden dienen. Sie werden ein Leben führen, das «in sich selbst verkrümmt» ist, um Augustinus zu zitieren.

Doch wenn Sie den Meister der Geschichtenerzähler seine Geschichte erzählen hören, verschiebt sich etwas im Zentrum Ihres Herzens. Dann halten Sie mitten in den herrlichsten Segnungen oder mitten in den schrecklichsten Prüfungen oder vielleicht auch nur mitten im Alltag plötzlich inne und sagen: «Ach, *darum* geht es also im Leben!»

Pastoren, die diese Geschichte deutlicher hören, halten ihre Predigten aus anderen Gründen. Ehemänner, Ehefrauen, Eltern und Freunde gehen anders miteinander um und sind auf andere Ziele aus. Geschäftsleute und hoch qualifizierte Berufstätige definieren Erfolg anders. Leute, die im Krankenhaus liegen, betrachten ihre Krankheiten anders und stellen sich der Behinderung und dem Tod auf andere Weise.

Alles, was Sie bisher eine Katastrophe genannt hätten, sehen Sie nun als eine schmerzhafte, aber seltsamerweise auch willkommene Gelegenheit, mehr von Gottes Geschichte zu erzählen, nicht weil Sie müssen, sondern weil Sie es wollen. Und alles Gute, woran Sie sich bisher geklammert haben, sehen Sie nun als das, was es in Wirklichkeit ist: ein bloßer Tropfen des Vergnügens in einem Ozean der Freude, ein Tropfen, den Sie verlieren können, ohne wirklich etwas zu verlieren.

Diese gute Geschichte wird nicht in den Fernsehnachrichten oder in den Zeitungsschlagzeilen erzählt. In den meisten Hochschulen ist keine Rede davon. Nicht einmal in allen Gemeinden oder an allen theologischen Seminaren wird sie erzählt. Und sie lässt sich nie vollständig in Dichtung, Romanen, Gemälden, musikalischen Kompositionen oder Filmen wiedergeben, wenn auch diese Kunstformen manchmal Fenster in die Geschichte eröffnen und einen Einblick in ihre Wunder gestatten.

Die größere Geschichte, von der ich spreche, wird nur an einer Stelle vollständig und akkurat (soweit Menschen sie erfassen können) erzählt: in der Bibel. Und alle ihre sechsundsechzig Bücher sind notwendig, um die Geschichte zu erzählen. Jedes davon hat einen notwendigen und entscheidenden Platz darin. Daraus folgt natürlich, dass wir, je besser wir verstehen, was der Geschichtenerzähler uns in jedem der Kapitel, die er schrieb, sagen will, die Geschichte umso besser kennen werden und sie umso besser leben können.

Ich entdecke, dass ich, je mehr ich mich danach sehne, zu hören, was Gott durch jedes Kapitel (und mit Kapitel meine ich Buch) der Bibel sagt, ihn desto besser kennen lerne. Und ich merke, dass er nur eine gute Geschichte erzählen kann. Eine schlechte zu erzählen, dazu wäre er nicht im Stande. Wenn Sie sehen, wie sich das Drama vom 1. Buch Mose bis zur Offenbarung entfaltet, erkennen Sie, dass der Dramatiker so großzügig und freundlich ist, dass der Weihnachtsmann sich neben ihm knauserig und mürrisch ausnimmt. Sie schauen stattdessen Mutter Teresa an, um eine bessere Vorstellung zu gewinnen, wie der Dramatiker ist, und dann merken

Sie, dass selbst ihr vorbildliches Leben im Vergleich zu ihm vollständig verblasst.

Wenn Sie die Geschichte hören, spüren Sie die Kraft des Geschichtenerzählers, neben dem «Superman» wie ein Schwächling wirkt. Der Stählerne entpuppt sich im Vergleich als totaler Wackelpudding. Sie erzittern, wenn Sie die unerreichbar hohen und unerbittlichen Maßstäbe des Geschichtenerzählers erkennen, bis Sie merken, dass dies nicht die Forderungen eines Tyrannen sind, der von Ihnen verlangt, dass Sie alles nach seinen Wünschen tun, sondern der Ruf eines Liebenden, der Sie einlädt, seine Vollkommenheiten zu genießen.

Je tiefer Sie die in der Bibel erzählte Geschichte verstehen und in ihr leben, desto mehr werden Sie eine Liebesgeschichte hören, die in Geschichte, Literatur und Film ohne Beispiel ist. Sie porträtiert eine Art von Liebe, wie selbst Shakespeare sie nicht ersinnen konnte, eine reine Liebe, von der selbst Hollywoods beste Nachahmung nur ein kümmerlich verstümmeltes Abbild zustande bringt.

Sie und ich, wir spielen in dieser Geschichte mit, entweder als kleine Schurken oder als kleine Helden. Es gibt auch einen Oberschurken, die Quelle des Bösen, und einen überragenden Helden, die Quelle alles Guten. Wir spielen nie mehr als eine Nebenrolle, aber dennoch ist die Rolle, die wir spielen, wichtig. Sie ist sogar sehr wichtig. Deswegen kommt es darauf an, dass wir die Geschichte richtig verstehen, dass wir ihre Handlung begreifen, damit wir *mit* ihrem Strom fließen können statt *gegen* ihn.

Nach vierzig Jahren Beratungstätigkeit (und nachdem ich noch viel länger versucht habe, mein eigenes Leben in den Griff zu bekommen) bin ich überzeugt davon, dass ich für Menschen, die mit dem Leben ihre Mühe haben, wie auch für solche, die selbstzufrieden und zu schnell glücklich sind, nichts Besseres tun kann, als die Geschichte Gottes zu erzählen, so gut es mir möglich ist. Der Schlüssel zum guten Leben, das uns schon jetzt zur Verfügung steht, liegt darin, dass wir uns Gottes Geschichte anschließen, das Leben so sehen, wie er es sieht, und lernen, so zu leben, wie er möchte, dass wir leben.

Aber dazu müssen wir die Geschichte erst kennen. Wir müssen

sie gemeinsam hören, erzählt nicht von mir oder von irgendeinem anderen Menschen, sondern von Gott selbst. Wir müssen den Meister der Geschichtenerzähler seine Geschichte erzählen hören. Und das bedeutet, dass wir die Bibel lesen und lauschen, wie die Handlung sich durch alle sechsundsechzig Kapitel hindurch entfaltet und entwickelt.

Ich lese die Bibel nun seit mehr als einem halben Jahrhundert, niemals als Gelehrter – ich beanspruche keine theologische Fachkenntnis für mich –, sondern immer als ein Suchender. Ich bin ein Gottsucher, ein Mann, der weiß, dass es niemals ausreicht, Bibelverse auswendig zu lernen oder mit Dogmen übereinzustimmen, die von angesehenen Gelehrten verkündet werden, auch wenn beides seinen Platz hat. Ebenso wenig reicht es aus, über bestimmte Passagen zu meditieren oder persönlich über inspirierende Geschichten nachzudenken, die über die Seiten der Bibel verstreut sind. Das alles ist gut, aber es reicht nicht, um mich in der Art, wie ich lebe und denke und mit anderen umgehe, in die größere Geschichte hineinzuheben. Dazu braucht es mehr.

Mir gefällt, wie der Theologe N. T. Wright es in einem Interview ausgedrückt hat: «Es ist möglich, einen Haken hinter Dreieinigkeit, Inkarnation, Sühnegeschehen, Auferstehung, Heiliger Geist, Wiederkunft zu setzen, und es ist doch nur wie bei einem Kind, das vorgegebene Punkte erst mit Linien zu einem Bild verbinden muss. Die große Geschichte – und die Bibel ist ja schließlich im Grunde eine Geschichte –, darauf müssen wir unsere Aufmerksamkeit richten, statt nur dogmatische Aussagen daraus zu abstrahieren. Die Dogmen sind wahr, sie sind auch wichtig, aber man muss sie in den richtigen Zusammenhang stellen.»*

Mein Leben ist eine Geschichte, die zu einer größeren Geschichte gehört. Ebenso ist es mit Ihrem Leben. Heute, in meinen Sechzigern, sehe ich das klarer, da der Ablauf der Zeit mich dem Ende meiner kleineren Geschichte näher rücken lässt und ich all-

* N. T. Wright, zitiert aus einem Interview in «Christianity Today», Januar 2007, Seite 40.

mählich erkenne, dass sie tatsächlich ziemlich kurz ist. Mit N. T. Wright möchte ich die vielen Wahrheiten, die in der Bibel offenbart werden, zu der einen wahren Geschichte verweben, an der teilzunehmen ich eingeladen bin. Ich möchte die Punkte auf die richtige Weise miteinander verbinden.

Es stehen viele größere Geschichten zur Auswahl, viele Religionen und Philosophien, die intelligente, anständige Leute als Kontext akzeptieren, der ihrem Leben Sinn gibt. Ich aber möchte diejenige Geschichte kennen lernen und an ihr teilhaben, die nur in der Bibel erzählt wird. Ich glaube, dass Gott der Meister der Geschichtenerzähler ist und dass er die Bibel geschrieben hat. Immer mehr sehe ich die Bücher der Bibel als sechsundsechzig Liebesbriefe, die Gott an mich und an Sie geschrieben hat, um uns seine Geschichte zu erzählen und uns wissen zu lassen, wie wir zu einem beachtlichen Teil davon werden können.

Aber dabei gibt es ein Problem. Sie haben es sicher schon bemerkt, ebenso wie ich: Die Briefe sind schwer zu verstehen. Sie scheinen in keinem Zusammenhang zueinander zu stehen, wie sechsundsechzig Puzzleteile, die sich nicht leicht zu einem Bild zusammenfügen lassen. Was hat Haggai mit Philemon zu tun? Ich kann hintereinander Nahum und den Galaterbrief lesen, die Bibel zuklappen und nicht die leiseste Ahnung haben, was ich daraus entnehmen soll. Wie hängt die Geschichte von Ruth mit den Geschichten zusammen, die Lukas in der Apostelgeschichte erzählt? Ich habe Mühe damit, die Punkte zu verbinden.

Und wenn wir schon dabei sind, ehrlich zu sein, geben wir ruhig gleich zu, dass diese Liebesbriefe eine mühsame, ja langweilige Lektüre sein können. Wann hat Sie zum letzten Mal beim Lesen des dritten Buches Mose (Levitikus) die Spannung gepackt?

Es sind schon Tausende von Büchern geschrieben worden, viele von Theologen, manche von Amateuren wie mir, die uns helfen sollen, die Bibel richtig zu lesen. Aber ich kenne keines, das mit ein paar Sätzen zusammenfasst, was Gott uns in jedem einzelnen Buch der Bibel mitteilen möchte. Sätze, die, zu einem langen Absatz zusammengefügt, den Kern der Geschichte wiedergeben, die Gott erzählt. Solche Sätze möchte ich in diesem Buch liefern, so gut ich kann. Im folgenden Prolog werde ich mehr darüber sagen, wie ich das angehen möchte.

Nun jedoch möchte ich Sie zum Schluss dieses Vorwortes einfach zu der größten Liebesgeschichte einladen, die je erzählt wurde. Wenn Sie sie hören, werden Sie darin vorkommen wollen. Mag sein, dass Sie sie als schöne Fiktion oder religiöse Rhetorik abtun oder sie als eine größere Geschichte von vielen sehen, aus denen Sie auswählen, um Ihrer kleineren Geschichte Bedeutung und Hoffnung zu injizieren.

Doch vielleicht wird die Geschichte der Bibel für Sie ebenso wie für mich den Klang der Wahrheit haben. Es ist eine Geschichte, die Sie so tief hinabführen wird, wie Sie nie gehen wollten, und so hoch hinauf, wie Sie es sich nie haben träumen lassen. Es ist eine Geschichte, in der die Kraft liegt, nicht etwa Ihnen alles zu geben, was Sie sich in dieser Welt wünschen, sondern die kleine Geschichte Ihres Lebens in dieser Welt in einen Teil einer bedeutungsschweren und wunderbaren größeren Geschichte zu verwandeln. Es ist die einzige Geschichte, die sich jetzt zu erzählen lohnt, während Sie auf die Befriedigung all Ihres Verlangens in der nächsten Welt warten, wo Sie dem Geschichtenerzähler begegnen werden.

Prolog

Ein Buch muss die Axt sein für das gefrorene Meer in uns.

Franz Kafka

Wahres Christentum verwandelt das Mögliche in das Tatsächliche.

James Houston

Dieses Buch nahm seinen Anfang zu Beginn des Frühjahrs 2006, eines Morgens um zwei Uhr. Ich war am Abend zuvor früh zu Bett gegangen, konnte aber nicht schlafen. Gegen halb zwei Uhr morgens gab ich es auf.

Ohne jedes Gefühl der Dankbarkeit dafür, dass ich wach und am Leben war, kletterte ich aus dem Bett, griff mehr aus Instinkt als aus einem Verlangen heraus nach meiner Bibel und stapfte nach unten zu meiner Lieblingsschmollecke, einem bequemen Sessel vor unserem gasbetriebenen Kamin. Ich schaltete den Kamin an und setzte mich hin mit einer Gefühlsmischung aus drei Unzen Zorn darüber, dass ich wach war, und einer halben Unze Dankbarkeit für die augenblickliche Wärme des Feuers, dessen Entfachung mir keinerlei Mühe abverlangte. Ich hätte noch dankbarer dafür sein können, doch dafür blieb kein Raum neben meinem angeborenen Gefühl, dass ich, wenn ich schon nicht schlafen konnte, dann doch wenigstens ein Recht auf warme Füße hätte.

In dieser Gemütsverfassung machte ich es mir also im Sessel bequem, die Füße auf einem Kissen dem Feuer entgegengestreckt. Die

Stehlampe warf ein weiches Licht über meine linke Schulter, und ich träumte davon, dass jemand mir einen extra heißen Latte macchiato bringen würde.

Dreißig Minuten lang jammerte ich vor mich hin, zu Gott, nehme ich an. Er war der einzige Zuhörer, und ich war nicht davon überzeugt, dass er wusste, wie elend ich mich fühlte, berechtigterweise, angesichts einiger übler Dinge, die in meinem Leben vor sich gingen. Denn wenn er es wüsste, würde er doch sicher etwas dagegen tun.

Als mir das Jammern zu öde wurde, fiel mir ein Vers ein. Er steht im fünften Kapitel des Buches Hosea, der letzte Teil des Verses 15: «In ihrer Not werden sie wieder meine Nähe suchen …»

Ich verspürte eine leise Faszination. Redete Gott da zu mir? Ich griff nach der ungeöffneten Bibel, die ich zuvor auf das Sitzkissen gelegt hatte, schlug diesen Vers auf und starrte mindestens eine Minute lang einfach nur diese neun Wörter an.

Okay, dachte ich, *die erste Hälfte des Verses habe ich geschafft. Ich fühle mich in Not. Wie komme ich jetzt von da zur zweiten Hälfte? Wie suche ich wieder Gottes Nähe?* Schon dadurch, dass ich mich selbst diese Frage stellen hörte, löste sich eine Verklemmung in mir. Mir wurde klar, dass ich angenommen hatte, es wäre *seine* Aufgabe, mich zu suchen. Ich war ja das verlorene Schaf, das einsam in der Nacht vor sich hinblökte. Ist das denn nicht das Stichwort für den Guten Hirten, die neunundneunzig schlafenden Schafe zurückzulassen und mich suchen zu kommen?

Ich konnte die wütende Passivität eines verwöhnten Bengels hinter dieser Annahme spüren. Ein Flämmchen der Hoffnung begann die Eisschicht auf meinem Herzen anzutauen. Er war mir ja bereits nachgekommen, und zwar ein gutes Stück. Die Inkarnation war eine große Reise. Er war hierher gekommen und hatte mich bereits gefunden. Jetzt war er mir nahe genug, dass ich ihn reden hören konnte. Ihn in meiner Not zu suchen, hieß vielleicht doch nicht, dass ich abwarten sollte, bis er etwas tat. Er hatte ja bereits eine ganze Menge getan – alles, würden manche sagen. Vielleicht hieß es eher, dass ich aggressiv lauschen sollte, warten, ja, aber nicht darauf, dass er mehr tun würde, sondern darauf, dass ich gut zuhören oder besser auf die Geschichte hören würde, die er erzählte.

Diese Verschiebung meines Blickwinkels veränderte meine Haltung. Sie brachte meinen Verstand in Gang. Vielleicht ist es meine Aufgabe, daran zu glauben, dass er gerade jetzt redet, und vielleicht ist es mein Job, hinzuhören, vielleicht auch hinzuschauen. Ich weiß noch, wie ich dachte: *Wie gern würde ich jetzt in einer Vision Jesus sehen. Ein Engel würde mir auch schon reichen, falls Jesus gerade mit einem anderen verlorenen Schaf beschäftigt ist.*

Ach was, ich wäre schon damit zufrieden, wenn ich nur einmal richtig akustisch seine Stimme hören könnte. Abraham hörte Gott reden. Warum kann ich das nicht auch? Zeig dich mir! Sprich zu mir! Ich bin ganz Auge und Ohr. Ich suche dich, Gott. Komm schon. Ich bin in Not, und ich suche deine Nähe. Lass mich dich sehen. Lass mich dich hören.

Mein Gejammer war zu einem frommen Fordern gereift. Diese Erkenntnis ließ mich verstummen. Die Wahrheitsflamme brannte ein wenig heller. Gott hatte sich mir bereits in seinem Sohn geoffenbart, und er hatte ein ganzes Buch geschrieben, um mir seinen Sohn vorzustellen. Und in diesem Moment sprach er aktiv in der Bibel zu mir. Darum haben ja Christen in aller Welt seit jeher die Bibel als das Wort Gottes bezeichnet, die Rede Gottes, Gottes Offenbarung Jesu Christi durch den Heiligen Geist.

Was das bedeutet, ähnelt dem, was ich bereits erkannt und erfahren hatte. Ich lernte meine Frau kennen, als wir beide zehn Jahre alt waren. Unsere erste richtige *Verabredung* hatten wir mit zwölf. Irgendwie wussten wir beide, dass wir ein Paar waren, und das auf lange Sicht. Von da an, bis wir mit einundzwanzig heirateten, schrieben wir einander Hunderte von Liebesbriefen. Vierzig Jahre später bewahren wir sie immer noch in einem Dutzend Kartons auf.

Sie wohnte zwei Stunden von uns entfernt, und da wir uns nicht viele Telefonate leisten konnten, waren Briefe unsere bevorzugte Kommunikationsform. Das war, bevor irgendein Eindringling in das Leben der langsamen Gangart Gespräche im Schaukelstuhl durch E-Mails ersetzte. Ich erinnere mich noch, wie ich immer ungeduldig zum Briefkasten ging, in der Hoffnung, auf einem an mich adressierten Umschlag die auf dem Kopf stehend aufgeklebte Briefmarke zu sehen (die zu unserer Zeit ein Code war, der für «Ich liebe dich» stand).

Rachaels Worte waren der Brief. Wenn ich jene Worte las, konnte ich Rachael zu mir sprechen hören. Stimmte es wirklich, dass die Worte in der Bibel eigentlich *Gottes* Worte sind und dass ich Gott zu mir sprechen hören könnte, wenn ich lernte, seine Liebesbriefe richtig zu lesen, so wie ich, wenn auch viel leichter, gelernt hatte, Rachaels Liebesbriefe zu lesen?

Ich traf eine Entscheidung. Es war jetzt etwa zwanzig vor drei. Statt mit geschlossenen Augen dazusitzen und zu warten, bis ich Gott mit meinen geistlichen Augen sehen konnte (was immer das bedeuten mag), und statt die frühmorgendliche Stille und Einsamkeit zu nutzen, indem ich meine Innenwelt so weit zur Ruhe kommen ließ, um irgendwie Gott in meiner Seele zu hören (wie auch immer man das macht), beschloss ich, herauszufinden, wie ich es anstellen konnte, ihn aus der Bibel zu mir sprechen zu hören. Ich wollte nicht nur, dass ein Vers mich anrührte. Ich wollte hören, wie Gott mir seine Geschichte erzählte.

Eine Reihe von Fragen begann aus mir hervorzusprudeln: Gott, warum hast du das 1. Buch Mose geschrieben? Was möchtest du mir durch das 3. Buch Mose mitteilen? Könntest du mir sagen, warum ich mir die Mühe machen soll, Obadja zu lesen oder womöglich gar zu studieren? Worum es im Römerbrief geht, ahne ich, glaube ich, aber wie redest du zu mir im Judasbrief oder in der Offenbarung?

Da ich gerade die Offenbarung erwähnt habe, macht es dir etwas aus, wenn ich dich etwas frage, Gott? Hättest du die Bibel nicht mit etwas leichter Verständlichem abschließen können? Ich weiß, die Theologen nennen das Buch apokalyptische Literatur, aber das sagt mir nur, dass es mit Absicht verwirrend und schwerverständlich ist. Gott, warum hast du die Offenbarung geschrieben? Wenn ich es recht bedenke, warum hast du überhaupt jedes der sechsundsechzig Bücher geschrieben?

Diese letzte Frage verwandelte meine halbe Unze Dankbarkeit für meine warmen Füße in ein Pfund Lobpreis für das, was ich jetzt kommen sah: *Vielleicht würde Gott ja tatsächlich meine Frage beantworten.* Vielleicht würde er mir sagen, was er mir durch all diese Bücher mitteilen will, und das auf eine Weise, die mir einen Einblick in seine größere Geschichte gibt.

Die Bibel hat mich schon seit frühester Jugend fasziniert. Ich glaube, meine Faszination hat etwas damit zu tun, wie ich meinen Vater dabei beobachtete, als er sie las. Manchmal, und gar nicht selten, verbrachte er einen ganzen Abend damit, das 3. Buch Mose durchzulesen, obwohl das Fernsehprogramm gar nicht so schlecht war. Für mich ergab das keinen Sinn. Aber es brachte mich zum Nachdenken: *Was hat es mit diesem Buch auf sich?*

Als Jugendlicher besuchte ich mehrere Bibelkonferenzen im Jahr. Als ich sechzehn war, hörte ich einen großen Prediger namens S. Lewis Johnson an fünf aufeinanderfolgenden Abenden über Sacharja predigen. Ich erinnere mich noch heute an einige Gedanken, die er aus dem dritten Kapitel entwickelte. Und diese Gedanken verschaffen mir immer noch eine Gänsehaut.

Wenn Dr. Johnson ans Rednerpult trat, stellte er sich dahinter auf, legte seine Bibel und seine Notizen zurecht, blickte dann auf und sagte: «Nehmen Sie Ihre Bibeln und schlagen Sie Sacharja auf.» Ich stellte mir vor, wie ein Zug aus dem Bahnhof rollte. Im Geist konnte ich Dr. Johnson rufen hören: «Alles einsteigen! Dieser Zug fährt auf Berghöhen, die Sie noch nie gesehen haben. Sind Sie bereit?» Ich saß jeden Abend total gespannt in der ersten Reihe.

Die Bibel faszinierte mich, aber sie verwirrte mich auch. Ich konnte die Teile des Puzzles nicht zusammensetzen. Ich konnte das Bild, das sie formten, nicht erkennen. Ich konnte die Geschichte, die in ihren Kapiteln erzählt wurde, nicht heraushören. Die sechsundsechzig Punkte waren schwer miteinander zu verbinden.

Im Psychologiestudium habe ich gelernt, dass unsinnige Silben wie *bas* oder *alk* schwer zu merken sind. Echte Wörter kann man sich leichter merken, besonders, wenn sie zu einem sinnvollen Satz zusammengefügt sind. Versuchen Sie einmal, sich folgende vier Wörter zu merken: *Katze*, *die*, *sah* und *ich*. Es wird Ihnen viel leichter fallen, wenn Sie sie zu einem Satz anordnen: *Ich sah die Katze.*

Etwas Ähnliches wollte ich mit der Bibel machen. Ich wollte, dass Gott mir einen oder vielleicht auch zwei oder drei Sätze gab, die mir einen Schlüssel zum 1. Buch Mose lieferten, die mir deutlich machten, was er mir mitteilen wollte, wenn ich dieses Buch las. Ich wollte einen oder vielleicht auch zwei oder drei Sätze für jedes Buch, die ich zu einem Text zusammenfügen konnte und die mir in einem einzigen langen Absatz die Geschichte erzählen würden, in die ich mein Leben einbauen konnte. Ich wollte zusammenfassende Sätze über jedes der Bücher zu der Geschichte zusammenfügen, die Gott in der Bibel erzählte. Ich wollte die Handlung begreifen und sehen, wie jedes Kapitel diese Handlung vorantrieb.

Inzwischen war es fast drei Uhr morgens. Meine Erregung nahm zu. Der Zug fuhr aus dem Bahnhof aus. Und ich war an Bord. Ich stellte mir meinen Vater vor, wie er in seinem Sessel vor unserem Kohlenkamin saß und das 3. Buch Mose las, während im Fernsehen der Komiker Red Skelton seinen Monolog begann. Jetzt begann es einen Sinn zu ergeben.

«Dad, jetzt kommt Red Skelton.»

«Heute Abend nicht, Larry. Weißt du, ich bin mit etwas anderem beschäftigt.»

Dad verschlang die Bibel. Er trank sie. Jeden Tag kaute er auf verschiedenen Teilen davon herum. Mehrmals sagte er mit der Leidenschaft eines jungen Mannes am Tag vor seiner Hochzeit zu mir: «Die Bibel ist eine Liebesgeschichte, die mit einer Scheidung beginnt. Alles vom dritten Kapitel des ersten Buches Mose bis zum Ende der Offenbarung ist die Geschichte eines verratenen Liebhabers, der um uns wirbt, damit wir in seine Arme zurückkehren und für immer die Liebe einer Familie genießen können.»

Dads Lieblingsvers, oder zumindest der, den er am häufigsten zitierte, war Johannes 6,68. Jesus hatte gerade ein paar harte Dinge gesagt, die bei den meisten seiner Anhänger nicht gut angekommen waren. Als viele von ihnen daraufhin beschlossen, sich abzuwenden zu einem leichteren Leben als dem, von dem er sprach, sah Jesus Petrus an und fragte: «Willst du auch gehen?»

Die Antwort des Petrus war Dads immerwährender Lieblingsvers: «Herr, zu wem sollten wir denn gehen? … Nur deine Worte schenken ewiges Leben.»

Das alles fiel mir wieder ein, als ich zu nachtschlafener Zeit im Frühjahr 2006 am Kamin saß. Ganz neu ging mir auf, dass Gott eine Geschichte erzählte, eine Liebesgeschichte, die im ersten Kapitel (dem 1. Buch Mose) beginnt, sich durch vierundsechzig Kapitel (2. Mose bis Judas) fortsetzt und im sechsundsechzigsten Kapitel (der Offenbarung) ihren Höhepunkt erreicht. Und ich betete: «O Gott, wirst du mir sagen, was du mir in jedem dieser Kapitel mitteilen willst? Ich möchte deine Geschichte kennen. Ich möchte in deiner Geschichte vorkommen. Ich möchte Leidenschaft für deine Geschichte empfinden.»

Ich stellte mir jedes Kapitel als einen Liebesbrief Gottes an mich vor – mich, seinen unbeständigen Freund, seinen untreuen Ehepartner, sein verwöhntes Kind. Er will mich immer noch haben. Er hat einen riesigen Preis bezahlt, um mich zu bekommen. Er hat mich bereits gefunden. Und nun erzählt er mir die ganze Geschichte darüber, wie ich unsere Beziehung zunichtegemacht habe und wie er sie wieder zusammenfügt. Und er lässt mich wissen, wie alles ausgehen wird.

Jetzt konnte ich jedes Wort in der Bibel als ein Wort des Lebens sehen. Kein Wunder, dass Dad diesen Vers so liebte.

Ich nahm mir einen Stift und einen Block Papier, besann mich auf über vierzig Jahre, in denen ich die Bibel gelesen, über sie nachgedacht und sie gelehrt hatte, wandte mich dem 1. Buch Mose zu und fragte mich: Was weiß ich über dieses Buch, das mir helfen könnte, zu begreifen, warum Gott es geschrieben hat? Was will er mir in diesem ersten Liebesbrief sagen? Wie fängt seine Geschichte an? Kann ich in ein paar Sätzen ausdrücken, was ich ihn im 1. Buch Mose sagen höre?

Gott, lass mich dich durch dein Wort reden hören.

Ich überlasse es den Theologen, sich einen Reim auf das zu machen, wovon nur Theologen etwas verstehen, und das, was mir in den Sinn gekommen ist, zu vertiefen oder falsche Richtungen, die ich eingeschlagen habe, zu korrigieren. An jenem frühen Morgen sah ich mich selbst als das, was ich wirklich bin: ein bloßer Christ, ein hungriger Nachfolger Jesu, der unbedingt hören will, was Gott ihm zu sagen hat, ein Mann in Not, der nur eines will – nicht Linderung der Not (obwohl das auch sehr nett wäre), sondern Hoffnung, Hoffnung auf Nähe und Sinn und Freude für immer in der Beziehung zu Gott.

Um genauer zu fassen, worauf ich offensiv (und abhängig) lauschen wollte, gab ich mich einem kurzen Tagtraum hin. Stellen wir uns vor, C. S. Lewis käme zum Abendessen zu mir nach Hause. Nachdem ich meine Einschüchterung und Ehrfurcht überwunden hätte (was eine Weile dauern würde), stellte ich mir vor, wie ich ihm ein Glas Portwein einschenkte und ihn, während wir uns am Kamin wärmten, fragte: «Professor Lewis» – dass er mich einladen würde, ihn «Jack» zu nennen, ließ ich mir nicht einmal im Tagtraum einfallen –, «warum haben Sie Ihre verschiedenen Bücher geschrieben? Was haben Sie sich erhofft, würde ein Leser wie ich erfahren oder klarer begreifen, wenn ich *Dienstanweisung für einen Unterteufel* oder *Die große Scheidung* oder *Pardon, ich bin Christ* lese? Können Sie diese Frage mit einem, zwei oder drei Sätzen je Buch beantworten?»

In meinem angenehmen Tagtraum stellte ich mir vor, wie ich mir seine Antworten notierte, um sie korrekt zu Papier bringen und darüber eingehend nachdenken zu können, bevor ich jedes seiner Bücher wieder las.

Das war es, was ich mir an jenem frühen Morgen von Gott erbat. Aber es war kein Tagtraum. Gott war dort in meinem Wohnzimmer. Er lud mich ein, ihn Abba, Liebhaber, Freund zu nennen. Und er sprach zu mir, durch sechsundsechzig Liebesbriefe.

Bis halb sechs hatte ich bekommen, worum ich gebeten hatte. Zumindest fast. Ich hatte mir auf drei Blättern Papier die Anfänge dessen notiert, wovon ich glaubte, dass Gott es mir durch jedes der neununddreißig Kapitel mitteilen wollte, die den ersten Teil seiner Geschichte (das Alte Testament) bilden. Es blieb einem späteren Zeitpunkt vorbehalten, Sätze zu hören, die Gottes Hauptaussage in jedem der siebenundzwanzig Kapitel im zweiten Teil (dem Neuen Testament) wiedergaben.

Erst dann kam mir dieser Gedanke: Wenn ich an andere weitergab, was Gott uns allen meiner Meinung nach durch jedes der biblischen Bücher mitteilen möchte, ließ sich dadurch vielleicht ein ernstes, zunehmendes Problem in der Gemeinde eindämmen und einer Lösung näherbringen. Die meisten Christen kennen im Grunde die Bibel nicht sehr gut. Viele wünschten, sie besser zu kennen. Aber nicht jeder ist davon überzeugt, dass er es nötig hat, sie zu kennen. Inspirierende Musik, ein paar biblische Tipps zum Leben, ein paar interessante christliche Bücher und hin und wieder eine ernsthafte Bibelarbeit werden allzu oft als ausreichend betrachtet, um das christliche Leben führen zu können, das die Leute gerne führen möchten.

Es macht mir Sorgen, wie begeistert (und wie abhängig) wir heute davon sind, Visionen zu empfangen und prophetische Worte zu hören, die wir für direkte Mitteilungen Gottes halten, die die Bibel umgehen und uns glauben lassen, es wäre gar nicht so wichtig, ihren Inhalt zu kennen. Kurze Abschnitte, über die wir meditieren, bewegen uns, und wir verspüren innere Eindrücke und Erfahrungen, die wir dem Heiligen Geist zuschreiben, haben dabei jedoch die größere Geschichte der Bibel kaum verstanden. Wir versuchen, zum Herzen Gottes vorzudringen, ohne auf das Wort Gottes zu hören. Immer wenn ich Rachael damals nicht sehen konnte, entdeckte ich ihr Herz, indem ich ihre Worte las. Es ist ratsam, es bei Gott genauso zu machen.

Wenn man sich der biblischen Erzählung immer bewusster wird und fest entschlossen ist, immer mehr darüber zu erfahren, dann haben Visionen, prophetische Worte, eindrucksvolle Passagen und innere Empfindungen ihren Platz. Ohne dieses Bewusstsein und diese Entschlossenheit jedoch könnten diese Kommunikationskanäle Gottes stattdessen zu Einfallstoren für die eigensüchtige Einbildungskraft werden. Es hat keinen Sinn, ein paar Puzzleteile anzustarren und sich einzubilden, man könnte das Gesamtbild sehen, das aus all diesen Teilen entsteht. Es reicht nicht aus, sich von ein paar guten Bibelversen inspirieren und belehren zu lassen und dann davon auszugehen, wir wüssten genug, um uns der Geschichte Gottes anzuschließen.

Ich schreibe dieses Buch, um Ihnen zu helfen (ebenso wie mir geholfen wird), das Bild zu sehen, das deutlich zutage tritt, wenn alle sechsundsechzig Teile des biblischen Puzzles zusammengefügt werden. Danach können wir uns die einzigartige Färbung und Musterung jedes Teils genauer anschauen und sie ernsthaft studieren.

Ich möchte, dass Sie hören, ebenso wie ich mich zu hören sehne, was Gott uns durch jeden der Liebesbriefe, die er geschrieben hat, mitteilt. Wenn Sie alle Teile zusammen zu der ganzen Geschichte verweben, werden Sie die größte Liebesgeschichte zu hören bekommen, die je erzählt wurde. Es wird Sie umhauen. Egal, was für Zweifel, Enttäuschungen oder Katastrophen Ihren Weg kreuzen, Sie werden nach Ihrer Bibel greifen und die Hoffnung neu entdecken. Zusammen mit Petrus und meinem Vater und nun auch mit mir werden Sie sagen: «Herr, wohin sonst sollten wir gehen? Du hast die Worte des Lebens, die wir brauchen.» Und Sie werden in der Lage sein, aus der Bibel jene Weisheit herauszuschöpfen, die Sie brauchen, damit Ihr Leben gelingt, wie die äußeren Umstände auch immer aussehen mögen.

Nun, ich glaube, Sie haben inzwischen einen guten Eindruck davon bekommen, worum es in diesem Buch geht. Ein paar weitere Bemerkungen werden diesen Prolog zum Ende bringen und Sie auf das Folgende vorbereiten.

Erstens, die Kapitel sind alle recht kurz. Das ist absichtlich so. Dieses Buch ist nicht im Entferntesten als eine umfassende Analyse der biblischen Bücher gedacht. Im ersten Kapitel (über das 1. Buch Mose) schreibe ich den Satz (oder die zwei oder drei Sätze) nieder, der meiner Meinung nach auf einfache Weise ausdrückt, was Gott uns mitteilen möchte, wenn wir das 1. Buch Mose durchlesen. Ich schreibe in der ersten Person, so als ob Gott selbst direkt zu uns redete, was er vielleicht auch tut. Ob ich ihn richtig gehört habe oder nicht, müssen Sie entscheiden.

Zweitens füge ich dann mehrere Absätze hinzu, die Gott, glaube ich, hinzufügen würde, wenn er gefragt würde: «Könntest du diese zusammenfassenden Sätze ein wenig entfalten und mir einen kurzen, einfachen Überblick darüber geben, wie dieses Kapitel das ausdrückt, was du mir mitteilen willst?»

Schließlich sage ich zu jedem Kapitel, was in mir geschieht – was ich denke und fühle –, wenn ich zuhöre, wie Gott mir sagt, was er mir mitteilen will. Vielleicht fühlen Sie sich angeregt, Ihre eigene Reaktion ebenfalls niederzuschreiben.

Im Epilog füge ich die Puzzleteile dann zusammen. Ich reihe die sechsundsechzig zusammenfassenden Sätze zu einem langen Absatz zusammen. Ich möchte, dass Sie und ich zumindest einen kleinen Blick auf das herrliche Bild erhaschen, das Gott aus all den Teilen bildet. Und ich möchte, dass Sie und ich überwältigt ob dieser Liebesgeschichte staunen, die Gott uns erzählt. Es ist wirklich die größte Liebesgeschichte, die je erzählt wurde. Und wir kommen darin vor.

Ein letzter Gedanke. Ich bin promovierter Psychologe. Ich habe buchstäblich Tausende von Menschen beraten, die mit jedem Problem gerungen haben, das man sich vorstellen kann. Ich kenne mich auf laienhafter Ebene auch ein wenig mit großen Philosophen wie Blaise Pascal aus. Ich habe große Schriftsteller wie Fjodor Dostojewski gelesen. Ich habe viele Stunden damit verbracht, die Weisheit großer Denker wie C. S. Lewis, großer Mystiker wie dem Heiligen Johannes vom Kreuz und großer Theologen wie John Owen aufzusaugen.

Dabei bin ich zu einem Schluss gekommen: Wenn Sie sich selbst ehrlich betrachten, wenn Sie durch eine klare Linse Ihr Leben in dieser Welt anschauen, dann *wird Ihnen nichts anderes so viel nützen wie das Hören auf Gott, wenn er durch die sechsundsechzig Liebesbriefe, aus denen die Bibel besteht, zu Ihnen spricht.*

Ich hoffe, dieses Buch hilft Ihnen, ebenso wie es mir hilft, die unvergleichliche Schönheit zu sehen, die Gott aus seinem recht unansehnlichen Ausgangsmaterial erschafft. Und ich hoffe, wir werden gemeinsam die beispiellose Liebesgeschichte hören, die er uns erzählt.

Nichts wird Sie tiefer verändern oder mit mehr Hoffnung erfüllen, als zu hören, wie Gott in der Bibel zu Ihnen spricht. Wahres Christentum verwandelt das Mögliche in das Tatsächliche. Wenn die biblische Axt das gefrorene Meer in uns durchbricht und die warme Strömung freisetzt, die aus unserer von Gott eroberten Mitte fließt, werden wir zu den Menschen, als die wir gedacht sind. Wir können den *neuen Weg* des Geistes gehen, den *neuen Weg*, auf dem die Liebe zu Gott und zu anderen Menschen mehr gilt als alles andere; den *neuen Weg*, der die ersten Dinge an die erste Stelle setzt und alles andere an die zweite Stelle, wo es hingehört.

Die Bibel erzählt die Geschichte, wie das passiert. Sie *können* Gott reden hören. Sie *können* erfahren, wer er ist, was er vorhat und wohin er will. Und Sie *können* sich ihm in der Geschichte anschließen, die er erzählt.

Hören wir uns diese Geschichte jetzt an, Kapitel für Kapitel.

Ich habe einen Plan: Du bist zu meinem Fest eingeladen (Erster Liebesbrief: Das 1. Buch Mose)

«Gott, was teilst du mir im 1. Buch Mose mit?»

«Was ich dir sagen und zu verstehen geben möchte, ist Folgendes:
Du hast viel kaputtgemacht, aber ich habe einen Plan!

Im 1. Buch Mose fange ich an, die Geschichte zu erzählen, wie jeder versagt und ich Erfolg habe. Ich möchte, dass ihr wisst, wie kaputt ihr all das Schöne gemacht habt, das ich geschaffen habe. Nichts funktioniert mehr so, wie es sollte. Aber ich habe einen Plan, den all euer Versagen nicht zunichtemachen kann. In eurer Seele gibt es eine Kapazität für Schönheit, die ich wiederherstellen werde. Das ist ein Versprechen. Wie ich meinen Plan ausführen werde, davon gebe ich euch in diesem ersten Liebesbrief einen kleinen Eindruck.»

«Gott, könntest du noch etwas mehr sagen? Wie machst du diese Botschaft im 1. Buch Mose deutlich?»

«Ich will nicht, dass du Angst davor hast, zu versagen, sonst wirst du nur dafür leben, dass dir alles gelingt. Und ich will nicht, dass du Angst davor hast, dass Dinge in deinem Leben schiefgehen – das werden sie – oder dass du dich leer fühlen wirst – das wirst du. Wenn du dich vor Problemen, vor Leere oder Einsamkeit fürchtest, wirst du für Annehmlichkeiten und Erfüllung leben. Und das wird nur alles noch kaputter machen, als es schon ist.

Hast du dich jemals gefragt, *warum* ich alles geschaffen habe? *Warum* mein Geist, mein Sohn und ich die Sterne, den Mond, die Planeten erschaffen haben? Und *warum* wir das Paradies auf der Erde gemacht haben? Wir drei haben Vorbereitungen für ein Fest getroffen, wollten andere zu einem Tanz einladen, zu dem Tanz, an dem wir uns schon länger als seit Anbeginn der Zeit erfreuen. Aber es gab keine ‹Anderen›, die wir dazu hätten einladen können.

Also beschlossen wir bei einem Familienrat, Leute zu erschaffen, Menschen wie dich, an denen wir uns erfreuen könnten, so wie sie sich an uns und an all dem Schönen, das wir geschaffen hatten, erfreuen würden. Darum erschufen wir Adam und Eva mit all den Wünschen, die nur wir befriedigen konnten. Die Pläne für das Fest waren in vollem Gang.

Aber dann kam etwas dazwischen. Wir wussten natürlich, dass es so kommen könnte. Adam und Eva kamen in ihrer Torheit zu dem Schluss, sie würden glücklicher sein, wenn sie sich um sich selbst kümmerten, als wenn sie uns vertrauten. Sie taten genau das, was du auch getan hättest, wenn du an ihrer Stelle gewesen wärst. Sie beschlossen, ihre eigene Party zu geben, ohne uns. Das ist ebenso töricht, wie wenn man versucht, in einem luftleeren Raum zu atmen, oder wie wenn man versucht zu singen, obwohl man gar keine Stimmbänder hat. Es geht nicht. Es gibt keine Party ohne uns, nur das Gefängnis der Einsamkeit.

Sie trafen dieselbe Entscheidung, die auch du immer wieder getroffen hast, seit du ein Kind warst – dich vor Schmerz zu schützen und dein Wohlergehen selbst in die Hand zu nehmen, mit mir zu feilschen, um das zu bekommen, was du dir vom Leben wünschst. Diese Entscheidung hat in Eden alles kaputtgemacht, genauso wie sie heute noch dein Leben kaputtmacht. Adam und Eva fühlten sich unsicher und fingen an zu kämpfen. Kain empfand Neid, eine Emotion, die Luzifer einen Platz in der Hölle verschaffte und Abel das Leben kostete.

Ein paar Generationen später wurde es so schlimm, geriet unser Plan so sehr ins Trudeln, dass ich nichts als Schmerz empfand, wenn ich mir ansah, was passierte. Also ertränkte ich alle, außer Noah und seiner Familie. Ich hatte nicht vor, meine Pläne für ein Fest zu einer Gewaltorgie verkommen zu lassen, die nur immer schlimmer werden würde, bei der die Leute sich immer nur gegenseitig zu ihrem eigenen Vergnügen ausnutzen würden und niemals jemand jemand anderen lieben würde. Das wäre die Hölle gewesen. Mein Plan war der Himmel. Ich bewahrte jene Leute davor, auf der Erde noch tiefer in die Hölle hinabzusinken.

Aber meinen großen Plan wollte ich deswegen nicht aufgeben. Ich wusste, eines Tages würde ich auf eine Gemeinschaft von Menschen hinabblicken, die ich neu erschaffen und über die ich mich zutiefst freuen würde, so dass ich von Neuem würde sagen können: ‹Das ist gut. Das ist *sehr* gut!›

Dann betrank sich Noah, seine Kinder gerieten in Schwierigkeiten, und deren Nachkommen – ein Haufen fähiger Leute, die die Zivilisation mit den Künsten, der Industrie und der Landwirtschaft aufbauten – wurden stolz. Sie schöpften aus derselben Energie, mit der Adam und Eva von der verbotenen Frucht aßen, als sie sich daranmachten, ihr Leben zu einer befriedigenden, organisierten Existenz ohne mich in der Mitte aufzubauen.

So errichteten sie diesen albernen Turm, um den alle sich versammeln sollten. Ihr Ziel war die Einheit untereinander ohne Vereinigung mit mir. Sie dachten, sie könnten miteinander Freundschaft schließen, ohne zuerst mit mir Freundschaft zu schließen. Aber das geht nicht. Um ihnen das klarzumachen, machte ich ihre Pläne zunichte, indem ich sie unterschiedliche Sprachen sprechen ließ. Ich durchkreuzte einen Plan, der ohnehin nicht funktionieren konnte.

Wieder einmal war alles kaputt. Jeder lebte nur für den Erfolg, für ein angenehmes, erfülltes Leben. Keiner hatte Sinn für meinen Plan für ein wahrhaft gutes Leben.

Aber ich hatte einen Plan. Ich habe immer einen Plan. Zu dieser Zeit fing ich an, meinen Plan umzusetzen, und erwählte Abraham – einen ganz gewöhnlichen Menschen, der Gott so wenig ehrte wie jeder andere –, um eine ganz neue Zivilisation zu gründen, ein neues Reich; um eine neue Art von Menschen zu gestalten, die eine neue Art von Gemeinschaft bildeten. Und zwar diesmal eine *hörende* Gemeinschaft, bestehend aus Menschen, die mich kennen, die auf mich hören und die fürsorglich miteinander umgehen, um zu lieben – sowohl Liebe zu empfangen, als auch Liebe zu geben.

Natürlich versagte Abraham, so wie jeder andere, so wie du auch. Deshalb habe ich dir gesagt, dass du dich nie vor Versagen fürchten sollst. Wenn du das tust, lebst du für einen Erfolg, den du nie erreichen kannst. Aber mir ist es gelungen. Ich gab Abraham die Art von Glauben, die du *wollen* musst, die du *brauchst*, um dich meiner Geschichte anzuschließen. Das möchte ich dir mitteilen, wenn du von meinem Freund Abraham liest.

Als Nächster kam Isaak. Ich sorgte dafür, dass er dem Abraham und der Sara geboren wurde, als sie naturgemäß eigentlich schon keine Kinder mehr hätten bekommen können. Und das tat ich, um etwas deutlich zu machen: *Niemand schließt sich aus eigener Kraft meiner Geschichte an*. Ich möchte, dass du das weißt.

Und dann kam Jakob. Der war vom ersten Tag an ein selbstsüchtiger, manipulativer, verunsicherter Chaot. Oh, erfinderisch war er durchaus, sehr clever und voller Ehrgeiz; ein Mann, der es in deiner Welt weit hätte bringen können. Doch die Talente, die er hatte, waren nicht das, was man braucht, um in meiner Geschichte groß herauszukommen. Also fing ich an, an ihm zu arbeiten. Ich offenbarte mich Jakob sieben Mal, um ihm zu verstehen zu geben, dass er mich brauchte, wenn aus seinem Leben etwas werden sollte. Er ist ein gutes Bild dafür, wie ich Menschen langsam verändere, durch viel Versagen auf ihrer Seite und Probleme in ihrem Leben hindurch und mit tonnenweise, ja geradezu unendlich viel Geduld und Gnade auf meiner Seite.

Lies die Geschichte von Jakob und fasse Mut: Ich kann aus jedem einen Heiligen machen. Doch der Weg dahin ist nie leicht oder kurz. Es brauchte fast 150 Jahre voller schrecklicher Familienprobleme, um aus Jakob Israel zu machen, einen Mann, der in den Kämpfen des Lebens gelernt hatte, mir zu vertrauen. Aber ich brachte es zustande. Das tue ich immer.

Ich schließe meinen ersten Liebesbrief damit, dass ich über Josef spreche. Wenn du liest, was in seinem Leben geschah, möchte ich, dass du heraushörst, dass selbst Leute, die mir gut dienen, durch große Kämpfe gehen. Aber nie ohne Sinn und Zweck, wenn es auch oft im Dunkeln bleiben wird, welchem genauen Zweck die Kämpfe dienen, bis du auf dem ewigen Fest mit mir tanzt – und dann wird es dich eigentlich gar nicht mehr interessieren. Jeder Moment des Leidens, den du erduldest, ist Teil der guten Geschichte, die ich erzähle. Ich möchte nicht, dass du überrascht bist, wenn du nach Jahren, in denen du mir dicht nachgefolgt bist, immer noch in jede Menge Schwierigkeiten gerätst.

Wenn du damit fertig bist, meinen ersten Liebesbrief an dich zu lesen, möchte ich, dass du erkennst, dass ich nie unterschätzt habe, wie gründlich du dein Leben kaputtmachen oder wie schmerzhaft du kämpfen und leiden würdest, und ich möchte, dass auch du dein Versagen und deine Kämpfe nicht unterschätzt. Sie gehören alle zu der Geschichte, die ich erzähle.

Doch ebenso wenig habe ich meine Entschlossenheit oder meine Fähigkeit unterschätzt, in das Chaos, das du angerichtet hast, und in den Schmerz, den du empfindest, einzugreifen und alles herumzudrehen. Ich kann und ich werde alles wiedergutmachen. Unterschätze mich niemals! Ich habe einen Plan, und zwar einen sehr guten, und ich werde ihn bis zum Ende durchführen. Garantiert! Vertrau mir. Warum? Weil ich dich liebe, selbst wenn du alles kaputtmachst. Und ich möchte, dass du weißt, dass ich dich mitten in deinem Leid liebe, auch wenn ich es nicht so schnell lindere, wie du es dir wünschst. Ich bin deines Vertrauens würdig, egal, was in deinem Leben geschieht. Ich habe einen guten Plan, und nichts wird mich davon abhalten, ihn auszuführen. Du musst jetzt in der Spannung zwischen Qual und Hoffnung leben.

Das ist es, was ich dir mitteilen möchte, wenn du das 1. Buch Mose liest.»

«Gott, darf ich dir meine ehrliche Reaktion auf deinen ersten Liebesbrief sagen?»

«Natürlich! Ich wünsche mir, dass du immer ehrlich zu mir bist. Ich weiß ja schon alles, was in dir vorgeht, aber du wirst meine Liebe tiefer erfahren, wenn du mir sagst, was du auf dem Herzen hast.»

«Gut, dann los!

Gott, das 1. Buch Mose verwirrt und frustriert mich. Ich kapiere wirklich nicht, warum du bei der Sintflut alle getötet hast. Sind diese Leute alle in die Hölle gekommen? Und waren die Leute *nach* der Flut denn nicht genauso schlimm wie die *davor?*

Du sagst, ich soll mich nicht vor Versagen fürchten, oder vor Schmerz, Leere und Einsamkeit. Nun, ich fürchte mich aber; ich fürchte mich mehr davor, dass mein Leben schiefläuft, als vor allem anderen. Du sagst mir, dass du mich mit Wünschen geschaffen hast, die nur du befriedigen kannst. Aber warum befriedigst du sie dann nicht?

Ich glaube nicht, dass es falsch von mir ist, dass ich Befriedigung will. Du hast die Sehnsucht in mich hineingelegt. Willst du mir sagen, dass meine tiefste Sehnsucht sich auf dich richtet und dass ich bis zum Himmel warten soll, bis selbst dieser Wunsch sich völlig erfüllt? Und in der Zwischenzeit soll ich dir gehorchen und vertrauen? Das ist schwer!

Ich glaube nicht, dass ich so einen großen Glauben habe wie Abraham. Ich könnte den Gedanken nicht ertragen, einen meiner beiden Söhne zu verlieren, geschweige denn, einem von ihnen ein Messer in den Leib zu rammen, weil du es mir befohlen hast.

Ich glaube daran, dass ich ein Kind der Verheißung bin, so wie Isaak. Ich weiß, dass es ein Wunder ist, dass ich wiedergeboren wurde. Aber meine Identität ist an so viele andere Dinge als an meinen Status als dein Kind geknüpft.

Jakobs Leben gibt mir Hoffnung. Vielleicht werde ich tatsächlich einmal zu dem Menschen werden, der zu sein ich mich sehne. Aber warum muss das so lange dauern? Das frustriert mich.

Und Josef! So viel Not, bis er endlich gesegnet wurde. Muss das so sein? Und ich glaube nicht einmal, dass du die Segnungen garantierst, die ich mir wünsche, zumindest nicht in diesem Leben. Josef gelangte zu Macht und Einfluss in Ägypten und wurde zu einem

Helden für seine wiederhergestellte Familie. Ich glaube nicht, dass du mir etwas Ähnliches verheißen hast.

Gott, ich will weder meine Sünde und meine Not noch deine Macht und Liebe unterschätzen. Aber es liegt mir so im Blut, das Böse in mir und den Schmerz, den ich empfinde, zu verleugnen, einfach um emotional zu überleben, und es fällt mir wirklich schwer, deine Macht und Liebe zu sehen, wenn so viele Dinge schiefgehen.

Du hast gesagt, ich soll ehrlich sein. Gott, ich kann mich für deinen ersten Liebesbrief eigentlich noch nicht so sehr erwärmen, wenn auch die Verheißung der wiederhergestellten Schönheit etwas tief in mir anrührt. Ich glaube, ich muss noch mehr lesen. Danke fürs Zuhören.»

«Ich höre *immer* zu. Und ich werde mich nie von dir abwenden. Ja, lies weiter.»

Die *Liebe* in der Liebesgeschichte entfaltet sich (wenn auch nicht ohne Knitterspuren)

Wir wünschen uns bei jeder Liebesgeschichte ein Happy End. Aber viele haben keines. Gottes Liebesgeschichte hat eines. Es dauert nur lange, bis es so weit ist. Und das aus gutem Grund. Unser Verständnis von Liebe ist so verdreht, dass es jahrhundertelange Arbeit erfordert, es wieder zurechtzubiegen.

Denken Sie einmal darüber nach. Irgendwie sind wir auf den Gedanken gekommen, dass Gott, wenn er uns wirklich liebte, nicht zulassen würde, dass ein Hurrikan über New Orleans hereinbricht oder Wirbelstürme Myanmar verwüsten oder Erdbeben in China Tausende von Menschen das Leben kosten – jedenfalls nicht, wenn er etwas dagegen tun könnte. Jedes Mal, wenn ich von der neuesten Naturkatastrophe höre, von dem gestrigen Terroranschlag, von Eltern, denen das Herz wegen ihrer Kinder bricht, oder von einem guten Freund, bei dem unheilbare Leukämie diagnostiziert wird, flüstert in mir eine Stimme, die ich nicht ganz dämpfen kann: *Gott, ich weiß, dass du gut bist, aber sag mir noch einmal: Wofür bist du gut?*

Vielleicht läuft die dämonische *Verdrehung* in unserem Verständnis von Liebe auf Folgendes hinaus: «Weil Gott Liebe ist, bedeutet das überfließende Leben, das Jesus uns versprochen hat, einen Überfluss an Segnungen, also an all den guten Dingen des Lebens, die uns glücklich machen.»

Woher haben wir diese Idee? Bestimmt nicht aus dem Alten Testament. Und (ich habe schon einmal gelinst) aus dem Neuen Testament auch nicht.

Jesus machte deutlich, dass das Leben, das wirkliche Leben, das Leben, für das er starb, um es uns zu geben, sich nicht um schöne Häuser, glückliche Familien und gute Gesundheit in einer sicheren Welt mit boomender Wirtschaft dreht. Sondern es geht darum, dass wir den Vater Jesu als unseren Vater kennen lernen, in guten wie in schlechten Zeiten, und zu diesem Vater und zu allen anderen eine solche Beziehung haben, wie Jesus sie hat, in guten wie in schlechten Zeiten. Ich glaube, das ist damit gemeint, heilig zu sein. Heiligkeit besteht nicht darin, dass man Gutes tut und Böses lässt. Heiligkeit erfüllt sich darin, dass wir in guten, tiefen, liebevollen Beziehungen leben.

Und wenn das Heiligkeit ist, wenn es das ist, worum es im Leben wirklich geht, *dann ist das überfließende Leben, das Jesus uns geben möchte, (zumindest für den Moment) nicht ein Überfluss an materiellen Segnungen, sondern ein Überfluss der engen Vertrautheit mit Gott und der liebevollen Beziehung zu ihm und zu anderen Menschen, egal was für eine Mischung aus Segnungen und Rückschlägen uns begegnen mag oder was für eine Vielfalt an Gefühlen – Freude, Einsamkeit, Frieden, Schrecken – wir erleben.*

Ich habe gerade noch einmal alles durchgelesen, was ich bisher geschrieben habe, all meine Dialoge mit Gott über das, was er mir in seinen ersten neununddreißig Liebesbriefen begreiflich machen will. Und ich bin zu einer recht uneleganten Schlussfolgerung gekommen: Das Alte Testament ist eine Vorbereitung auf das Neue. Lassen Sie es mich noch einmal weniger unelegant ausdrücken: *Wenn die Botschaft seiner ersten neununddreißig Briefe nicht bei uns ankommt, wird die Botschaft der letzten siebenundzwanzig auch nicht bei uns ankommen.* Oder schlimmer, wir werden sie verdrehen und denken, wir hätten sie kapiert. Wir werden sie passend zu unserer höllisch verdrehten Definition von Liebe zurechtstutzen und nie von der tatsächlichen Liebesgeschichte gepackt werden, die uns den Atem nehmen und so demütigen könnte, dass sie uns von selbstsüchtigen Liebhabern des kurzfristigen Wohlergehens in gottsüchtige Liebhaber anderer Menschen verwandeln könnte, was es uns vorübergehend auch kosten möge.

Der rote Faden, der sich durch das gesamte Alte Testament zieht, vom 1. Buch Mose bis zu Maleachi, die Botschaft Gottes, die er auf neununddreißig einzigartigen Wegen jedem mitteilt, der offene Ohren hat, ist Folgendes:

«Was am meisten der Veränderung bedarf, sind nicht deine Lebensumstände. Kurzfristige Segnungen sind gefährlich für deine langfristige Freude. Wenn ich meine Macht einsetzen würde, um dein Leben auf eine Art und Weise gelingen zu lassen, die dich leicht und schnell zufriedenstellen würde, würde dir noch weniger bewusst werden, als es ohnehin schon der Fall ist, auf was für eine Art von Freude ich dich angelegt habe. Und du würdest noch halsstarriger nach allem anderen streben.

Du bist auf dem Weg in das ewige Elend. Ich kann mich nicht zurücklehnen und nichts dagegen tun. Dazu liebe ich dich zu sehr. Doch das einzige Heilmittel, das dagegen wirkt, wird dir manchmal schlimmer vorkommen als die Krankheit selbst. Deine naive Selbstbezogenheit kann nur im Leiden verwandelt werden, deinem Leiden in Maßen und meinem Leiden über die Maßen.

Aber eins sollst du wissen: Kein Leid, das du in diesem Leben erdulden wirst, ist es wert, mit der Freude verglichen zu werden, die dich im nächsten erwartet. *Lebe in Hoffnung!* Meine Liebesgeschichte hat einen großartigen Ausgang, der nie zu Ende geht.»

Lassen Sie mich noch einmal kurz in Schlaglichtern die Geschichte rekapitulieren, die Gott bisher erzählt hat, damit wir bereit sind, ihn den Rest der Geschichte erzählen zu hören. Es wird gut. Haben Sie Geduld.

Im 1. Buch Mose höre ich Gott seine Liebe über uns alle ausschütten, wenn er die Anfangszeile seines Liebesliedes singt: «Ich habe einen großartigen Plan. Dafür habe ich dich gemacht. Du bist zu meinem großen Fest eingeladen, zu einer vollkommenen Beziehung in einer vollkommenen Welt. Und ich habe die feste Absicht, dich dort hinzubringen.»

Im selben Brief teilt Gott uns weiter mit, dass wir ein ziemliches Chaos angerichtet haben. Wir haben einen riesigen Schraubenschlüssel in das Getriebe seiner Pläne geworfen, was er natürlich schon längst vorausgesehen (und tatsächlich mit eingeplant) hatte, aber es ist doch ein Schraubenschlüssel, mit dem er sich befassen muss. Wir haben eine ganz und gar falsche Abzweigung genommen und bewegen uns nun weg von dem ewigen Tanz und hin zu gescheiterten Beziehungen, Einsamkeit und hasserfüllter Frustration. Wir sind mehr daran interessiert, *jetzt* zu bekommen, was wir wollen, als daran, Gott zu vertrauen, dass er uns gibt, was wir jetzt brauchen und was wir für die Ewigkeit am meisten wollen. Und dank eines teuflischen Betrugs halten wir unsere Lebenseinstellung auch noch für christlich. Unser moralischer Kompass spielt dermaßen verrückt, dass wir uns tatsächlich einbilden, wir wären in einer guten Richtung unterwegs. Sein Fest, sein Reich der vertrauten, innigen Beziehung und des befriedigenden Zusammenseins und der sinnhaften Freude liegt nun hoffnungslos außerhalb unserer Reichweite. Wir bewegen uns immer weiter davon weg. Wir müssen umkehren. *Aber das wollen wir nicht!*

Vom 1. Buch Mose an spüre ich Gottes brennenden Zorn, der sich gegen alles richtet, was uns weiter in die falsche Richtung treibt. In unserem Innern stimmt etwas nicht, und das muss entschlossen beseitigt werden, ehe wir uns auch nur dem Gedanken an eine Umkehr hingeben können. Und etwas muss sich in uns verändern, bevor wir in der Lage sind, das Fest zu genießen, das Gott für uns plant, und wirklich beständig darauf zuzugehen. Wir sind unheilig. Wir haben uns *von* Gott getrennt. Wir müssen heilig werden. Wir müssen uns *für* Gott von einigem trennen.

Im 3. Buch Mose macht Gott deutlich, dass «vor dem wahren Glück die Heiligkeit kommen muss», und uns heilig zu machen, uns dazu zu bringen, dass wir uns ihm zuwenden, so dass wir in eine gute Beziehung zu ihm und zueinander eintreten, ist harte Arbeit. Aber sie muss getan werden. In Josua höre ich ihn sagen, dass wir tatsächlich «lernen müssen, unsere Sünde, das Böse in uns, mehr zu hassen als unser Leid, das Böse, das uns widerfährt». Das ist viel verlangt. Es ist eine schwere Aufgabe.

Und die Lernkurve steigt nur langsam an. Kennen Sie etwa jemanden, der lieber weniger sündigen als weniger leiden würde?

Nicht viele, nehme ich an. Warum nicht? «Die Sünde hat sich so tief in uns eingenistet, dass wir meinen, wir wären einfach so, es wäre nicht so schlimm. Und wir glauben tatsächlich, der unheilige Weg des Eigeninteresses würde uns dahin bringen, wohin wir am meisten wollen.» Das ist es, was ich Gott im Buch der Richter zu mir sagen höre – dass ich ein großes Problem habe, ein tief sitzendes und hartnäckiges.

Und ich werde dieses tief eingenistete unheilige Denken vor dem nächsten Leben nie vollkommen loswerden. Solange wir nicht vollkommen heilig sind, werden wir niemals vollkommen glücklich sein. Daraus folgt, dass wir damit rechnen müssen, «jetzt Leere zu erfahren, mit der Verheißung der Fülle für immer». Das macht Gott in der 1. Chronik deutlich.

Aber das gefällt uns nicht. Wir beharren auf unserem «Recht auf sofortiges Glück». Und da das Streben nach Heiligkeit uns nicht die gegenwärtige Erfahrung völligen Glücks verschafft, nach der wir lechzen, verfolgen wir unsere Ziele auf einem anderen Weg. Trotzdem wollen wir uns immer noch als gute, gottesfürchtige Leute betrachten. Um also die Illusion aufrechtzuerhalten, dass wir immer noch Gott wollen und ihm folgen, stellen wir uns ihn als einen Verkaufsautomaten für Segnungen vor statt als ein verzehrendes Feuer, das uns heilig macht. Wir beten den Gott an, den wir erschaffen, und das tun wir mit Begeisterung.

In Hesekiel erfahre ich: «Bis wir es als Übel erkennen, irgendetwas von Gott zu verlangen, ihn wie einen Verkaufsautomaten zu behandeln, dessen Job es ist, den Schokoriegel auszuspucken, werden wir nicht begreifen, wie seine Gegenwart uns Hoffnung, Freude und Befreiung von der Selbstsucht bringen kann.» Aber wir bleiben blind. Wir gehen weiter auf der breiten Straße und erwarten, dass Gott unser Leben gelingen lässt. Wir werden fromm, um uns seiner Gunst zu versichern, und nennen das dann Anbetung. Wir hören nicht, wie Gott uns in Amos sagt, dass «echte Anbetung echte Veränderung hervorbringt», von der Religion, die sich um uns selbst dreht, zur auf Gott ausgerichteten Beziehung.

An dieser Stelle der Geschichte wird deutlich, dass, wenn ich wirklich Gott nachjage, wenn es mein Lebensstil ist, den wahren

Gott anzubeten, mein unheiliges und hässliches Anspruchsdenken allmählich von seinem beherrschenden Platz in meinem Herzen verdrängt werden wird. Ich werde die ersten Regungen eines Glaubens verspüren, der es mir ermöglicht, im Dunkeln zu warten, in dem beruhigenden Wissen, dass das Licht der Liebe Gottes eines Tages so hell scheinen wird, dass ich es mit meinen trüben Augen sehen kann.

Gerade wenn das Leben dunkel und bedrohlich bleibt, gerade wenn ich mich dem Hässlichen in mir stelle, das mich dazu treibt, Gott meine Faust entgegenzuschütteln und ihm zu sagen, er solle mich gefälligst glücklicher machen, erkenne ich, dass ich immer noch «jubeln kann in der Zuversicht, dass alles Hässliche eines Tages vernichtet werden wird». Das höre ich in Obadja. Und von Jona lerne ich, dass schon jetzt, während Gottes Wege sich meinen selbstsüchtigen Erwartungen an ihn entziehen, meine unheilige Forderung, Gott möge gefälligst mit meinen Plänen kooperieren, sich «Gottes Plan tiefer unterordnen» kann. Es wird ein schwerer Weg werden. Ich bin ziemlich halsstarrig. Aber Gott wird mich nicht aufgeben. Das gefällt mir, glaube ich.

Wenn das Leben keinen Sinn ergibt, wenn das, was Gott sichtbar tut, mich mehr frustriert, als dass es mich erfüllt, dann will er, dass ich im Glauben lebe. Selbst wenn Gott abwesend oder, schlimmer noch, gleichgültig zu sein scheint – oder noch schlimmer, wenn er nach meinem Gerechtigkeitsgefühl total unfair ist, zum Beispiel, wenn ein zweijähriges Enkelkind in den Armen seiner Großmutter stirbt oder ein Ehemann sich selbst tötet oder ein Kollege gleichgültig gegenüber meinen Bedürfnissen ist –, will er, dass ich «warte, dass ich nicht in frustrierter Verzweiflung oder wütender Rebellion um mich schlage, sondern an dem Glauben festhalte, dass sein Plan gut und immer noch auf Kurs ist». Das ist es, was ich Gott in Habakuk sagen höre. Er liebt mich immer, egal wie die Lage aussieht.

Das ist sehr unwegsames Gelände. Sein Plan, mich auf das Fest vorzubereiten, indem er mich heilig macht, ist mit vielen inneren Kämpfen verbunden. Er löst eine heftige Schlacht in meiner Seele aus. Ich will jetzt glücklich sein. Gott aber will mich jetzt heilig machen und verspricht mir Glück für später. In Zefanja sagt er mir, dass er *nicht* verpflichtet ist, mich jetzt durch die Segnungen des Lebens glücklich zu machen. «Kosmetische Chirurgie ist nicht das, was er vorhat.» Ich fange an, ihm zu glauben. Freilich gefällt mir das, was ich zu glauben anfange, nicht unbedingt.

Es folgt Haggai, der mir zusichert, dass «Gott die Macht hat, mich heilig zu machen», eine erfolgreiche Operation am offenen Herzen durchzuführen. Dass er in der Lage ist, eine Leidenschaft in mir aufzurühren, die ihm Freude machen will, eine heilige Leidenschaft, die erfolgreich mit meiner ohnehin schon starken, aber unheiligen Leidenschaft wetteifern kann, die ihn dazu überreden will, mir Freude zu machen, und zwar jetzt gleich und zu meinen Bedingungen.

Natürlich werde ich nicht immer verstehen oder schätzen, wie der Meisterchirurg sein Werk vollbringt. Darum sagt mir Gott in Sacharja, ich solle «glauben, was ich nicht sehen kann», dass sich inmitten schlimmer Zeiten, schmerzhafter Zeiten, ein guter Plan entfaltet. Die Liebesgeschichte geht weiter.

Ich will sehen. Aber ich bin zu blind. Ich mühe mich verzweifelt, die schiere Güte seines Plans zu sehen, die stets aus der reinen Liebe in seinem Herzen strömt. Aber ich kann sie nicht sehen! In Maleachi, seinem neununddreißigsten Liebesbrief, deckt er meine Blindheit auf und sagt mir, ich solle hoffnungsvoll im Dunkeln warten, bis «das Licht der Welt kommt». Wenn ich ihm vertraue, «wird an jenem Tag die Rettung kommen, wie am Morgen die Sonne aufgeht», und ich werde anfangen zu tanzen und vor Freude zu springen wie «Kälber, die aus dem Stall hinaus auf die Weide dürfen» (Maleachi 3,20).

Nachdem ich mich mit Gott über seine ersten neununddreißig Liebesbriefe ausgetauscht und versucht habe, herauszuhören, was er mir damit sagen will, fühle ich mich zugleich voller Hoffnung und entmutigt, zugleich erwartungsvoll und ungeduldig, zugleich erwärmt von Gottes Liebe und niedergeschmettert von seinem Zorn. Ich weiß, dass ich kaputt bin. Ich weiß, dass tief in meinem Innern ein Kampf auf Leben und Tod tobt, den ich lieber ignorieren würde. Ich weiß, dass durch mich eine Energie fließt, die bewirkt, dass ich Gott, wenn überhaupt, dann nur zu *meinen* Bedingungen haben will.

Und ich weiß, dass diese abscheuliche Energie jedes Mal aus mir herausquillt, wenn ich mit jemandem umgehe, jedes Mal, wenn ich eine Entscheidung über irgendetwas treffe, jedes Mal, wenn ich Auto fahre. Ich will glücklich sein, will ein bestimmtes Gefühl in Bezug auf mich selbst und mein Leben haben, und ich denke, dass Sie und Gott und das Leben – und andere Autofahrer – damit kooperieren sollten. Ich will mich in dieser Welt mehr zu Hause fühlen, als es momentan der Fall ist.

Aber ich will auch Gott kennen und ihm folgen, sein Diener sein, sein Freund. Ich will mit ihm tanzen, so gut ich es jetzt schon kann, und mich darauf freuen, einmal für alle Ewigkeit einen wunderbar glücklichen und fröhlichen Wirbelsturm hinaufzutanzen.

Meine gegensätzlichen Wünsche prallen aufeinander. Gottes erste neununddreißig Briefe haben mich davon überzeugt, dass die dunkle Seite gewinnen wird, falls er nicht irgendetwas Unvorstellbares dagegen unternimmt.

Außerdem haben sie mich davon überzeugt, dass diese Welt, die ich mir zurechtdekorieren möchte, damit ich mich darin zu Hause fühlen kann, ein rattenverseuchtes Loch ist, das ich niemals nach meinem Geschmack werde einrichten können. Ich kann ein bisschen Kosmetik betreiben, aber nur Gott kann diese Höhle in einen Palast verwandeln.

Doch bis auf weiteres sehe ich mich auf dem Boden dieser verfallenen Hütte liegen – schmutzig, ausgemergelt, zitternd, zu schwach, um aufzustehen. Hätte ich nicht Gottes erste neununddreißig Briefe gelesen, so würde ich mich vielleicht immer noch in einem recht komfortablen Haus wohnen sehen, als ein ziemlich anständiger Mensch, der, wenn er nur Gott «vertraut», noch anständiger und komfortabler leben kann.

Aber das ist vorbei. Gott hat mich zu der Erkenntnis geführt, dass diese Welt, wie sie jetzt ist, nicht mein Zuhause ist, und dass ich nicht der Mensch bin, der ich sein möchte und der Gott möchte, dass ich bin. Nicht einmal annähernd. Alles, was ich tun kann, während ich hier hilflos auf dem Boden liege, ist, um Barmherzigkeit zu flehen. Wenn mir keine Barmherzigkeit zuteilwird, ist es aus mit mir, bin ich dazu verdammt, für immer in meinem selbst geschaffenen Elend zu leben, niemals jemanden mehr zu lieben als mich selbst, immer darauf zu bestehen, dass diese Welt in ihrem gegenwärtigen Zustand mich glücklich machen soll, oder aber sie verändern zu wollen, und zwar um meinetwillen, damit mein Leben angenehmer und erfüllter wird.

Nun jedoch, da ich den ersten seiner letzten siebenundzwanzig Briefe aufschlage, weicht die Entmutigung der Hoffnung, die Ungeduld macht der Erwartung Platz, und aus meinem niedergeschlagenen Selbst erhebt sich das Leben. Ich ertappe mich dabei, wie ich die Worte eines alten Gospelsongs vor mich hinsinge: *Something good is about to happen* – gleich wird etwas Gutes passieren.

Als ich in meiner Bibel das Matthäus-Evangelium aufschlage, geht die morsche Tür meiner Hütte auf. Ich höre die rostigen Angeln ächzen, als sie sich froh einer starken Hand ergeben. Ich blicke auf. Es ist der göttliche Arzt. *Er macht Hausbesuche!* Es ist der göttliche Retter. *Er hat meinen Schrei nach Barmherzigkeit gehört!* Es ist der göttliche Herr. *Er ist gekommen, um die Herrschaft zu übernehmen, um sein Reich in mir, in meinen Freunden, in der Welt aufzurichten!*

Ich habe ihn noch nie zuvor gesehen, aber ich erkenne ihn, als ob wir uns zum ersten Mal wieder begegneten. Wir sind einander schon durch Gott vorgestellt worden, in seinen ersten neununddreißig Briefen. Aber die gegenseitige Vorstellung ist nun vorbei. Jetzt ist es Zeit, sich zu umarmen.

Hoffnung regt sich in mir, zwar noch nicht auf eine bessere Welt mit weniger Leid und mehr Segnungen, nicht einmal auf eine bessere Gemeinschaft von Freunden, sondern auf ein besseres Ich. Irgendwie habe ich schon immer gewusst, dass ich dazu geboren bin, zu tanzen, mit ihm, in einem heiligen Rhythmus. Vielleicht ist es jetzt so weit.

Er kommt auf mich zu, langsam, zielstrebig. Ich liege immer noch auf dem Boden, in der Gosse meiner Selbstsucht. Doch er kommt immer näher, kommt auf mich zu, wie ich mir immer vorgestellt habe, dass Mutter Teresa auf einen Leprakranken zugeht. Mit einem Lächeln. Mit Hoffnung. Die Augen voller Liebe.

Er kniet sich neben mir hin. Seine Knie versinken im Schlamm, in meinem Dreck. Das Wunder der Inkarnation überwältigt mich.

Sanft legt er seine rechte Hand auf meine Stirn. Er schaut mir direkt in die Augen, und aus seinem Blick strömt eine seltsame Mischung aus heiligem Feuer und stiller Liebe. Seine Lippen bewegen sich. Gleich wird er sprechen. Jetzt bin ich froh, dass ich Gottes erste neununddreißig Liebesbriefe sorgfältig gelesen habe, auch wenn sie mir im ersten Moment nicht immer wie Liebesbriefe vorgekommen sind. Irgendwie merke ich in diesem Moment, dass jedes Wort in all jenen Briefen, ohne Ausnahme, mich darauf vorbereitet hat, zu hören, was Gottes Sohn jetzt gleich sagen wird.

Lassen Sie uns zuhören. Er ist mit guten Neuigkeiten gekommen, und wir sind endlich so weit, sie anzuhören.

Alles ist eine einzige Geschichte, eine lange Liebesgeschichte
(Vierzigster Liebesbrief: Matthäus, Teil 1)

«Gott, ich habe gerade deinen vierzigsten Liebesbrief gelesen. Nach den ersten neununddreißig kommt es mir nun so vor, als ob du mich aufforderst, meine Meinung über alles zu ändern, was ich bisher geglaubt habe. Stimmt das?»

«Ja.»

«Und ich glaube, um das zu tun, muss ich mich, wenn ich jetzt anfange, die letzten siebenundzwanzig zu lesen, an das erinnern, was du mir in deinen ersten neununddreißig Briefen gesagt hast. Sonst werde ich mir ein paar Sätze herauspicken, die mir gefallen, und mir ein Verständnis vom christlichen Leben zurechtzimmern, das mir gefällt und sich gut anfüllt, mich aber weiter an Dinge glauben lässt, von denen du möchtest, dass ich aufhöre, sie zu glauben. Liege ich damit auch richtig?»

«Ja.»

«Und noch etwas. Du möchtest mir vor Augen führen, dass jeder Brief im Alten Testament ein Liebesbrief ist, der zu der einen Liebesgeschichte gehört, die du erzählst. Sonst werde ich denken, deine Briefe im Neuen Testament würden eine neue Geschichte erzählen, die anders ist als die, die du im Alten Testament erzählt hast, nämlich eine, die besser zu meinem falschen Verständnis von Liebe passt und mich darin bestätigt. Stimmt das auch?»

«Ja.»

«Aber das beunruhigt mich. Die meisten Leute deines Volkes heute haben keine Ahnung, was du uns in 1. Chronik oder Obadja oder Zefanja mitteilst. Und oftmals sehen sie gar kein Problem in ihrer Unwissenheit. Heißt das, dass die Leute in deiner Gemeinde in Gefahr sind, sich eine Geschichte auszudenken und sich einzubilden, sie hätten sie *von dir* gehört?»

«Die Gefahr besteht allerdings. Was du befürchtest, passiert bereits.»

«Gott, ich kann mir nicht vorstellen, wie diese Gefahr überwunden werden kann. Es ist so schwer zu begreifen, inwiefern die ganze Geschichte des Alten Testaments etwas mit all dem zu tun hat, was heute in unserem Leben geschieht. Wie jeder andere, der sagt, dass er an dich glaubt, möchte ich dich jetzt kennen, möchte ich dich so kennen, wie du heute bist, und verstehen, wie ich dir durch all das hindurch nachfolgen kann, was das Leben mir in diesem Augenblick beschert. Ich möchte dich kennen, die Kraft finden, in der heutigen Welt gut zu leben, möchte praktische Hilfe bekommen. Keiner deiner Anhänger wünscht sich eine Geschichtsstunde über dein Volk, wie es vor Jahrhunderten war.»

«Ich gebe keine Geschichtsstunden. Ich *bin* Geschichte. Ich *bin* das Gestern. Ich *bin* das Heute. Ich *bin* das Morgen. Nichts, was ich sage, ist irrelevant. Ich erzähle eine Geschichte, nicht zwei. Ich habe einen Plan: mein ganzes Volk zu dem großen Fest zu führen, über den schmalen Weg, der durch Leiden zu unvorstellbarer Freude führt.

Du läufst Gefahr, mich misszuverstehen, wenn du meine ersten neununddreißig Briefe das *Alte* Testament nennst. Ich habe diesen

Ausdruck nie benutzt. Er wurde in der Zeit meines Dieners Origenes geprägt, während des zweiten und dritten Jahrhunderts. Der Böse hat seither die Gelegenheit genutzt, mein Volk zu dem Gedanken zu verleiten, *alt* hieße so viel wie *überholt*, und das Alte Testament habe kaum mehr zu bieten als teilweise interessante geschichtliche Daten, aufgelockert mit ein paar anregenden Geschichten für Kinder und einigen eindrucksvollen Illustrationen neutestamentlicher Wahrheiten, über die sich die Erwachsenen Gedanken machen können.»

«Gott, so denken heute die meisten deiner Anhänger. Das Alte Testament erscheint alt, nicht nur, weil es lange vor dem Neuen Testament geschrieben wurde, sondern auch und mehr noch, weil das, was du damals sagtest, mir heute manchmal etwa so relevant vorkommt wie ein medizinischer Aufsatz aus den 1950ern einem modernen Arzt oder wie eine alte Smith-Corona-Schreibmaschine Bill Gates vorkommen würde.

Und, Gott, es ist sogar noch schlimmer. Viele deiner Anhänger heute glauben, das Alte Testament ließe dich dastehen wie einen wutschnaubenden Gott des Zorns, einen ungehaltenen Gott, den wir jetzt vergessen und durch den liebenden Gott ersetzen können, als der du dich im Neuen Testament offenbart hast. Manchmal weiß ich nicht so recht, was ich dieser Denkweise entgegenhalten soll. In vielen dieser ersten Briefe scheinst du ja wirklich außer dir zu sein vor Wut über dein Volk, weil es so viel sündigte.»

«Ich begegne euch in Liebe. Das habe ich immer getan, und das werde ich immer tun. Mein Zorn richtete sich damals und richtet sich heute gegen alles, was meinen liebevollen Absichten im Weg steht. Du darfst niemals etwas, das ich offenbare, zur Seite schieben oder als überholt betrachten. Meine späteren Briefe erzählen keine andere Liebesgeschichte als die, die ich in meinen früheren zu erzählen begonnen habe, sondern sie *setzen sie fort*.»

«Gott, hilf mir, die Kluft zu überbrücken. Nach Maleachi sehe ich einen Bruch. Nach dem Lesen dieses Briefes bin ich unsicher, ob wieder eine Flut kommen wird oder ob du alles wiedergutmachen wirst. Zeig mir, wie du nach vierhundert Jahren ohne weitere Kapitel die Geschichte wieder aufgreifst.»

«Johannes der Täufer. Zacharias. Maria. Simeon. Anna. Diese fünf hervorragenden Diener überbrücken die Kluft. Sie setzen die Geschichte meiner unermüdlichen und heiligen Liebe zu meinem unermüdlich und unentschuldbar sündigenden Volk fort.»

«Aber wie? Ich verstehe es noch nicht.»

«Von Geburt an habe ich Johannes mit meinem Geist erfüllt [Lukas 1,15]. Ich habe kein Risiko eines Missverständnisses zugelassen. Die Botschaft, die ich ihm auftrug, war zu wichtig. Mein Volk war verblendet durch sein selbstsüchtiges Verständnis davon, was als Nächstes in der Geschichte kommen müsste. Sie dachten, ich müsste nun den Messias senden, um sie zu *segnen*. Johannes wusste, dass der Messias kommen würde, um sie zu *verändern*, um ihre Seelen wiederherzustellen, bevor ich ihre Segnungen wiederherstellen würde.

Johannes forderte die Leute auf, Buße zu tun, ihre Erwartungen zu verändern, zu erkennen, dass ich ihnen die Fähigkeit geben würde, zu meiner Musik zu tanzen, während noch der Lärm der Hölle dröhnte. Ich offenbarte Johannes meinen Plan, dass mein Sohn als ein Lamm kommen würde, das ihnen ihre Sünden vergeben würde, bevor er dann als Löwe brüllen und die Herrschaft über die Welt übernehmen würde. Das war schon in meinen ersten neununddreißig Briefen für alle sichtbar, die Augen im Kopf hatten.

Auch Johannes' Vater Zacharias überbrückte die Kluft. Er zweifelte daran, dass ich die Macht hatte, Leben aus dem Tod erstehen zu lassen, und dass ich meinen Plan – gegen alle Widerstände – weiter voranbringen würde. Als ich Zacharias sagte, dass Elisabeth in ihrem hohen Alter noch einen Sohn zur Welt bringen würde, der das Volk auf das nächste Kapitel in meiner Geschichte vorbereiten würde, versagte sein Glaube. Niemand kann ohne Glauben meine Geschichte voranbringen. Deshalb segnete ich ihn, indem ich ihm für die neun Monate der Schwangerschaft seiner Frau die Fähigkeit zu sprechen nahm. Schweigen gibt dem Glauben die Gelegenheit zu wachsen.

Als ich ihn wieder sprechen ließ, erfüllte ich ihn mit meinem Geist. Während in seinem Herzen ein Gesang der Verheißungen aus meinen früheren Briefen erklang, pries mich Zacharias dafür, dass ich diese Geschichte nun fortsetzte, dass ich meine Versprechen gegenüber David [Lukas 1,68–71], Abraham [Vers 72–75] und Zacharias selbst [Vers 8–79] einhielt. Als er schließlich erkannte, dass die lange verheißene ‹aufgehende Sonne› nun erscheinen würde (ein ausdrücklicher Hinweis auf das, was er in Maleachi 3,20 gelesen hatte), verkündete Zacharias meine Güte. Er wusste, dass die Geschichte weiterging.

Und Maria, meine hingegebene Maria. Wie ich sie liebe. Als Johannes vor seiner Geburt in Elisabeths Leib hüpfte, weil er auf geheimnisvolle Weise erkannte, dass er sich in Gegenwart der Frau befand, durch die der Messias kommen würde, konnte Maria ihre Begeisterung nicht zurückhalten. Sie erhob mich als den mächtigen, heiligen und barmherzigen Gott, der seinen Willen durchsetzen würde in der Welt, die er erschaffen hatte, und dessen Plan allem Anschein zum Trotz immer noch auf Kurs war. Maria sah voller Freude die Verbindung zwischen den beiden Teilen meiner Geschichte, während sich der zweite Teil noch auf wunderbare Weise in ihrem Leib entwickelte.

Auch Simeon überbrückte die Kluft zwischen dem Alten und dem Neuen. Nachdem er jahrzehntelang über Verse wie Jesaja 49,6 meditiert hatte, wusste dieser rechtschaffene Mann, dass ich eines Tages nicht nur meinem lange geplagten Volk Trost bringen würde, sondern auch der ganzen Welt. Es war mir eine Freude, diesem Heiligen des Alten Testaments zuzusagen, dass er, bevor er sterben würde, noch mit eigenen Augen den Beginn des Neuen sehen würde. Als Simeon ‹Gott in Windeln› sah (ja, so unglaublich ist die Inkarnation), jubelte er darüber, dass sich der Plan in einem Kind offenbarte, und er wusste (und sagte auch zu Maria), dass der Plan mit Schmerz verbunden sein würde. Nicht jeder würde ihren Sohn willkommen heißen. Und Marias Herz würde von Trauer durchbohrt werden, bevor sie vor Freude tanzen würde [Lukas 2,25–35].

Und Anna, die betagte, aber immer schöne Anna, meine erste Prophetin im zweiten Teil meiner Geschichte. Wie Mirjam [2. Mose 15,20], Debora [Richter 4,4] und Hulda [2. Könige 22,14], war Anna als Prophetin besonders gesegnet. Durch sie würde ich Licht auf meinen Plan werfen. Ich richtete es so ein, dass Anna dabei war, als Simeon mit Maria sprach. Wie ich diesen Moment genossen habe! Annas Mann war Jahrzehnte zuvor nach nur sieben Jahren glücklicher Ehe gestorben. All diese einsamen Jahre hindurch hatte diese trauernde Witwe in meiner Gegenwart gewartet, gewartet in der zuversichtlichen Hoffnung, dass ihre lange Nacht einer blendenden Morgendämmerung weichen würde. Als sie Simeon mit Maria reden hörte, wusste sie, dass die Morgendämmerung angebrochen war. Voller Freude und Dank wandte sie sich zu mir; dann kehrte sie sich wieder den Menschen um sie her zu und verkündete ihnen, dass das Kind in Marias Armen meinem Volk Erlösung bringen werde [Lukas 2,36–38]. Anna starb als eine glückliche Frau.

Wenn du mich nun in Matthäus reden hörst, behalte diese fünf Leute in Erinnerung. Ich habe jeden von ihnen besonders gern. Gemeinsam werden sie dir helfen, zu erkennen, dass die Geschichte, die ich erzähle, eine einzige groß angelegte Liebesgeschichte ist. Vom 1. Buch Mose bis Maleachi und nun weiter von Matthäus bis zur Offenbarung veränderte ich mich niemals. Ich liebe immer. Weniger kann ich nicht tun. *ICH BIN* Liebe.

Mach dir eines bewusst: Niemand kann meine ersten neununddreißig Liebesbriefe übergehen und erwarten, dass er die Geschichte, die ich in den letzten siebenundzwanzig fortsetze, richtig begreifen und darin tiefe Freude finden kann. Ich möchte, dass du dich mitreißen lässt von der ewigen Geschichte, die vor Anbeginn der Zeit ihren Anfang nahm, die sich im ersten Teil (1. Mose bis Maleachi) entwickelt, die im zweiten Teil (Matthäus bis zur Offenbarung) fortgesetzt wird und die für immer weitergehen wird, wenn die Zeit endet.

Mein Sohn ist hier. Der König ist gekommen. Mein Reich ist

nahe. Tu Buße! Das war Johannes' Botschaft. Mein Sohn hat sie bekräftigt. *Ändert euer Denken über alles.* Erst dann wirst du die gute Nachricht hören, die mein Sohn bringt, eine Nachricht, die so gut ist, dass sie selbst Johannes nicht ganz in den Kopf ging. Erst dann wirst du in der Lage sein, in einer Welt, in der der Lärm der Hölle viel leichter zu hören ist und sich manchmal wie Musik anhört, nach meiner Musik zu tanzen. Erst dann wirst du die Musik des Himmels hören, die eines Tages der einzige Klang sein wird, der auf der Welt zu hören ist, an jenem Tag nämlich, wenn jeder, der meinen Sohn so liebt wie ich, für immer auf meinem Fest tanzen wird.»

«Gott, ich habe dich in deinen ersten neununddreißig Briefen reden hören. Ich muss das, was du dort gesagt hast, immer wieder hören, immer klarer verstehen. Aber ich glaube, ich bin jetzt bereit, dich in den letzten siebenundzwanzig reden zu hören. Ich möchte es gern. Bin ich bereit? Ist es Zeit, dass ich höre, was du mir im Matthäus-Evangelium sagst?»

«Es ist Zeit. Du bist bereit. Lies weiter.»

Jesus tritt die Herrschaft an
(Vierzigster Liebesbrief: Matthäus, Teil 2)

«Bis auf Daniel ist es mir noch in keinem deiner Briefe so schwergefallen, herauszuhören, was du mir sagen willst, wie im Matthäus-Evangelium. Dein Sohn bringt nicht die gute Nachricht, die ich erwartet habe.»

«Erzähl mir von deinem Gespräch gestern Nachmittag mit deinem Freund in Not.»

«Was hat denn das damit zu … Tut mir leid. Ich sollte es eigentlich besser wissen. Nun, er hat seit Jahren Schwierigkeiten in seiner Ehe. Ich glaube, er ist jetzt mit seinen Kräften am Ende. Er ist als ein innerlich leerer Mann in die Ehe hineingegangen. Er hat nie das Gefühl gehabt, dass irgendjemand ihn zutiefst wollte. Und jetzt, Jahre später, muss er sich eingestehen, dass offenbar nicht einmal seine Frau ihn haben will.»

«Was hat er denn seiner Frau gegeben?»

«Alles außer seinem Herzen. Das hat er gehütet, seit er ein Kind war. Ihr sein Herz zu geben, sie ohne jeden Rückhalt zu lieben, das wäre zu riskant für ihn gewesen. Denn nicht wahr: Sie hätte ihn ja zurückweisen können.»

«Dein Freund ist immer noch von Furcht beherrscht, nicht durchs Scheitern zerbrochen. Er ist noch nicht mit seinen Kräften am Ende. Wenn es so weit ist, wird in seinen Motiven nicht mehr so viel hartnäckiger Selbstschutz sein. Dann wird der Geist meines Sohnes mehr Raum haben, um das Ruder zu übernehmen. Genau das hat mein Sohn in seiner ersten Predigt zum Ausdruck gebracht: ‹Ihr seid glücklich, wenn ihr mit euren Kräften am Ende seid. Je weniger von euch da ist, desto mehr ist von Gott und seiner Herrschaft da› [Matthäus 5,3 nach *The Message*]. Du wirst meine Stimme in Matthäus deutlicher hören, wenn du genau darauf achtest, was im Leben der Menschen passiert, auch in deinem eigenen. Ich sage immer das, was du und dein Freund – und jeder andere – am dringendsten zu hören nötig hat. Schau dir an, wo du bist und wo du stehst. Dann wirst du meine Wahrheit hören.

Hör gut zu. Folgendes will ich in meinem vierzigsten Brief sagen: *Die Mission meines Sohnes war es nicht, dich in den Himmel zu bringen und dafür zu sorgen, dass du dich anständig benimmst und glücklich bist, bis du dort ankommst. Er kam, um den Himmel in dich hineinzubringen und durch die Art, wie du auf andere zugehst, mehr Himmel in sie hineinzubringen. Das ist deine Freude. Das ist deine Hoffnung.*»

«Gott, ich glaube, das ist der Grund, warum ich mit diesem Brief solche Mühe habe. Was du gerade gesagt hast, ist nicht das Evangelium, das man mich gelehrt hat. Als ich als Achtjähriger bei der Jungscharfreizeit in ein riesiges Lagerfeuer starrte, sagte man mir, ich sollte mich lieber retten lassen, sonst müsste ich für immer in der Hölle brennen. Also flüsterte ich ein Gebet. Ich bat Jesus, mir zu vergeben und mich nach meinem Tod in den Himmel zu bringen. Und ich versprach, mir viel Mühe zu geben, bis dahin ein guter Mensch zu sein. Und wenn ich ein guter Mensch war, oder zumindest ziemlich gut, dann würde ich auch glücklich und gesegnet sein, nahm ich an. Seither habe ich gelernt, dass es mit dem Christentum eine Menge mehr auf sich hat, als ich damals wusste, und vielleicht auch eine Menge weniger. Aber ist denn nicht das, was ich damals als Kind verstand, mehr oder weniger der Kern des Evangeliums?»

«Was du damals verstanden hast, hatte keine Kraft, mit deinen schlimmsten Problemen fertig zu werden, und es hat nur den Druck auf deinem Leben verstärkt. Schlimmer noch, es hat verschleiert, was deine Mission ist, das, wofür ich dich in der Welt gelassen habe. Das ist nicht die Botschaft, die ich dir in Matthäus mitteile.»

«Das ist es ja, was mir zu schaffen macht. Einige der ersten Worte aus dem Mund deines Sohnes, die Matthäus wiedergibt, waren: ‹Kehrt um zu Gott! Denn jetzt beginnt seine neue Welt!› [Matthäus 4,17]. Ich hätte erwartet, dass er mit etwas wie dem anfängt, was ich bei dem Jungscharlager gehört habe.»

«Mein Geist hat das, was du damals gehört hast, benutzt, um dich in mein Reich zu bringen. Aber jetzt musst du auf das hören, was Matthäus gehört hat. Seine Botschaft, das, was ich dir durch seine Schrift mitteile, wird dich zum Kern der guten Nachricht Jesu führen. Es wird deinen Freund in die Lage versetzen, sich nicht mehr an das zu klammern, wovon er irrtümlich glaubt, es würde seine Bedürfnisse befriedigen. Stattdessen wird er seiner Frau das geben, was ich bereits in sein Herz hineingelegt habe. Mein Reich ist für deinen Freund ganz nahe.»

«Ich glaube, ich weiß, wo ich festhänge. Du sprichst vom Kern der guten Nachricht. Ich weiß nicht genau, was das ist. Ich komme mir ein bisschen vor wie Johannes der Täufer, wie er im Gefängnis sitzt und auf seine Hinrichtung wartet und sich fragt, was die gute Nachricht Jesu für ihn wohl sein mag. Was heißt das, zu sagen, dass das Himmelreich nahe ist? Wenn die Party schon im Gange ist, kann ich sie nicht sehen. Welchen Unterschied hat dein Sohn gemacht? Die Onkologen haben immer noch alle Hände voll zu tun. Die Scheidungsanwälte können sich vor Mandanten nicht retten. Johannes wurde umgebracht. Und ich habe immer noch Kopfschmerzen, obwohl haufenweise Freunde beten, dass sie weggehen. Vielleicht müsste ich es besser wissen, aber irgendwo tief in mir habe ich wohl schon immer gedacht, die gute Nachricht sei, dass der Himmel irgendwann kommen würde, und dann würde ich tanzen. Und bis dahin soll ich durch schwere Zeiten hindurch bei der Stange bleiben und so leben, wie du es willst. Und ich habe angenommen, ich könnte damit rechnen, dass du auch noch allerhand Segnungen drauflegen würdest – vielleicht sogar im Übermaß, wenn ich genug Glauben habe –, zum Beispiel einen schmerzfreien Kopf.»

«Mach die Ohren auf und höre, was ich sage: *Der Kern der guten Nachricht ist, dass du meinen Sohn kennen und durch meinen Geist an der Beziehung teilhaben kannst, die mein Sohn und ich genießen. Diese Nachricht hat die Kraft, dich und deinen Freund zu verwandeln, so dass ihr euch nicht mehr um euretwillen an euer Leben klammert, sondern um meinetwillen euer Leben verliert. Wann immer du etwas tust, um deine Leere oder Einsamkeit zu füllen oder dich vor einer weiteren Zurückweisung zu schützen, dienst du dem falschen Reich. Aber jetzt bist du in der Lage, meinem Reich zu dienen und zu mir und anderen in eine Beziehung zu treten, wie wir sie in der Dreieinigkeit untereinander haben. Das ist, wenn du so willst, der Tanz. Das ist die gute Nachricht.*»

«Gott, das hört sich zu schwer an. Diese Nachricht würde sich vielleicht gut anhören, wenn ich das tun könnte, was du sagst.»

«Lies Matthäus 12,28. Jetzt gleich!»

«Okay. Das ist die Stelle, wo dein Sohn sagt: ‹Wenn ich aber die Dämonen durch den Geist Gottes austreibe, so beginnt Gottes neue Welt jetzt – mitten unter euch!› Das verstehe ich nicht. Was meinte er damit? Warum wolltest du, dass ich ausgerechnet diesen Vers jetzt lese?»

«Als Adam sich von mir abwandte, übernahm der Teufel die Herrschaft. Alle seine Nachkommen leben nun in einem Reich, in dem es durch den ganz realen Schmerz der Leere und Einsamkeit völlig gerechtfertigt erscheint, sich an jede Art von Befriedigung zu klammern. Dieses Reich wird vom Satan beherrscht [Lukas 4,6]. Bis heute verleitet er Leute wie deinen Freund dazu, zu glauben, es sei gerechtfertigt, sein leeres Herz zu schützen und nach jeder Erfüllung zu greifen, die verfügbar erscheint (vielleicht einer anderen Frau?) [Hebräer 2,15].

Ich habe meinen Sohn gesandt, um die Werke des Teufels zu zerstören [1. Johannes 3,8–9]. Und das hat er getan. Er hat die Herrschaft ergriffen. Du fragst, welchen Unterschied er ausmacht. *Es gibt jetzt eine Gemeinschaft von Menschen, die, auch wenn ihre Seelen sich vielleicht leer anfühlen, mit meinem Geist erfüllt sind, ein Volk, dessen Lebensweise im Geben aus einer durch Vertrauen erlangten Fülle besteht statt im Greifen nach einer geforderten Fülle.* Sie sind mein Volk. Ich bin ihr Gott. Sie sind die Gemeinde Jesu Christi, und die Macht der Hölle kann sie nicht vernichten. Sie sind die Armee, die ich aufgeboten und zugerüstet habe, um mich zu repräsentieren und meine Absichten in dieser Welt voranzutreiben.

Mein Geist formt diese Menschen, so dass sie wie Jesus sind, der, ‹obwohl er in göttlicher Gestalt war … nicht selbstsüchtig daran fest[hielt], Gott gleich zu sein. Nein, er verzichtete darauf› [Philipper 2,6–7]. Wenn mein Geist Matthäus von einem Juden, der Rom als Zolleinnehmer dient und nur zu seinem eigenen Vorteil lebt, in einen Nachfolger meines Sohnes verwandeln kann, dann kann er auch deinen Freund von einem leeren Nehmer in einen sehr geliebten Geber verwandeln.»

«Wie geschieht das? Wie geschah es bei Matthäus?»

«Er traf meinen Sohn. Er erkannte, dass alles, was meine Propheten über den kommenden Messias vorausgesagt hatten, in meinem Sohn wahr geworden war: geboren von einer Jungfrau [Jesaja 7,14]; geboren in Bethlehem [Micha 5,1]; zurückgekehrt aus Ägypten [Hosea 11,1]; angekündigt von einer Stimme in der Wüste [Jesaja 40,3; Markus 1,3]; wirkte in Galiläa [Jesaja 8,23–9,1].

Doch Matthäus erkannte mehr als lediglich die Erfüllung der

Prophezeiungen. Er sah, dass ich mein Versprechen hielt, mein Volk zu meinem Fest zu bringen, als er verstand, dass ich mein Fest auf die Erde brachte. Mein Sohn machte deutlich, was es heißt, im Takt mit dem Himmelreich zu tanzen, als er die Bergpredigt hielt [Matthäus 5–7]. Er demonstrierte seinen Sieg über Satan und seine Übermacht über Krankheit, Natur, Sünde und Tod durch elf Wunder, von denen Matthäus berichtete [in Matthäus 8–10] – es gab noch viel mehr. Und dann, nachdem er seine Autorität über alle, die sich ihm entgegenstellten, bewiesen hatte [Matthäus 11–18], verließ er Galiläa in Richtung Judäa und ging nach Jerusalem, um zu sterben. Wie von Sacharja vorhergesagt [Sacharja 9,9], ritt er auf einem Esel in die Stadt. Er wurde von einem Freund verraten, wie in Psalm 41,10 beschrieben, und erlitt dann die unaussprechlichen Qualen, die in Psalm 22 geschildert werden.

Vor allem sah Matthäus, dass die Vater-Sohn-Beziehung, die mein Sohn und ich im Himmel genießen, nun auch den Menschen auf der Erde angeboten wurde [Matthäus 11,27 nach *The Message*]. Er erkannte, dass mein Sohn nicht nur kam, um Menschen in den Himmel zu bringen, sondern um das Himmelreich, die Art und Weise der gegenseitigen Beziehung innerhalb der Dreieinigkeit, in die Menschen hineinzubringen.

Und dazu ist er fähig. Mein Sohn hat die Herrschaft übernommen. ‹Er ist der Herr über alle Mächte und Gewalten› [Kolosser 2,10]. Matthäus hörte die Einladung meines Sohnes an alle, die durch ihre nehmende, klammernde Lebensweise müde, ausgebrannt, desillusioniert und leer geworden waren. Und er nahm sie an. Er hätte sicher in den früher beliebten Choral eingestimmt: *Heaven came down and glory filled my soul* – der Himmel kam herab, und Herrlichkeit erfüllte meine Seele. Matthäus lernte den ungezwungenen Rhythmus der Gnade kennen und wandelte sich von einem römischen Zolleinnehmer, der sich ans Leben klammerte, zu einem Nachfolger meines Sohnes, der anderen Leben gab. Das ist der Tanz. Das Himmelreich ist nahe. Das Fest hat begonnen.»

«Gott, ich möchte tanzen. Ich höre die gute Nachricht: Das Leben deines Sohnes ist in mich ausgegossen worden. Egal, wie ich mich fühle oder was auch immer schiefgeht: Ich kann leben, indem ich gebe, und muss nicht klammern. Ich kann den Himmel auf die Erde holen, in dem Wissen, dass eines Tages die Liebe des Himmels über jedes Herz auf Erden herrschen wird, und ich werde dabei sein und auf deinem Fest tanzen, wenn es vollkommen offenbar geworden ist. Gott, ich glaube das alles, aber ich bleibe immer noch so weit dahinter zurück.»

«Dann höre auf die letzten Worte meines Sohnes auf Erden: ‹Ich habe von Gott alle Macht im Himmel und auf der Erde erhalten› – und dem Teufel wurde sie weggenommen. ‹Geht hinaus in die ganze Welt, und ruft alle Menschen dazu auf, mir nachzufolgen! Tauft sie im Namen des Vaters, des Sohnes und des Heiligen Geistes! Lehrt sie, so zu leben, wie ich es euch aufgetragen habe. Ihr dürft sicher sein: Ich bin immer bei euch, bis das Ende dieser Welt gekommen ist› [Matthäus 28,18–20]».

«Gott, da der Teufel seiner Macht beraubt ist und da ich aus dem Reich dieser Welt in das Reich des Himmels wiedergeboren bin, bedeutet das doch, dass der eigentliche Kampf jetzt in meinem Innern stattfindet. Der Kampf findet statt zwischen meinem Drang, nach allem zu greifen, was mir notwendig erscheint, und dem Verlangen, zu geben, andere zu lieben, wie Jesus es tut. Einem Verlangen, das dein Geist in mich hineingelegt hat. Das gibt dem Begriff ‹geistliche Kriegsführung› eine ganz neue Bedeutung. Ich muss immer noch dem Teufel widerstehen und soll mich nicht dieser Welt gleichstellen, aber der eigentliche Kampf findet in mir statt, zwischen meinem Fleisch und meinem Geist. Ich möchte diesen Kampf gewinnen.»

«Du hast die Botschaft gehört, die ich dir in Matthäus mitteile. Es gibt noch so viel mehr zu hören. Mehr, als du dir vorstellen oder denken kannst. Mein Sohn hat die Herrschaft übernommen. Er hat den Teufel besiegt und die Welt überwunden. Lies weiter. Dein Freund wird lernen zu lieben. Und du wirst das auch.»

Vom selben Autor weiterhin erhältlich (eine Auswahl)

Verstehe, wer du bist
128 Seiten, Taschenbuch; € [D] 9.95 / € [A] *10.30 / CHF *16.95
Best.-Nr. 114.064 / ISBN 978-3-7655-4064-6

Dem Vater im Himmel ganz nah
240 Seiten, Paperback; € [D] 16.95 / € [A] *17.50 / CHF *29.80
Best.-Nr. 111.395 / ISBN 978-3-7655-1395-4

Christsein ohne Krampf
240 Seiten, Taschenbuch; € [D] 9.95 / € [A] *10.30 / CHF *16.95
Best.-Nr. 114.030 / ISBN 978-3-7655-4030-1

SoulTalk – die Sprache des Herzens
272 Seiten, Paperback; € [D] 16.95 / € [A] *17.50 / CHF *29.80
Best.-Nr. 111.353 / ISBN 978-3-7655-1353-4

Wenn Gott unsere Wünsche nicht erfüllt
240 Seiten, Paperback; € [D] 16.95 / € [A] *17.50 / CHF *29.95
Best.-Nr. 111.296 / ISBN 978-3-7655-1296-4

Das Schweigen der Männer
248 Seiten, Taschenbuch; € [D] 9.95 / € [A] *10.30 / CHF *16.95
Best.-Nr. 113.888 / ISBN 978-3-7655-3888-9

Glück suchen oder Gott finden?
220 Seiten, Taschenbuch; € [D] 9.95 / € [A] *10.30 / CHF *16.95
Best.-Nr. 113.886 / ISBN 978-3-7655-3886-5

Connecting – Das Heilungspotential der Gemeinschaft
270 Seiten, Taschenbuch; € [D] 9.95 / € [A] *10.30 / CHF *16.95
Best.-Nr. 113.884 / ISBN 978-3-7655-3884-1

* unverbindliche Preisempfehlung

BRUNNEN
VERLAG BASEL · GIESSEN